KLUFT UND LIEBE

Josephine Apraku

KLUFT UND LIEBE

Warum soziale Ungleichheit uns in Beziehungen trennt und wie wir zueinanderfinden

Eden BOOKS

Für Ì. – ich liebe dich so sehr

Für meine Geschwister

It is for this reason that love is so desperately sought and so cunningly avoided. Love takes of the masks that we fear we cannot live without and know we cannot live within. I use the word ›love‹ here not merely in the personal sense but as a state of being, or a state of grace – not in the infantile American sense of being made happy but in the tough and universal sense of quest and daring and growth.[1]

James Baldwin

Inhaltsverzeichnis

Prolog 11

Einleitung 14

Liebe 26

Macht 48

Verlangen 76

Emotionen 104

Körper 144

Konflikt 174

Ökosystem 207

Arbeit 229

Zukunft 256

Epilog 261

Prolog

bell hooks – eine Vision von Liebe, die bleibt

Es ist der Abend des 15. Dezember 2021, kurz vor sechs. Das Kind turnt noch etwas aufgedreht um mich herum, während ich in der Küche stehe und einen Keksteig vorbereite, damit ich später, während ich an diesem Buch weiterschreibe, in der winterlichen Stille ein paar Schokoladen-Haselnuss-Kekse essen kann. Der kleine Mensch soll Zähne putzen, möchte aber nicht, versteckt sich zwischen meinen Beinen und blickt immer wieder vor Freude glucksend zu mir auf.

Als ich den Teig von meinen Händen wasche, leuchtet das Display meines Handys auf. Es ist eine Nachricht von einer Freundin aus den USA, die einen Link zu einem Artikel in einer US-amerikanischen Tageszeitung mit der Überschrift »›The world is a lesser place today without her.‹ Acclaimed author bell hooks dies at 69« enthält.

Wie immer, wenn mich die Botschaft über den Tod einer Person erreicht, die ich zwar nicht persönlich kenne, die mich aber in meinem Denken, Handeln und Fühlen beeinflusst hat, macht sich ein eigenartiges Gefühl in mir breit. Vielleicht weil ich nicht recht weiß, was genau es ist, das ich fühle. Was ich jedoch weiß, ist, dass bell hooks' Lebenswerk und ihre Vision bleiben werden.

Ihr Lebenswerk – es besteht aus vielen Büchern, Essays, Poesie und Kinderliteratur, Vorträgen, Diskussion und Lehre – hat nicht nur mich, sondern auch viele andere berührt, inspiriert und ermutigt. Grundlegend für bell hooks' Schaffen war eine feministische wie solidarische Haltung, die die durch Unterdrückung geschaffene Trennung in unserer Gesellschaft reflektierte und kritisierte, um gemeinsam als Verbündete Wege in die Freiheit zu schlagen.

Mich hat das Lesen einiger ihrer Bücher, darunter *Breaking Bread: Insurgent Black Intellectual Life*[*] und *The Will to Change: Men, Masculinity, and Love,*[**] nachhaltig berührt. Es ist, als wäre bell hooks eine wohlwollende Mentorin für mich gewesen – wie ich sie in den Professorinnen Maisha-Maureen Auma, Nivedita Prasad und Natasha A. Kelly habe erleben dürfen –, die mich aufrichtig bestärkt und ebenso aufrichtig und liebevoll Kritik geübt hat. Eine Person, die im Angesicht meiner eigenen Unsicherheit gesagt hat: »Mach es, du schaffst das!« Eine Person, die mich mit den Worten in ihren Büchern dazu angetrieben hat, mehr Raum einzunehmen, als mir zugestanden wurde – so viel Raum, wie ich brauche.

Für mich ist es vor allem bell hooks' Vision von Liebe als eine revolutionäre Praxis, die mich und mein Schaffen so nachhaltig beeinflusst hat. Was auch in diesem Buch immer hindurchschimmert, ist die von ihr proklamierte revolutionäre Zärtlichkeit, die keineswegs allem gleich gegenübersteht, sondern sich durchaus klar positioniert. Sie war in allen ihren Werken von großer Bedeutung – und sie wird bleiben und weiter ihre Spuren in der Welt hinterlassen.

---

* Übersetzung: *Brot brechen: Schwarzes intellektuelles Leben im Aufstand*

** Deutsche Fassung erschienen unter dem Titel: *Männer, Männlichkeit und Liebe: Der Wille zur Veränderung*

Einleitung

Ja, wir brauchen mehr Bücher über Liebe

Hast du dich schon mal ernsthaft damit beschäftigt, was das Wort »Liebe« für dich bedeutet? Ich möchte behaupten, dass es viele Menschen gibt, die das nicht tun. Das ist normal, schätze ich. Es gibt vieles, was uns alltäglich erscheint und was wir nicht hinterfragen oder genauer betrachten. So wissen wir selten, nach wem die Straßen benannt sind, die uns zum nächsten Supermarkt führen, oder aus welcher Stilepoche die Bauwerke stammen, die wir auf dem Weg dorthin passieren. Mein Punkt ist, dass es in unserem Leben vieles gibt, was wir nicht wissen oder kennen. Sich Wissen anzueignen, erfordert Motivation und Neugier – ein Ausmaß an Energie, das wir im Alltag nicht immer aufbringen können.

Mit diesem Buch will ich jedoch genau das tun: Ich möchte die Energie aufbringen, der Frage nachzugehen, was Liebe ist. Mehr noch, ich möchte dieser Frage aus einer bestimmten Perspektive nachgehen – einer, die sich damit auseinandersetzt, wie Unterdrückungsmechanismen sich auf unsere Liebesbeziehungen aus- und in ihnen weiterwirken. Denn für mich ist Liebe in allem, was ich tue, insbesondere aber für meine Perspektive auf die Welt und – noch wichtiger – meine Perspektive auf soziale Gerechtigkeit, grundlegend. Gleichzeitig weiß ich – schließlich erlebe ich es persönlich –, wie die Lieblosigkeit, die durch Unterdrückung geschaffen wird, aussieht und vor allem wie sie sich in den Beziehungen anfühlt, die wir uns doch eigentlich als Orte der Zuflucht wünschen. Liebe – das ist meine persönliche Erfahrung – ist nicht für alle gemacht. Aus diesem Grund habe ich diesem Thema ein ganzes Buch gewidmet. Ich möchte auf den folgenden Seiten soziale Gerechtigkeit und Liebe zusammendenken. Wie

Diskriminierung uns in der Liebe voneinander trennt und wie wir trotz dieses Umstandes zusammenfinden und gemeinsam wachsen können, als Liebende in einer intimen Beziehung* wie auch als Gesellschaft im Ganzen, davon handelt dieses Buch.

Bevor ich tiefer einsteige, möchte ich dir etwas gestehen: Ich finde, dass Bücher über Liebe, besonders mit Blick auf Unterdrückung, ein schwieriges Unterfangen sind. Das fängt für mich schon mit dem Begriff »Liebe« an. Denn obwohl ich, ohne hier zu weit vorzugreifen, Liebe als eine bewusste Entscheidung und schließlich als beständiges Handeln betrachte, geht es auf den folgenden Seiten um ein bestimmtes Phänomen. Ich meine mit allem, was ich hier schreibe, nicht alle zwischenmenschlichen Verbindungen gleichermaßen. Dieses Buch ist dem Phänomen gewidmet, das bereits in der griechischen Philosophie als »eros«, die sinnlich-erotische Liebe, gegenüber »agape«, der selbstlosen, und »philia«, der freund*innenschaftlichen Liebe, abgegrenzt wurde. Eine Liebe also, die weder ausschließlich in einem freund*innenschaftlichen Gefühl begründet noch selbst- oder bedingungslos ist.

Im Grunde beginnt die Herausforderung schon hier: Schließlich werden nicht selten Romantik und Sex als feste Bestandteile von Liebesbeziehungen verhandelt, und das, obwohl es Menschen und Beziehungen gibt, in denen weder das eine noch das andere von Bedeutung ist. Sprich, es finden in Bezug auf die Liebe viele Menschen mit der Art und Weise, wie sie ihre

* Anmerkung: An vielen Stellen im Buch schreibe ich von »Beziehung« in der Einzahl. Ich mache das nicht, weil mir nicht bewusst ist, dass Menschen mit mehreren Menschen gleichzeitig in Liebesbeziehungen sein können, sondern weil es mir wichtig erscheint, auch diese jeweils für sich im Hinblick auf die sozialen Positionen der Menschen in ihr zu betrachten.

Liebesbeziehungen gestalten, in gängigen Narrativen keine Erwähnung.

Ist die Liebe ein Gefühl? Eine Entscheidung? Ist sie ein – im Kern simpler – biochemischer Prozess? Ist sie die Summe vieler kleiner Momente? Ist sie einfach da? Geht sie wieder? Müssen wir um sie kämpfen? Oder: Sind wir schlicht die Marionetten unserer Hormone und haben selbst kaum Mitspracherecht? Warum lieben und begehren wir, *wen* wir lieben und begehren? Warum lieben und begehren wir andere nicht? Lieben wir verschiedene Menschen unterschiedlich? Können wir mehrere Menschen gleichzeitig lieben? Gibt es unterschiedliche Formen der Liebe? Macht Liebe uns frei? Engt Liebe uns ein? Oder gehört beides unweigerlich zusammen?

Überall um uns herum, egal ob in Liedern, Filmen, Serien, Büchern, Talkshows oder Radiobeiträgen, wird die Liebe zu etwas Ungreifbarem, Zufälligem und Schicksalhaftem verklärt. Entweder sie ist da oder eben nicht. Sie entzieht sich vermeintlich unserem Einfluss. Und am Valentinstag wird herzförmige Tiefkühlpizza in ihrem Namen verkauft. Liebe ist das Größte – Liebe überwindet alle Grenzen – *love conquers all:* Liebe besiegt alles. Die Beatles sangen einst verheißungsvoll *All You Need Is Love.* Ist das so? Die sehr kurze Antwort lautet: Nein. Die so weit verbreitete romantisierte Überhöhung der Liebe wird dieser nicht gerecht und nimmt ihr zugleich ihr visionäres Potenzial. Denn die realen Herausforderungen, die mit der Liebe in einer diskriminierenden Gesellschaft einhergehen, werden und bleiben so verschleiert. Dabei treiben besagte Probleme mich und dich und eigentlich alle um, die Liebesbeziehungen eingehen – auch wenn wir uns dessen nicht immer gewahr sind. Und obwohl in diesem Kontext vor allem die Verteilung von Sorgearbeit in heterosexuellen Beziehungen, häufig jenen mit Kindern, diskutiert wird, beginnt und endet soziale Ungleichheit in der Liebe nicht dort. Vielmehr wirken alle Formen der strukturellen Diskriminierung in unseren Beziehungen fort.

Unsere intimsten Beziehungen sind im Grunde Petrischalen unserer Gesellschaft: Was *da draußen* im Großen passiert, geschieht auch im Kleinen zwischen uns und unseren Lieben. Gesellschaftliche Machtverhältnisse, sprich die unterschiedlichen Formen von Diskriminierung, sind ein beständiger Teil unserer Beziehungen – unabhängig davon, ob wir es wollen oder wissen. Genau hier liegt der Hund oder besser gesagt die Liebe begraben: Strukturelle Diskriminierung wirkt wie ein schleichendes Gift. Mit einer kleinen, kaum spürbaren Dosis jeden Tag aufs Neue treibt sie uns beständig auseinander. Genau das ist es, was Unterdrückung schafft: Trennung. Diese Trennung zeigt sich an vielen unterschiedlichen Stellen, so zum Beispiel in Konflikten, in denen die Wut der Schwarzen Partnerin Stereotypen folgend als »unangebracht« und »aggressiv« wahrgenommen wird, obwohl sie eine angemessene Reaktion im Rahmen eines Streites darstellt. Sie zeigt sich darin, dass Menschen aus Arbeiter*innenfamilien versuchen, Teile ihrer Herkunft zu verbergen. Die Trennung, die Diskriminierung in unser Lieben bringt, zeigt sich aber auch darin, wen wir daten oder – besser gesagt – wen wir für uns als Partner*in von Anfang an gar nicht in Erwägung ziehen. Das mag etwa daran liegen, dass wir diskriminierende Vorstellungen über marginalisierte Gruppen verinnerlicht haben, oder daran, dass unsere Gesellschaft so segregiert ist, dass sich unsere Wege mit strukturell benachteiligten Menschen gar nicht erst kreuzen. Soziale Ungleichheit äußert sich darin, wem in Beziehungen die emotionale Arbeit zugeschrieben wird, sprich, wer vermeintlich »besser« geeignet ist, um sich um die Beziehung zu kümmern. Mit dieser Kluft, die durch systematische Benachteiligung und Ausgrenzung geschaffen wird, schadet soziale Ungleichheit unserer Verbundenheit in Beziehungen und damit letztlich uns selbst.

Wir brauchen mehr Bücher über Liebe. Konkreter brauchen wir – davon bin ich überzeugt – Bücher über Liebe, die es uns ermöglichen, uns voller Neugier und kritischer Selbstreflexion der komplexen gesellschaftlichen Strukturen anzunehmen, die in unserem Leben und in unseren Beziehungen wirken. Damit meine ich soziale Ungleichheit. Dennoch: Ich habe dieses Buch nicht geschrieben, um einmal mehr aufzuzeigen, dass unser Leben und unser Lieben im Grunde ein unentrinnbares Jammertal menschlichen Elends sind. Nein, ich bin fest davon überzeugt, dass wir es anders machen können – wir können die Liebe mit mehr Gegenseitigkeit leben. Ich bin davon überzeugt, dass es – gerade in unseren innigsten Beziehungen – in unserem eigenen Interesse ist, uns nicht von gesellschaftlichen Systemen der Unterdrückung trennen zu lassen. Genau deshalb ist es wichtig, dass wir *für* Gleichberechtigung einstehen und uns *gegen* Unterdrückung positionieren – auch im Privaten. Gerade da, weil es einer der wenigen Räume ist, die wir durch unser Handeln nachhaltig verändern können. Ein Ort, der stärker als andere in unserer Verantwortung liegt.

Dieser Punkt ist insbesondere mit Blick auf soziale Ungleichheit wichtig, denn sie ist Bestandteil unserer Sozialisierung und damit unweigerlich ein Teil von uns. Und obwohl diskriminierende Strukturen nicht unsere persönliche »Schuld« sind, wiederholen wir sie durch Unwissen oder unreflektiertes Verhalten in unseren Beziehungen. Deshalb ist es an uns, Verantwortung dafür zu übernehmen,

Unterdrückungsmechanismen in unserem eigenen Verhalten zu erkennen und sie zu unterbrechen. Solang wir uns der Diskriminierung, die in unseren Beziehungen wirkt, nicht bewusst sind, solang wir nicht wissen, *warum, wo* und *wie* sie wirkt, solang gibt es wenig, was wir ihr entgegensetzen können. Auch deshalb betrachte ich Diskriminierungskritik als eine Art Paartherapie für die Gesellschaft. Mit ihr stellen wir die Fragen, die nicht nur für unsere intimsten Beziehungen, sondern für unser gesamtes soziales Miteinander von Bedeutung sind: Wie wollen wir miteinander leben, und wie kann das gleichberechtigt geschehen? Was brauchst du, was brauche ich, was brauchen wir?

Für wen ich dieses Buch geschrieben habe? Das Buch richtet sich an Menschen, die lieben. Konkreter richtet es sich an Menschen, die in ihren Beziehungen immer wieder das Gefühl beschleicht, dass es Sollbruchstellen gibt, die nicht ihre eigenen sind. Es richtet sich an alle, die ahnen, dass die soziale Ungerechtigkeit, die uns tagtäglich begleitet, Einfluss auf unsere intimsten Beziehungen hat. Und es soll für jene sein, die bereits wissen, dass Systeme der Unterdrückung der Liebe nicht zuträglich sind, sondern uns im Gegenteil voneinander trennen. Dabei ist es nicht von Bedeutung, in welcher Beziehungskonstellation eine Person sich befindet – ob nicht-monogam oder monogam – oder ob sie gegenwärtig überhaupt in einer Beziehung ist, denn wie Diskriminierung beispielsweise unsere Partner*innenwahl oder unsere Konflikte beeinflusst, wirkt in Teilen unabhängig davon.

Ich habe dieses Buch keinesfalls aus einer vermeintlich »neutralen« oder »objektiven« Perspektive geschrieben – das Gegenteil ist der Fall. Meine Arbeit als Autor*in und Bildungsreferent*in und die Wissbegier, die mich dabei beständig begleitet und dazu inspiriert, unser Miteinander in der Gesellschaft und in Beziehungen gleichberechtigter zu gestalten, sind untrennbar mit meiner Lebensrealität verbunden: Schließlich finde ich mich in meinem Alltag, als Kind eines Schwarzen Vaters aus Ghana und einer *weißen* Mutter aus Deutschland, als Schwarze Person, die neben Rassismus andere Formen von Diskriminierung erlebt, aber auch in vielerlei Hinsicht privilegiert ist, als Mama und Mensch in Beziehung mit anderen, selbst verwoben mit dem Stoff, der mich so zum Nachdenken anregt. Ich betrachte alles aus dieser, meiner Perspektive – es geht gar nicht anders.

Diese Perspektive – wie etwa die Möglichkeit, mich selbst als Schwarze Person zu bezeichnen – entspringt einer kollektiven Auseinandersetzung. Denn das Eintreten für Gleichberechtigung, für Freiheit ist eine gemeinsame, eine kollektive Anstrengung. Eine solche kollektive Anstrengung bedeutet im Fall dieses Buches, dass es sich auf Menschen stützt, die vor mir über diese Themen nachgedacht und mich in meinem eigenen Denken beeinflusst haben. Entsprechend sind viele der Gedanken, die ich hier aufschreibe, kollektive Gedanken: Es sind Gedanken, die sich besonders jene machten und machen, die jenseits gesellschaftlicher Normen existieren und sich dessen gewahr sind. Mir ist es wichtig, das so zum Ausdruck zu bringen, denn Kämpfe gegen Unterdrückung sind immer gemeinschaftliche Kämpfe. Sie sind das Gegenstück zu der Trennung, die soziale Ungleichheit schafft – auch in der Liebe.

Für dieses Buch verbinde ich unterschiedliche Aspekte miteinander: zum Beispiel meine Leidenschaft für gesellschaftskritische Psychologie und sozialwissenschaftliche Forschung im Zusammenhang mit Diskriminierung. Dafür habe ich mit einigen Menschen gesprochen, die in diesen Bereichen forschen, als Berater*innen in diesem Feld arbeiten oder als Psycholog*innen im Bereich der Paartherapie tätig sind. Diese Expert*innen haben theoretische und praktische Erfahrung im Umgang mit diskriminierungsrelevanten Themen im Kontext von Beziehungen. Stellenweise fließen in dieses Buch auch Gedanken von Paartherapeut*innen ein, die zwar nicht zwingend Diskriminierung als Herausforderung für Liebesbeziehungen benennen, deren Perspektiven dennoch wertvoll sind: etwa weil sie das Potenzial haben, uns dazu anzuregen, eine eigene Haltung und – wichtiger noch – Möglichkeiten für ein verändertes Verhalten in Beziehungen zu finden. Ich lasse außerdem Erzählungen von mir selbst einfließen. Das sind einerseits Gedanken, die im Hinblick auf meine Arbeit bedeutsam sind, und andererseits persönliche Erfahrungen in und mit der Liebe und meine Reflexion derselben. Daraus ergibt sich, dass meine Erfahrungen etwa mit Rassismus und Sexismus als Grundlage für dieses Buch dienen und der Fokus dementsprechend ausgerichtet ist. Nicht weil alle anderen Formen von Diskriminierung diesen untergeordnet wären, sondern weil ich hierzu persönliches Erfahrungs- und Fachwissen habe.

Dieses Buch ist kein Ratgeber. Das kann es aus vielen unterschiedlichen Gründen nicht sein. Ein wesentlicher Grund ist – und das gilt für einen kritischen Umgang mit Diskriminierung aus meiner Sicht grundsätzlich –, dass es keinen Zehn-Punkte-Plan gibt, dem wir folgen können, damit irgendwann *alles gut wird*. Glaub mir, wenn es diesen Plan gäbe, würde ich ihn nicht geheim halten wollen. Diskriminierung zu kritisieren und sich ihr zu widersetzen, ist anstrengend und bedeutet Arbeit – auch an uns selbst. In diesem Sinne bezieht sich alles, was ich hier aufwerfe, auf die individuelle Ebene von Unterdrückung, also unser eigenes Verhalten. Das ist nicht etwa der Fall, weil ich davon überzeugt bin, dass sich Gesetzgebungen und gesellschaftliche Vorstellungen rund um Liebesbeziehungen nicht ändern müssten – das müssen sie dringend, wenn wir strukturellen Wandel erleben wollen. Vielmehr ist mir bewusst, dass all diese unterschiedlichen Ebenen miteinander verbunden sind und Veränderung an der einen auch Veränderung an der anderen Stelle zur Folge hat.

Die persönliche Ebene in den Blick zu nehmen, bedeutet auch, dass ich davon überzeugt bin, dass es überhaupt keinen detaillierten Zehn-Punkte-Plan braucht. Ganz im Gegenteil glaube ich, dass Menschen wie du und ich dazu fähig sind, in einem andauernden Lern- und Reflexionsprozess zu erkunden, was konkrete und realistische Handlungsoptionen für uns sind, mit denen wir im Alltag – auch verinnerlichten – Unterdrückungsmechanismen entgegentreten können.

Ein anderer wichtiger Aspekt, weshalb es sich bei diesem Buch nicht um einen Ratgeber handelt, ist, dass es bisher deutlich zu wenig wissenschaftliche Auseinandersetzung mit Unterdrückung und deren Auswirkungen auf Beziehungen gibt. Das haben mir die Gespräche bestätigt, die ich etwa mit Ronald F. Levant, einem emeritierten Professor der Psychologie, der zu Männern und Männlichkeit arbeitet, oder auch mit Mona El-Omari, einer systemischen Paarberaterin, geführt habe. Das ist nicht überraschend, schließlich wurde im Kontext der Psychologie zunächst verstärkt dazu beigetragen, diskriminierende Vorstellungen zu medikalisieren. Damit ist es vergleichsweise neu, dass die psychologische Forschung und Praxis um kritische Perspektiven erweitert werden.

Es ist wie überall sonst in unserer Gesellschaft: Wer sich mit sozialer Ungleichheit beschäftigt, sie verstehen will und Mittel sucht, um gegen sie anzugehen, ist auf sich und die eigene Ausdauer, eine Suchmaschine im Internet oder eine Bibliothek angewiesen. Es ist ein individueller Prozess, der niemals aufhört und für uns alle anders aussieht. Dennoch denke ich, dass ich dir einige Anregungen mitgeben kann, und sei es, weil ich den Fragen zu Liebesbeziehungen und Diskriminierung, die vielleicht auch dich beschäftigen, anders nachgehe, als du es tun würdest. Die folgenden Seiten sind demnach eine Einladung zum inneren Dialog und zur Selbstreflexion.

Ich denke, dass dieses Buch für dich insbesondere dann bereichernd sein kann, wenn du es in seiner Gesamtheit liest. Überspring nicht den Teil, in dem es um Konflikte geht, weil du gegenwärtig in einer Beziehung bist, in der es wenig Auseinandersetzungen gibt. Ignorier nicht das Kapitel, in dem es um Aushandlungsprozesse in der Liebe geht, weil du gerade in keiner Liebesbeziehung bist. Ebenso wenig bedeutungsvoll ist, mit wem du gerade zusammen bist – oder auch nicht –, mit wem du bisher zusammen warst und ob dein Leben oder das Leben dieser Person(en) kaum oder von mehreren Formen der Unterdrückung beeinflusst wird. In diesem Buch geht es darum, wie jene Muster, die von Diskriminierung geschaffen werden, sich in unserem Lieben äußern – ganz unabhängig davon, ob oder in was für einer Liebesbeziehung du dich gerade befindest. Ich schlage deshalb vor, dass du mit dem Lesen am Anfang beginnst und dich chronologisch durch die einzelnen Kapitel, die alle aufeinander aufbauen, hindurcharbeitest.

Wenn du dich bisher eher weniger mit Systemen der Unterdrückung beschäftigt hast, bemerkst du auf den folgenden Seiten vielleicht einige Begriffe und fragst dich, was sie bedeuten. Mir ist wichtig, diese Begriffe parallel zum Text zu erklären, denn es sind zentrale Begriffe, die uns durch das gesamte Buch begleiten. Wir brauchen sie für ein differenziertes Verständnis von Diskriminierung, um die Ungleichberechtigung, die diese schafft, sichtbar zu machen. Weil es schon so viele hilfreiche Definitionen gibt, werde ich im Folgenden auf einige Erklärungen aus anderen Texten zurückgreifen und sie an entsprechender Stelle mit dir teilen.

Zuletzt möchte ich dich um eine Sache bitten: Mach dir dieses Buch zu eigen. Behandele es wie einen alltäglichen Gebrauchsgegenstand, eine Tasse etwa, aus der du morgens deinen Tee trinkst. Nutze es wie einen Notizblock, auf dem du notierst, was du noch für das Gericht kaufen musst, das du einer Freundin kochen willst - du verstehst, was ich meine. Benutze es. Wende es an. Klebe Post-its an die für dich wichtigsten Stellen, unterstreiche, was dich nachdenklich macht, und schreibe deine Gedanken an den Rand. Leg dir auch einen Stift und ein paar leere Blätter dazu, damit du die Fragen, die ich aufwerfe und über die du bisher vielleicht noch gar nicht nachgedacht hast, beantworten kannst.

Liebe

Ein Satz: Ich liebe dich.

Ich erinnere mich noch gut an den Abend, an dem wir uns das erste Mal sahen. Oder besser: als ich dich das erste Mal sah. Ob ich dir aufgefallen bin? Ich weiß es nicht, aber ich bezweifle es. Du warst so vertieft in dein Buch, deine Gedanken.

Es war ein Sommerabend nach einem erbarmungslos heißen Tag. Ich hatte ihn an einem Waldsee verbracht, mich im Schatten der Bäume unterhalten, tiefrote Erdbeeren gegessen und den ruhigen Duft der Nadelbäume eingesogen. Auf dem Weg nach Hause saß ich in der S-Bahn und sah dich: Du saßest allein, ein Buch in der Hand, vollkommen eingetaucht. In meinem Kopf pochte leise die Frage: Wer bist du? Wer bist du? Dann magisches Denken: Wenn du drei Stationen später noch immer nicht ausgestiegen bist, dann spreche ich dich an – ich muss. Der nächste Halt, die Türen gehen auf, mein Herz klopft schneller. Du bleibst sitzen, ich bin beruhigt. Noch eine Station, du schaust einen kurzen Moment von deinem Buch auf, bleibst aber sitzen. Eine letzte Station, dein Blick findet die richtige Zeile wieder, und du versinkst in einer entfernten Welt. Ich glaube, ich fand deine Konzentration anziehend.

Ich bin aufgeregt. Obwohl ich nicht weiß, wie ich dich am besten ansprechen soll, stehe ich auf, gehe auf dich zu und setze mich zu dir. »Wie heißt du?«, frage ich fast ein bisschen zu hastig. Du schaust von deinem Buch auf – ein bisschen verwirrt – und antwortest. Ich mag deinen Namen, ich mochte ihn schon als Kind, und deshalb mag ich irgendwie auch dich. Wir beginnen ein Gespräch, in dem ich mich über deine Grübchen freue und darüber, mit wie viel, fast kindlicher Begeisterung du von deinem Buch erzählst. So sitzen wir eine Weile. Halblaut frage ich dich, ob wir noch ein wenig zusammen durch den Abend spazieren wollen, unser Gespräch fortsetzen, vielleicht ein Eis essen. Dein Schmunzeln, als du »Ja« sagst, mag ich auch.

Mit dir durch die Nacht zu ziehen, fühlt sich vertraut an und gleichzeitig fremd. Eine gute Mischung, die beste vielleicht. Wir machen hier und da halt, trinken am Späti eine Brause, sitzen am Kanal und überlegen, wo wir noch etwas essen könnten. Eilig scheinen wir es beide nicht zu haben. Ich unterstelle dir, dass du diesen Abend genau wie ich nicht beenden willst. Und so kommen wir auf immer neue Themen, über die wir uns austauschen, auf neue Ideen, welche Orte wir gemeinsam erkunden wollen, und finden neue Wege, auf denen wir gemeinsam durch die Nacht schweifen.

Als wir vor einem Imbiss auf der Bank sitzen und auf unser Essen warten, legst du zu gleichen Teilen zögerlich und absichtsvoll deine Hand auf meine Wange und küsst mich. Ich küsse zurück, weil ich dich die ganze Zeit schon küssen will. Dass unser Essen längst fertig ist, bemerken wir spät. Wir bemerken es erst, nachdem wir schon mehrfach aufgerufen wurden. Du lachst, lässt deine Stirn kurz auf meiner Schulter ruhen, küsst meinen Hals und gehst rein. Ich beobachte dich durch die geöffnete Tür: Wie freundlich du auf Türkisch antwortest und dazu spitzbübisch lachst. Dann gibst du etwas Trinkgeld. Wir ziehen weiter.

Wir setzen uns an einen Kanal, richtig essen können wir beide nicht. Unser Gespräch wird ruhiger, intimer, so als ob wir bisher unausgesprochene Geheimnisse teilten. Aus der Ferne dringt leise Musik zu uns und auch das schwache Licht einer Bar. Du hältst inne: »Was ist das?«, fragst du und hörst angestrengt zu. Auf deinem Gesicht der konzentrierte Blick aus der Bahn. Dein Ausdruck verändert sich, als du entschieden »Maria, Maria!« sagst. Wir kichern, ich ziehe dich an mich. Mehr Küsse, tiefere Küsse.

Ich bin völlig im Moment. Hinter uns bruchstückhafte Lichtkegel, Autoscheinwerfer. Ein Polizeiauto hält an. Der Polizist blickt zuerst zu uns, dann zum Himmel. »Ist das nicht eine wunderschöne Nacht?«, sagt er euphorisch in dem vollen Wissen, uns zu unterbrechen. Er fährt an und setzt wieder zurück. Er grinst uns an. »Nein, wirklich, diese Nacht ist aber auch schön!« Er fährt weiter und hält seine Finger zu einem Peace-Zeichen geformt aus dem offenen Fenster. In der Zwischenzeit habe ich mein Gesicht in dein Haar gegraben. Meine Augen sind geschlossen, ich atme tief ein. Sanft legst du eine Hand auf meinen Oberschenkel. »Wollen wir zu mir gehen? Einen Tee trinken?« Ich hebe kurz meinen Kopf, sehe dich an und nicke langsam.

Dieses Gefühl, diese Mischung aus Gefühlen. Lust, ich habe so viel Lust auf dich: Ich will deine Stimme hören, will wissen, wie sich dein Grübchen anfühlt, wenn du lachst, will die Härchen auf deinem Unterarm küssen, die wie kleine glänzende Sonnenstrahlen von deiner Haut abstehen. Ich will neben dir sitzen und deinen Geruch in meiner Nase haben, deine warmen Fingerkuppen in meinem Nacken. Ich will deine Gedanken kennen und dich fragen, so viele Dinge fragen.

Die erste Nacht. Ich schlafe bei dir und wundere mich am nächsten Morgen darüber, wie erholt ich bin. Wir sitzen noch ein paar Momente im Bett. Morgenküsse, bevor wir aufstehen und uns unten an einem Obst- und Gemüsestand frisch gepressten Granatapfelsaft holen. Wir verabschieden uns und verabreden uns für den Abend. Noch eine Nacht zusammen. Und dann noch eine. Dann ein Tag und eine Nacht allein. Ich denke viel an dich und weiß diese Zeit allein dennoch zu schätzen.

Auf diese ersten Tage folgen erste Wochen. Für mich ist die Zeit mit dir bestimmt von Vorfreude. Die einfachen Dinge des Alltags funkeln plötzlich. Meine Emotionen, die schon bei unserer ersten Begegnung aufblitzten, als wären sie grelle mehrfarbige Leuchtreklame, die zum Kauf antreiben will, werden etwas ruhiger. Es setzt eine friedliche Langsamkeit ein. In unserer Zweisamkeit beginnen wir ein »Wir« zu werden. In dem Café, in dem wir immer frischen Minztee trinken, gibt es diese eine Bank – unsere Bank –, auf der wir am liebsten sitzen. Unser Lied, 93 'Til Infinity, *hören wir an unserem ersten Abend in deinem Schlafzimmer, das Fenster ist geöffnet und trägt die Melodie zärtlich in die Nacht. Es hat eine rohe Romantik, finden wir beide.*

Dass ich dich liebe, weiß ich längst. Ich habe keine Angst, es dir zu sagen, oder davor, dass du mich zurückweisen könntest. Ich sage es trotzdem nicht, nicht gleich zumindest. Ich möchte diesen Moment auskosten. Den Moment, in dem die Liebe schon da und doch unausgesprochen ist.

Und da ist er, plötzlich und ungeplant, nach diesen ersten kurzen Wochen, der Augenblick, in dem ich es dir doch sage. Du holst mich von der U-Bahn ab. Als ich die Treppe hochsteige, zu der Stufe, auf der du sitzt – zusammengekauert und mit einem Buch in der Hand –, blickst du auf. Dein Blick ist, wie so oft, wenn du liest und aus der einen in die andere Welt zurückkommst, etwas überrascht. Du sagst: »Da bist du ja!«, und lachst. Ich beuge mich zu dir herunter und küsse dich. »Setz dich noch kurz neben mich. Die Stufen sind angenehm warm.« Du reichst mir eine der beiden Glasflaschen, die zu deinen Füßen stehen – Johannisbeerschorle. »Wie war dein Tag?«, fragst du, wie wir das inzwischen tun. Ich habe nicht viel zu erzählen und erwidere die Frage. Du antwortest kurz, um deine Augen zeichnen sich Lachfalten ab, und du sagst glücklich: »Nicht spannend, aber es waren heute alle so nett zu mir!« – »Ich liebe dich«, gebe ich lächelnd zurück.

Und du?

Wie war das bei dir? Erinnerst du dich daran, wie du dich das letzte Mal verliebt hast? Ich nehme an, dass du dieses Buch liest, weil auch du schon Menschen getroffen hast – über eine App, auf der Arbeit, im Club oder im Freund*innenkreis –, zu denen du eine tiefere Verbindung aufgebaut hast. Eine Verbindung, die deinem Alltag etwas mehr Glanz verliehen hat. Ein »Wir« zu werden – es selbst zu kreieren, sich und gleichzeitig die Verbindung zueinander kennenzulernen –, ist magisch, finde ich. Wenn ich jetzt also für unsere Zwecke einer machtkritischen Reflexion unserer Liebesbeziehungen von der Notwendigkeit einer Definition von Liebe spreche, dann sei unbesorgt: Selbst wenn ich es wollte – ich kann ihr Leuchten nicht schwächen. Denn wie Jeanette Winterson passend in ihrem Roman *The PowerBook*[*] schreibt: »Nichts ist uns vertrauter als die Liebe. Nichts entzieht sich uns so vollständig.«[2] Und soweit ich es auf der Grundlage von allem, was ich bisher dazu gelesen habe, beurteilen kann, gibt es tatsächlich keine Definition von Liebe, die *wirklich* befriedigend ist. Keine, die die Liebe in all ihren kleinen Teilen greifbar machen könnte. Das ist okay. Für uns ist es nicht notwendig, ein adäquates Verständnis von Liebe zu haben, das über alle Zweifel erhaben ist. Wir brauchen lediglich eine Grundlage, etwas Gemeinsames, etwas, worauf wir aufbauen können und auf das wir uns innerhalb dieses Buches immer wieder beziehen können – das ist gut genug.

Was ist deine Definition von Liebe? Ernsthaft: Hast du Liebe für dich definiert? Wenn ja, was bedeutet sie für dich und deine Beziehungen? Wenn nein, warum hast du diesen Begriff bisher

---

* Deutsche Fassung erschienen unter dem Titel: *Das Powerbook*

nicht für dich definiert? Frei heraus: Weißt du, was genau du meinst, wenn du sagst: »Ich liebe dich«? Oder andersrum: Weißt du, was »Ich liebe dich« für dich nicht bedeutet? Ich verstehe, wenn du es schwierig findest, auf beide Fragen eine Antwort zu finden. Denn obwohl es mir wichtig ist, diese Fragen für mich beantworten zu können, fällt es mir trotzdem schwer. Einige Teile kann ich benennen, andere nicht.

Vielleicht fangen wir am besten da an, wo meine gesellschaftliche Prägung begonnen hat: Ich denke an meine Kindheit zurück. Ich denke an den ersten Liebesbrief, den meine Mutter für mich schreiben und großzügig mit Parfüm besprühen musste – weil ich zu Beginn der ersten Klasse weder schreiben konnte noch ein Eau de Toilette besaß. Liebe bedeutete für mich damals, eine Person zu mögen und gern Zeit mit ihr verbringen zu wollen. Außerdem lebten in meinem Kinderzimmer Barbie und Ken. Ein unzertrennliches heterosexuelles Paar – was sonst –, das in meinem Fall nur deshalb nicht *weiß* war, weil meine Mama mir Schwarze Barbies und Kens aus den USA mitbrachte. Liebe war für mich auch die willensstarke und eigensinnige Pocahontas, deren eigentlicher Name Matoaka war und die, wie ich heute weiß, eine antikoloniale Widerstandskämpferin war.[3] Im Disney-Film bewahrte sie John Smith vor einem Tod durch seine eigene Ignoranz, die zwei verlieben sich. Die Kolonisierung ihrer Region, für die er in die Amerikas, die vermeintliche »Neue Welt«, gekommen ist, wird daraufhin zur Nebensache. Musikalisch untermalt wurde mein Leben damals von den Spice Girls, die »If you wanna be my lover, you gotta get with my friends« sangen. Das leuchtete mir ein, denn wer mich liebt, versteht sich auch mit meinen Freund*innen – alles erschien mir noch recht einfach. Und so plante ich, entweder Nick oder Brian von den

Backstreet Boys zu heiraten – eigentlich lieber Brian, weil ich fand, dass er besser singen konnte, und das schien mir eine mitunter wichtige menschliche Qualität zu sein.

Ich wurde etwas älter. Britney Spears läutete mit *Baby One More Time* meine Jugend ein. Wenn ich an meine Teenagerzeit zurückdenke, dann denke ich an Carrie Bradshaw aus *Sex and the City,* deren Beziehung zu Mr. Big mir damals etwas kompliziert und vielleicht deshalb als erstrebenswert erschien: Echte Liebe ist nicht einfach, wir müssen dafür kämpfen. Die Beziehungen, die ich in diesen Jahren im Fernsehen sah und die mein Bild von Liebe prägten, waren alle, wenn auch aus unterschiedlichen Gründen, irgendwie schwierig. Mit meinen ersten Beziehungen wurde für mich deutlich, wie herausfordernd es sein kann, gleichzeitig individuell und gemeinsam zu wachsen.

Zu Beginn meiner Zwanziger sind es vor allem Gespräche mit Freund*innen, in denen ich mich mit ihnen abgleiche. Einige sind ständig frisch verknallt, andere sind über Jahre hinweg mit der gleichen Person zusammen. Was Liebe für uns bedeutet, besprechen wir wenig. Vielleicht auch weil es scheint, als gäbe es eine stille Übereinkunft darüber, was Liebe ist.

Wenn ich das Wort »Liebe« in eine Suchmaschine eingeben würde, dann würde sie Begriffe wie »Hingabe«, »Begehren«, »Leidenschaft«, »Hochzeit«, »Lust« oder »Happy End« ausspucken. Eine Bildersuche würde viele rote Herzen und Paare wahlweise vor einem Sonnenuntergang oder am Strand zeigen – glückliche Menschen. Das realitätsferne Bild, das unsere Gesellschaft von Liebe zeichnet, ist eines, das in unendlichem Glück verhaftet ist. Wer, so wie ich, schon längere Liebesbeziehungen geführt hat, weiß, wie wenig der Alltag in einer Beziehung mit Spaziergängen am Strand zu tun hat. Auffällig ist an dieser Karikatur zwischenmenschlichen Miteinanders auch, dass in ihr insbesondere dominante gesellschaftliche Gruppen repräsentiert werden – dazu an einigen anderen Stellen des Buches mehr.

Allerdings wird Liebe in unserer Gesellschaft nicht ausschließlich mit positiven Dingen assoziiert: Wenn ich in meine Suchmaschine die Worte »Mord aus« eingebe, dann lautet der erste Vorschlag zur Vervollständigung »Leidenschaft« und bereits der zweite »Liebe«. Außerdem finde ich Schlagzeilen zu Stalking »aus Liebe«. Mir kommt auch der Spruch »Schlüssel zu meinem Herzen« in den Sinn, dessen Ausgangspunkt das verschlossene Herz, also Abgrenzung ist.

Schon von klein auf sind wir von Darstellungen davon umgeben, was Liebe – vermeintlich – ist. Ich möchte einen Moment bei diesem Gedanken bleiben: Wir können uns diesen Bildern nicht verwehren. Das ist es, was sie so mächtig macht. Egal ob es uns bewusst ist oder nicht, ob wir es wollen oder nicht, wie Liebe in unserer Gesellschaft repräsentiert wird, geht an uns nicht spurlos vorbei. Die Gesellschaft ist mit ihren normierten Vorstellungen in unser Inneres gesickert und wirkt sich so auf unsere Beziehungen aus. Hinzu kommt – auf diesen Aspekt möchte ich hier nur kurz eingehen, weil ich ihn später noch mal ausführlicher aufgreife –, dass die Vorstellungen, die uns prägen, sehr einheitlich sind. Dazu gehört, dass Liebesbeziehungen Paarbeziehungen sind. Sie bestehen in dieser Perspektive, die auf einer binären Vorstellung von Geschlecht beruht, aus zwei Personen, einem **(cis)*** Mann und einer (cis) Frau,

---

* **Cis**: »›Cis‹ ist eine lateinische Vorsilbe und bedeutet ›diesseits‹. Wir verwenden cis als Adjektiv. Damit wird bezeichnet, dass eine Person in Übereinstimmung mit ihrem bei der Geburt zugewiesenen Geschlecht lebt. Cisgeschlechtlich zu sein, entspricht der Norm. Das heißt, in unserer [...] Gesellschaft wird davon ausgegangen, dass alle Menschen cisgeschlechtlich sind.«[4]

die als Menschen erst »komplett« sind, wenn sie ihr »Gegenstück« gefunden haben. All das wird in einer kapitalistischen Gesellschaft, in der wir mit Werbung überflutet werden, dann genutzt, um uns wieder und wieder zu suggerieren, dass wir der Liebe erst würdig sind, wenn wir konsumieren – im besten Fall viel. Ich denke hier an jene Influencer*innen, die ihre »privaten« Momente mit uns teilen und deren Lebensausschnitte nicht selten an besser inszenierte Dauerwerbesendungen mit klar verteilten vergeschlechtlichten Rollen erinnern. Die ruhige Hintergrundmelodie untermalt das allzu bekannte Versprechen von sozialem Aufstieg und Selbstoptimierung durch Konsum. Das ebenfalls ewig währende Versprechen von Werbung suggeriert uns dabei, dass unser Kaufverhalten dazu beitragen kann, dass wir liebens- und begehrenswert werden – vorausgesetzt, wir entscheiden uns für das *richtige* Parfüm oder das *richtige* Lebensmittel. Die mitschwingende Botschaft ist, dass wir als Menschen nicht *einfach so* liebenswert sind, wir müssen es uns mit Lohnarbeit erarbeiten, im besten Fall mit einem gut bezahlten Job – denn Sorgearbeit zählt nicht als Arbeit. Oder so: Wer viel konsumiert, ist attraktiv, denn wer konsumieren kann, hat Geld. Und wer attraktiv ist, ist der Liebe würdig. Damit wird die Liebe zum Ziel einer schier unendlichen Herausforderung, die wir nur erfolgreich meistern können, wenn wir hart genug an uns arbeiten, um der Liebe würdig zu werden.

Bei all diesen Botschaften, die unausgesprochen den Rahmen unseres Liebens abstecken und denen wir uns nicht konsequent entziehen können, könnte es fast überflüssig erscheinen, Liebe für sich selbst zu definieren. Immerhin gibt es schon genug sozial konstruierte Definitionen, die uns in die Enge treiben. Doch das Gegenteil ist der Fall: Denn dieser enge

Rahmen darf gesprengt werden. Und unsere eigene Definition kann uns Freiheit in der Liebe zurückgeben.

Liebe – eine pragmatische Definition

Ich plädiere mit diesem Buch dafür, dass wir uns das Wort »Liebe« zu eigen machen, um so den Rahmen für unsere Liebesbeziehungen selbst zu stecken. Schließlich ist es so, dass unser Verständnis davon, was Liebe beinhaltet, gleichzeitig auch definiert, was Liebe für uns nicht sein kann. Es impliziert, wie wir uns in Beziehungen verhalten und welches Verhalten wir von anderen tolerieren. Unsere Definition von Liebe wird damit zu unserem persönlichen Kompass, an dem wir uns orientieren können. Ich finde, es bietet sich an, eine klare Definition der Liebe für sich selbst zu haben. Für dieses Buch wähle ich eine andere Definition von Liebe, die im Kontrast zu den gesellschaftlichen Vorstellungen derselben steht. Dabei beziehe ich mich vor allem auf M. Scott Peck und Erich Fromm. Ihre Ansätze, die zeitweise sehr ähnlich sind, haben mich dazu inspiriert, Liebe als Werkzeug gegen soziale Ungerechtigkeit zu denken. Ihre Definitionen, die ich innerhalb des Buches ergänzen und weiterdenken möchte, fallen vor allem dadurch auf, dass sie pragmatisch sind. Gleichzeitig liegt hierin ihre Schönheit: Sie sind nicht unendlich weit von der alltäglichen Realität zwischenmenschlicher Beziehungen entfernt.

Beginnen wir mit meiner liebsten Definition. Sie stammt von M. Scott Peck, einem US-amerikanischen Psychiater und Psychotherapeuten. In seinem bekannten Buch *The Road Less Traveled: A New Psychology of Love, Traditional Values and*

*Spiritual Growth** schreibt er, dass er im Rahmen seiner Arbeit immer wieder auf Menschen traf, die Handlungen anderer als Liebe interpretierten, obwohl deren Verhalten sie beschnitt, kontrollierte, unfrei oder unselbstständig machte. Wenn wir uns vor Augen halten, dass wir in einer Gesellschaft leben, in der Phrasen wie »Mord aus Liebe« gängig sind, ist es wenig verwunderlich, dass Menschen Liebe mit anderen Motiven verwechseln, darunter auch Verhaltensweisen, die ich als das Gegenteil von Liebe betrachten würde. Für Peck ergab sich daraus die Notwendigkeit – ganz ähnlich wie ich sie empfinde –, Liebe zu definieren. Seine Definition lautet folgendermaßen:

> »Liebe ist der Wille, über sich hinauszuwachsen mit dem Ziel, das eigene oder das spirituelle Wachstum einer anderen Person zu nähren. [...] Der Akt zu lieben ist ein Akt der Selbstevolution, selbst wenn der zugrunde liegende Zweck das Wachstum einer anderen Person ist. Wenn wir jemanden lieben, wird unsere Liebe nur durch unsere Anstrengung nachweisbar oder echt – durch den Umstand, dass wir bereit sind, für eine andere Person (oder uns selbst) einen Schritt weiterzugehen. Liebe ist nicht mühelos. Im Gegenteil, sie ist mühevoll. Liebe ist ein Akt des Wollens, eine Absicht und ein Handeln. Wollen impliziert, dass wir wählen können. Wir müssen nicht lieben. Wir wählen es, zu lieben.«[5]

Die Worte von Peck klingen tief in mir, es steckt so viel in ihnen: Schon mit diesen wenigen Sätzen sind wir meilenweit entfernt

* Deutsche Fassung erschienen unter dem Titel: *Der wunderbare Weg: Eine neue spirituelle Psychologie*

von den gängigen Vorstellungen von Liebe. Mit Pecks Worten sind wir plötzlich keine willenlosen Wesen mehr. Wir sind aktiv agierende Menschen, die eigenständige Entscheidungen *für* oder *gegen* etwas treffen. Liebe basiert auf der freien Entscheidung zu lieben. Wir haben die Wahl, *ob* wir lieben wollen, müssen aber nicht lieben. Liebe ist nicht völlig irrational. Liebe ist ein Prozess, der dem eigenen oder dem Wachstum einer anderen Person verpflichtet ist. Schon deshalb kann sie nicht mühelos sein, weil Wachstum als ein Lernprozess grundsätzlich mit Anstrengung verbunden ist. Und zuletzt: Liebe ist eine Praxis, etwas, was wir tun.

Vielleicht stellst du dir jetzt die Frage, ob Liebe und Verliebtsein, wie ich es oben erinnere, das Gleiche meinen? Peck würde sagen: Nein. Seine Haltung dazu ist eine einfache: »Wir verlieben uns nur, wenn wir bewusst oder unbewusst sexuell motiviert sind.«[6] Ich sehe das ein bisschen anders als er. Denn in seiner Perspektive wäre Verliebtsein Menschen vorbehalten, die überhaupt sexuelle Anziehung zu einer anderen Person empfinden. Konkret denke ich in diesem Zusammenhang an Menschen des **asexuellen*** Spektrums, für die das, was er mit sexueller Motivation beschreibt, keine Bedeutung haben muss und die trotzdem in Menschen verliebt sein können – teilweise völlig ohne irgendein sexuelles Interesse. Dennoch teile ich Pecks Ansicht, dass beides in Teilen unterschiedlich ist: Verliebtsein ist für mich eine unmittelbare Anziehung, vielleicht auch ein eher kurzweiliges Ereignis, ein akuter Zustand. Einer,

---

* **Asexuell**; asexuelles Spektrum: »Eine asexuelle Person fühlt keine oder wenig sexuelle Anziehung zu anderen Menschen. Asexuelle Menschen sind nicht auch zwangsläufig auch aromantisch. Asexualität ist eine sexuelle Orientierung und nicht die Entscheidung, auf Sex zu verzichten (wie z. B. im Zölibat). Außerdem ist es auch für asexuelle Menschen nicht ausgeschlossen, aus verschiedenen Gründen Sex zu haben.«[7]

der zwar immer wiederkommen kann, aber nicht von Dauer ist. Liebe hingegen ist für mich die Entscheidung, die unser Handeln in Beziehungen leitet. Zusammengenommen heißt das für mich auch, dass ich lieben kann, ohne dass ich verliebt bin, bevor ich verliebt bin oder wenn ich nicht mehr verliebt bin. Beides ist nicht voneinander abhängig, obgleich Verliebtsein ein Moment in der Liebe sein *kann.* Beides kann, aber muss sich nicht überschneiden.

Liebe ist ein inklusiver Begriff. Liebe als Praxis – ich möchte die Definition hier weiterspinnen – ist deutlich inklusiver, als gesellschaftliche Repräsentationen von Liebe es uns glauben lassen. Das heißt auch, dass praktisch alle Beziehungen, von denen wir es wollen, Liebesbeziehungen sein können. Das gilt etwa für Freund*innenschaften, Eltern-Kind-Beziehungen wie auch für Partner*innenschaften. Liebe als Praxis hat wenig mit Romantik, Sexualität oder Ähnlichem zu tun. Mehr noch: Liebe als Praxis hat nicht einmal mit der Anwesenheit »positiver« Emotionen zu tun. Das kennst du vielleicht selbst: Wenn du eine enge Bindung zu einer Person hast, die dir sehr wichtig ist, dann stellt ein Streit nicht grundsätzlich eure Verbindung infrage. Darauf geht auch Esther Perel, eine Paartherapeutin, deren Arbeit ich besonders schätze und die ich hier sicher noch das eine oder andere Mal zitieren werde, ein. Sie schreibt in diesem Zusammenhang – wie ich finde – treffend: »Liebe ist ein Verb. Sie ist ein aktiver Entschluss mit allen möglichen Gefühlen – positiven und primitiven und abstoßenden.«[8] Liebe, wie ich sie hier interpretiere, ist eine Art des Sich-Beziehens, in dessen Zentrum die persönliche wie gemeinsame Entwicklung steht. Zu Beziehungen, die wir freiwillig eingehen und die uns dabei unterstützen, uns zu entfalten, gehört, dass wir uns nicht immer gut fühlen. Es kann vorkommen, dass unser Verhalten von unserem Gegenüber kritisiert wird oder wir unterschiedliche Bedürfnisse haben und nicht so richtig zusammenfinden. Das kann dazu beitragen, dass wir uns nicht zu allen Zeitpunkten voll der Liebe fühlen, die wir gern für die andere Person empfinden würden. Allerdings muss das nicht bedeuten, dass wir uns nicht weiterhin liebevoll verhalten, zum Beispiel in der Art, wie wir mit Konflikten umgehen.

Liebe ist nicht …

Weil ich den Punkt, dass wir in Liebesbeziehungen nicht immer Liebe als Gefühl verspüren müssen und können, so wichtig finde, möchte ich an dieser Stelle noch etwas ausdifferenzieren: Für uns ist wichtig, dass sich auf Grundlage der hier verwendeten Definition von Liebe nicht jedes Handeln durch ebendiese rechtfertigen lässt. Während wir uns in unseren Beziehungen nicht immer gut fühlen müssen, gibt es trotzdem klare Grenzen, die Liebe nicht überschreiten darf. Liebe ist die Abwesenheit von Gewalt. Wir können nicht Gewalt ausüben und gleichzeitig für uns beanspruchen, liebevoll gehandelt zu haben. Gewalt trägt weder zum eigenen spirituellen Wachstum noch dem anderer Menschen bei. Erich Fromm, der meine persönliche Auseinandersetzung mit Liebe wesentlich beeinflusst hat, beschreibt in seinem Buch *Haben oder Sein: Die seelischen Grundlagen einer neuen Gesellschaft* in aller Deutlichkeit, dass die Art und Weise, wie der Begriff gemeinhin verwendet wird, häufig verdeckt, dass tatsächlich gar keine Liebe vorhanden ist:

> »Wird Liebe […] in der Weise des Habens erlebt, so bedeutet dies, das Objekt, das man ›liebt‹, einzuschränken,

gefangenzunehmen oder zu kontrollieren. Eine solche Liebe ist erwürgend, lähmend, erstickend, tötend statt belebend. Was als Liebe bezeichnet wird, ist meist ein Mißbrauch des Wortes, um zu verschleiern, daß in Wirklichkeit nicht geliebt wird.«[9]

Gewalt ist niemals Liebe, und Liebe ist niemals Gewalt. Das gilt für unterschiedliche Formen von Gewalt wie etwa körperliche, psychische und strukturelle Gewalt – also Diskriminierung. Gleichzeitig ist es bei den verschiedenen Formen, die Gewalt annehmen kann und die oft Überschneidungen mit Diskriminierung aufweisen – ich denke hier konkret an Männlichkeit, auf die ich später noch genauer eingehen werde, und in diesem Zusammenhang Gewalt gegen Frauen, **Femmes*** und Menschen, die als Frauen wahrgenommen werden –, nicht immer einfach zu wissen, ob wir in unserer Beziehung an einen Punkt gekommen sind, an dem Gewalt angewendet wird. Denn in einer Gesellschaft, die Gewalt in Liebesbeziehungen derart normalisiert, ist es nicht nur schwierig, der eigenen Wahrnehmung zu vertrauen, sondern auch herausfordernd, körperliche, sexualisierte und emotionale Gewalt als solche zu erkennen, geschweige denn sie als solche zu benennen.

---

* **Femme**: »Eine Geschlechtsidentität, bei der sich eine Person (weiblich, männlich oder anders) der kulturellen Normen von Weiblichkeit bewusst ist und aktiv eine weibliche Erscheinung, Rolle oder einen Archetyp verkörpert. Sie wird gewöhnlich – aber nicht immer – mit einer homosexuellen oder queeren sexuellen Identität/Sexualität in Verbindung gebracht. Sie ist in der Regel akzentuierter und bewusster als eine heterosexuelle weibliche Geschlechtsidentität oder Geschlechtsdarstellung und stellt häufig die Normen von Weiblichkeit durch Übertreibung, Parodie oder Überschreitung der Geschlechtsnormen infrage.«[10]

Ich denke in diesem Zusammenhang an die Serie *Maid,* in der es um eine junge Frau ohne Zugang zu Geld geht, die durch ihren Partner psychische Gewalt erfährt und versucht, sich gemeinsam mit ihrer Tochter aus dieser Situation zu befreien. Die Erzählung, die auf dem gleichnamigen Buch von Stephanie Land basiert,[11] ist deshalb so eindrücklich, weil viele kleine Momente, in denen Gewalt offenbar wird, so alltäglich sind.

Ich kenne solche Momente aus meinem eigenen Leben, und genau das war es, was mir beim Schauen die Kehle zuschnürte. Sie kommen in Beziehungen vor, die weder die Personen in der Beziehung noch Menschen außerhalb als gewaltsam beschreiben würden. Es kann die chirurgische Präzision sein, mit der etwa Kontrolle über das Leben einer Person ausgeübt wird, das dadurch stetig kleiner und unfreier wird, als es sein müsste. Es kann die Eifersucht sein, die uns von der Gesellschaft als Liebe verkauft wird und die zur Konsequenz hat, dass eine Person ihre Kontakte und damit Räume der Unterstützung fortschreitend aufgibt. All das, was in *Maid* dargestellt wird, an sich selbst und in den eigenen Beziehungen wahrzunehmen, wird durch die Tatsache erschwert, dass es kaum einen öffentlichen Diskurs über Gewalt in Beziehungen gibt.

Ein weiteres eindrückliches sowie aktuelles Beispiel hierfür ist die öffentliche Diskussion um Ines Anioli, die ihren Ex-Partner, Luke Mockridge, wegen Körperverletzung, sexuellen Missbrauchs und Vergewaltigung anzeigte.

Zur Klarheit: Ich bin solidarisch mit Menschen, die sexualisierte – und andere Formen von – Gewalt erfahren haben. Und ich gehe grundsätzlich nicht davon aus, dass Personen ihre Erfahrungen des »Ruhmes« wegen, aus »Rache« oder aus irgendeiner anderen fragwürdigen Absicht heraus öffentlich machen. Ich gehe schon deshalb nicht davon aus, dass irgendein Mensch das tun würde, weil Betroffenen von sexualisierter Gewalt in der Regel nicht geglaubt wird. Das heißt für Menschen, die sexualisierte Gewalt erlebt haben, dass sie mit dem Schritt in die Öffentlichkeit meist noch mehr Gewalt erleben, etwa in Form von Diffamierung und Hass.

Bemerkenswert an der Debatte um Ines Anioli – sie reiht sich in viele vergleichbare medial geschaffene »Kontroversen« ein, die eigentlich keine sind – ist, dass der sexistische Grundtenor immer der gleiche ist: Frauen und eigentlich allen Menschen mit marginalisierter Geschlechtsidentität – darauf gehe ich später ein und erkläre ein paar Begriffe – ist nicht zu trauen. Sie lügen. Sie wollen sich rächen. Sie sind zu emotional, und ihre Emotionalität verhindert, dass sie Dinge klar sehen, in diesem Fall, dass sie eigentlich gar keine Gewalt erfahren haben. Dabei liegt, laut Forschung, der Anteil von Falschanschuldigungen im Hinblick auf Vergewaltigung in Deutschland bei nur drei Prozent.[12] Hinzu kommt ein Rechtssystem, das nicht nur bis Mitte der 1990er-Jahre sexualisierte Gewalt in Ehen nicht als verfolgbaren Tatbestand anerkennen wollte – an dieser Stelle bitte nicht vergessen, dass ausschließlich (cis) Männer und (cis) Frauen überhaupt heiraten durften –, sondern das auch heute kaum hilfreiche Werkzeuge für die Verfolgung von sexualisierter Gewalt bietet.

Die Zahlen, die Studien zu sexualisierter Gewalt gegen Frauen erhoben haben, machen deutlich, dass sich aus dem Zusammenspiel von mangelnden Hilfsangeboten und einer zutiefst problematischen gesellschaftlichen Auseinandersetzung mit sexualisierter Gewalt ergibt, dass sexualisierte Gewalt selten angezeigt und daher auch selten rechtlich verfolgt und bestraft wird. So steht beispielsweise auf der Internetseite des

Bundesministeriums für Familie, Senioren, Frauen und Jugend, dass »etwa jede vierte Frau [...] mindestens einmal Opfer körperlicher oder sexualisierter Gewalt durch ihren aktuellen oder durch ihren früheren Partner« wird.[13] Der Bericht zu »Partnerschaftsgewalt« für das Jahr 2020 kommt zu dem Ergebnis, dass in 16.216 Fällen von sexueller Nötigung, sexuellen Übergriffen und Vergewaltigung die Betroffenen zu rund 93 Prozent Frauen waren.[14] Allerdings ist dabei zu beachten, dass sich die Berichte des Bundeskriminalamtes auf gemeldete Fälle beziehen. Laut der repräsentativen Studie »Lebenssituationen, Sicherheit und Gesundheit von Frauen in Deutschland« meldeten nur acht Prozent der Frauen, die sexualisierte Gewalt erlebten, den Vorfall bei der Polizei.[15] Aus der Untersuchung geht ebenfalls hervor, dass unter fünf Prozent aller Straftaten im Zusammenhang mit sexualisierter Gewalt angezeigt werden und es bei hundert angezeigten Straftaten zu nur dreizehn Verurteilungen kommt.[16]

Warum ich diesen Exkurs hier mache? Weil das, was ich hier beschreibe, also die Gewalt, die sich in diesen Zahlen abbildet, nur die letzte Stufe der Gewalt ist. Und selbst die ist kaum sichtbar. Das hat zur Folge – und genau das ist mein Punkt –, dass all die kleinen Momente, in denen in Beziehungen Unterdrückungsmechanismen wirksam werden, ebenfalls viel zu wenig sichtbar sind. Zudem ist sexualisierte Gewalt eines von vielen Beispielen für diskriminierungsrelevante Gewalt in Beziehungen und somit auch dafür, wie mit dieser Gewalt gesellschaftlich umgegangen wird. Immerhin geht sie in heterosexuellen Beziehungen zu achtzig Prozent von Männern aus.*

---

* Anmerkung: Die Begriffe »Frau« und »Mann« verstehe ich in diesem Buch nicht als biologische Realitäten, sondern als sozial konstruierte Kategorien, die sich etwa darauf auswirken, wie wir sozialisiert werden

Ronald F. Levant, der im Bereich der Psychologie seit mehr als vierzig Jahren zu Männern und Männlichkeit forscht und den ich im Rahmen der Recherche für dieses Buch interviewt habe, erklärt dazu:

> »Männlichkeit wird mit einer langen Liste negativer Folgen in Verbindung gebracht, darunter physische Gewalt, sexuelle Übergriffe und die Gewalt, die Männer sich selbst durch ihre schlechten Gesundheitsgewohnheiten antun.«

In seinem Buch *The Tough Standard: The Hard Truths About Masculinity and Violence,** das sich mit Männlichkeit und Gewalt befasst, gibt es etwa ein ganzes Kapitel, dass dem Zusammenhang zwischen Männlichkeit und sexualisierter Gewalt gewidmet ist.[17]

---

oder uns in diesem Rahmen selbst identifizieren. Das Spektrum der Selbstidentifikation ist jedoch deutlich größer und umfasst neben den sozialen Kategorien »Frau« und »Mann« zum Beispiel auch Menschen, die nicht-binär sind, also sich weder als Mann noch als Frau oder als beides gleichzeitig identifizieren. Trotzdem werden auch nicht-binär Menschen oft als »Frauen« oder »Männer« gelesen und fälschlicherweise einer dieser beiden Kategorien zugeordnet. So verwenden auch viele der Untersuchungen, die ich zitiere, die Begriffe »Männer« und »Frauen«. Das ist allerdings oft nicht präzise genug beziehungsweise falsch, da wir nicht wissen können, wie sich Menschen jenseits der Statistiken positionieren, da diese in der Regel binär sind. Im Beispiel oben handelt es sich konkret um hetero und vor allem um cis Männer. Für die Betrachtung von Machtverhältnissen kann eine solche Differenzierung durchaus bedeutsam sein, weil sie aufzeigt, in welchen Zusammenhängen von wem Macht ausgeht. An den Stellen, an denen es mir möglich ist und mir für die Betrachtung des jeweiligen Inhalts als wichtig erscheint, differenziere ich deshalb entsprechend.

* Übersetzung: *Der toughe Standard: Harte Wahrheiten über Männlichkeit und Gewalt*

Mir ist wichtig, das so deutlich zu formulieren, weil es aufzeigt, dass die Worte von Erich Fromm über die Verschleierung der Lieblosigkeit im Privaten auch im Zusammenhang mit unseren gesellschaftlichen Strukturen stehen – das illustriert etwa die rechtliche Verfolgung von sexualisierter Gewalt in Partner*innenschaften. Mit seinen Worten schildert Fromm ein gesamtgesellschaftliches Problem, nämlich die Normalität der Lieblosigkeit. In Anbetracht gängig kursierender Vorstellungen von Liebe, die in Gewalt ihren Ausdruck findet – wie etwa dem oft gehörten Ausspruch »Mord aus Leidenschaft« –, ist wenig verwunderlich, dass Lieblosigkeit unter dem Deckmantel der Liebe einen beachtlichen Einfluss auf uns hat. Wie auch nicht? Wir wachsen mit dieser Lieblosigkeit auf, die so normal ist, dass sie kaum hinterfragt wird und entsprechend Teil unserer Sozialisierung ist. Deshalb müssen wir uns in meiner Wahrnehmung die Liebe auch so dringend neu aneignen, und deshalb ist es mir auch wichtig, es zu wiederholen: Gewalt hat mit Liebe nichts zu tun. Auch bell hooks fasst in ihrem Buch *All About Love: New Visions** eindrücklich zusammen, warum Liebe und Gewalt Gegensätze sind:

> »Wenn wir Liebe als den Willen verstehen, unser eigenes spirituelles Wachstum oder das einer anderen Person zu nähren, wird deutlich, dass wir nicht für uns beanspruchen können, zu lieben, wenn wir verletzend sind. Liebe und Missbrauch können nicht koexistieren. Gewalt und Vernachlässigung sind per Definition das Gegenteil von Zuwendung und Pflege.«[18]

* Deutsche Fassung erschienen unter dem Titel: *Alles über Liebe: Neue Sichtweisen*

Für uns ist dieser Gedanke, abgesehen von den bereits genannten Aspekten, aus zwei Gründen zentral. Zum einen macht er deutlich, dass Liebe nicht bedingungslos sein *kann*. Im Gegenteil, Liebe als Handeln ist an Bedingungen geknüpft: Eine Voraussetzung, die sich aus dieser Definition von Liebe ergibt, ist, dass Gewalt die Grenzen von Liebe überschreitet und darin keinen Platz hat. Das ist bedeutungsvoll, denn Liebe wird regelmäßig als frei von Konditionen dargestellt. Wenn Liebe allerdings keine Grenzen kennt, dann ist sie nichts, weil sie alles ist. Dann ist sie auch Gewalt, weil diese deren Rahmen nicht sprengt.

Zum anderen ist dieser Gedanke für uns zentral, weil Diskriminierung, die sich überall in unserer Gesellschaft findet, immer auch in unsere Beziehungen mit hineinspielt. Sprich, Gewalt ist Teil unserer wichtigsten zwischenmenschlichen Verbindungen. Das Problem liegt darin, dass uns dieser Umstand oft nicht gewahr wird und wir somit unbedacht strukturelle Gewalt in Liebesbeziehungen wiederholen. Diskriminierung mit ihren verschiedenen Facetten ist ein normaler Teil unseres Alltags – und genau das macht es so schwer, sie zu erkennen.

Für uns, zumindest für mich, leitet sich daraus die Aufgabe ab, im übertragenen Sinn in den Spiegel zu blicken und strukturelle Gewalt – oder konkreter: die Art, wie wir sie im Individuellen ausüben – genau zu betrachten. Nicht etwa, um einfach anzuerkennen, dass sie da ist. Sondern um ihr und der Trennung, die sie in Beziehungen verursacht, etwas entgegensetzen zu können. Dafür möchte ich an dieser Stelle gedanklich tiefer gehen und Diskriminierung in ihren Grundzügen in den Blick nehmen: Wo beginnt sie? Welche Formen von ihr existieren? Wie äußert sie sich? Und was hat sie mit unseren Beziehungen zu tun?

Macht

Macht in unseren Beziehungen

In unserer Gesellschaft, einer sozial ungleichen Gesellschaft, sind Liebe und Diskriminierung untrennbar miteinander verbunden. Ich weiß, dass das pessimistisch klingt. So ist es nicht gemeint, und es ist auch nicht der Grund, weshalb ich es an dieser Stelle schreibe. Ich benenne es so konkret, weil Liebe nicht selten als »Allheilmittel« gegen alle Übel der Welt verklärt wird. In dieser Vorstellung gibt es keine höhere Macht als die Liebe. Selbst soziale Machtverhältnisse können vermeintlich durch *wahre Liebe* überwunden werden. Mit der Realität hat das allerdings wenig zu tun. Denn die Systeme der Unterdrückung, die unsere Gesellschaft durchziehen und die so einnehmend sind, dass sie um uns und in uns wirken, finden auch in unseren Liebesbeziehungen ihren Ausdruck.

Wenn uns der Umstand nicht bewusst ist, dass soziale Ungleichheit auch zwischen uns und unseren Liebsten wirkt, gibt es wenig, was wir dagegen ausrichten können. Schließlich – und ich weiß, wie simpel dieser Satz ist – können wir nur einen Umgang mit den Herausforderungen finden, die wir auch tatsächlich wahrnehmen. Mit »Luft und Liebe«, so wie es vielfach in unserer Gesellschaft dargestellt wird, können wir diesen Herausforderungen nicht angemessen begegnen. Denn strukturelle Diskriminierung ist gesellschaftliche Lieblosigkeit, und diese führt zu Gewalt in unseren Liebesbeziehungen.

Weil alles, was in den weiteren Kapiteln folgt, auf einem strukturellen Verständnis von Diskriminierung aufbaut, möchte ich mir an dieser Stelle die Zeit nehmen, um auf Diskriminierung in ihren verschiedenen Formen einzugehen. Es folgt also eine weitere Definition. Im Grunde gilt an dieser

Stelle das Gleiche wie im Kapitel zu Liebe: Wir brauchen eine Definition, damit klar ist, was gemeint ist und was nicht. Das ist im Hinblick auf Unterdrückung vor allem deshalb wichtig, weil Diskriminierung – in all ihren Formen – gesamtgesellschaftlich oft mit »bösen« Absichten in Verbindung gebracht wird. Aus einer wissenschaftlichen Perspektive – die Definition, die ich hier darlege, hat entsprechend wenig mit meiner persönlichen Meinung zu tun – ist das jedoch nicht der Fall. Vielmehr findet Diskriminierung vielfach in Situationen statt, die weder mit irgendeiner Absicht verbunden sind noch mit dem Wort »Einzelfall« angemessen beschrieben werden können. Dieses Verständnis von Diskriminierung, das ihr alltägliches Wirken mitdenkt, wird deshalb auch *strukturell* genannt. Ich schreibe hier also von struktureller Diskriminierung, denn diese Wortpaarung impliziert, dass Diskriminierung Teil der Struktur unseres Miteinanders ist: ein Faden, der den Stoff unserer Gesellschaft durchzieht – und zwar auf allen Ebenen. Diskriminierung umgibt uns überall im Alltag, sie erscheint dadurch »normal« und wird deswegen oft nicht als solche erkannt. Das mag paradox klingen, ist es aber nicht: Wer zum Beispiel keine **Be_hinderung*** hat, wird sich vielleicht noch nicht darüber geärgert haben, dass auf Dating-Apps alle möglichen Präferenzen angegeben werden können, be_hinderte Menschen allerdings nicht nach anderen Menschen mit Be_hinderung suchen können.[20] Und wer nicht rassistisch und sexistisch diskriminiert wird, hat

* **Be_hinderung**: »Behindert ist man nicht – behindert wird man. Um diesen von Behindertenrechtsaktivist*innen proklamierten Slogan auch in der alltäglichen Sprache zu verankern und die Behinderung durch äußere Umstände wie Gebäude oder Strukturen sichtbar zu machen, kann etwa der Unterstrich verwendet werden: be_hindert.«[19]

sich gegebenenfalls noch keine Gedanken darüber gemacht, welche Relevanz die Ergebnisse der OkCupid-Studie von 2014, mit der aufgezeigt wurde, wie sehr unser subjektives Attraktivitätsempfinden von Rassismus geprägt ist, für das eigene Leben haben.[21]

Aber gehen wir einen Schritt zurück und steigen mit ein paar wesentlichen Gedanken ein. In meiner Arbeit, etwa im Rahmen von Workshops zu Rassismus, habe ich oft die Erfahrung gemacht, dass die Worte »Vorurteil« und »Diskriminierung« synonym verwendet werden. Für das, was wir mit diesem Buch in den Blick nehmen wollen, ist das zu unscharf. Die Begriffe meinen nämlich Unterschiedliches: Tatsächlich ist es so, dass zwar alle Menschen persönliche Vorurteile allem Möglichen gegenüber haben können – es können aber nicht alle Menschen gleichermaßen diskriminiert werden. Denn anders als ein Vorurteil ist Diskriminierung immer mit sozialer Macht verknüpft.

Viele Formen, gleiches Prinzip

Diskriminierung ist im Grunde ein Sammelbegriff. Allerdings müssen wir, um Unterdrückung besser zu verstehen und ihr entgegentreten zu können, eine Unterscheidung zwischen verschiedenen Formen von Diskriminierung treffen. Denn obwohl soziale Ungleichheit schlicht bewirkt, dass einige wenige Menschen bessere Chancen in der Gesellschaft haben, und das auf Kosten derer, die benachteiligt werden, funktionieren die unterschiedlichen Formen von Unterdrückung nicht genau gleich – auch in unseren Beziehungen nicht.

Zu den vielen verschiedenen Formen von Diskriminierung, die es in unserer Gesellschaft gibt, gehört beispielsweise Ableismus, die Diskriminierung von be_hinderten Menschen. Diese Form der Diskriminierung äußert sich zum Beispiel alltäglich in unserer Sprache, etwa wenn Begriffe, die mit Be_hinderung verbunden werden, als Beleidigung oder Herabsetzung verwendet werden. Ableismus zeigt sich in der Vorstellung davon, was ein Körper leisten können muss: So gibt es etwa kaum Repräsentation von be_hinderten Menschen in einem sexuellen Kontext.

Zu Diskriminierung zählt auch Sexismus. Darunter wird die Diskriminierung von Frauen verstanden, mit der unter anderem die Zuschreibung von Sorgearbeit rund um Haushalt und Kinder, aber auch das emotionale Umsorgen, insbesondere von cis Männern, verbunden ist. Im Arbeitskontext äußert sich Sexismus beispielsweise in der ungleichen Bezahlung von Männern und Frauen. So betrug der Gender-Pay-Gap, also die Einkommenslücke zwischen Männern und Frauen, im Jahr 2020 in Deutschland 18 Prozent.

Mit Heterosexismus ist die Diskriminierung von Menschen hinsichtlich ihrer sexuellen Orientierung* gemeint. In diesem

---

* Anmerkung: Ich habe lange überlegt, wie ich mit dem Begriff »sexuelle Orientierung« umgehen soll. Für mich persönlich ist dabei der sprachliche Fokus auf Sexualität zu stark. Denn inhaltlich meint der Begriff deutlich mehr, etwa zu wem wir uns – mit Blick auf Geschlechtsidentität(en) – hingezogen fühlen oder mit wem wir zusammen sein wollen. Der Begriff schließt aus, dass wir fluide begehren können, und verkennt, dass sich Dynamiken nicht statisch festhalten lassen. All das sind Aspekte, die durchaus auch für Menschen wahr sind, die etwa gar kein Interesse an Sexualität als Akt haben. Der Begriff »sexuelle Orientierung« ist meiner Meinung nach sprachlich verkürzt, weil er eigentlich eine Vielzahl unterschiedlicher Praktiken meint. Allerdings konnte ich das sprachlich nicht auflösen und habe deshalb in diesem Text dennoch auf ihn zurückgegriffen.

Zusammenhang sind es etwa homo-, pan- oder bisexuelle Menschen, die Diskriminierung erfahren. Diese Form der Diskriminierung ergibt sich aus der Tatsache, dass wir in einer heteronormativen Gesellschaft leben, einer Gesellschaft, in der heterosexuelle Menschen als »normal« gelten und alle Menschen, die nicht heterosexuell sind, als Abweichung von dieser Norm. So werden etwa lesbische und schwule Beziehungen in unserer Gesellschaft, zum Beispiel medial, unsichtbar gemacht und abgewertet.

Von Cissexismus ist die Rede, wenn es um die Diskriminierung von trans* oder nicht-binären Menschen geht. Also um Personen, die sich nicht mit dem Geschlecht identifizieren, das ihnen bei der Geburt zugewiesen wurde. So werden beispielsweise trans Frauen in vermeintlich feministischen Kämpfen oft nicht berücksichtigt, weil es auch hier transfeindliche Haltungen gibt, die trans Frauen ihr Frau-Sein absprechen. Regelmäßige Beispiele für eine solche transfeindliche Haltung liefert das Magazin *Emma:* In einem im Januar 2022 veröffentlichten Text beispielsweise wurde der Grünen-Politikerin Tessa Ganserer vorgeworfen, entgegen der Quotenregelung ihrer Partei einen Platz für Frauen unrechtmäßig zu besetzen.

Eine weitere Form von Diskriminierung ist Klassismus, die Diskriminierung von Menschen, deren Zugang zu »höherer« formaler Bildung oder zu finanziellen Mitteln erschwert ist. Diese Form der sozialen Ungleichheit wirkt sich etwa auf die Bildungschancen einer Person aus – das gilt für Deutschland besonders: Die Wahrscheinlichkeit etwa, dass eine Person, deren Eltern keine Akademiker*innen sind, Abitur macht und studiert, ist vergleichsweise gering.

Rassismus ist die Diskriminierung von **Schwarzen*** Menschen, **Menschen of Color**** und **Indigenous***** Menschen. Eine spezifische Wirkweise von Rassismus hierzulande ist die Vorstellung, dass *Weiß*-Sein und Deutsch-Sein untrennbar miteinander verbunden sind. In dieser Perspektive sind nur ***weiße******* Menschen deutsch. Auch deshalb ist der Begriff

* **Schwarz**: »Die Selbstbezeichnung Schwarz meint eine soziale Position, die aufgrund von strukturellem Rassismus einen schlechteren Zugang zu gesellschaftlichen Ressourcen wie dem Arbeits- und Wohnungsmarkt, zu Bildung und gesundheitlicher Versorgung hat. Damit verweist der Begriff nicht etwa auf ›Hautfarbe‹ als biologische Eigenschaft. Der Begriff wird großgeschrieben, um dessen Widerstandscharakter zu unterstreichen.«[22]

** **People of Color**: »Der Begriff People of Color ist eine solidarische Selbstbezeichnung, der mit der US-amerikanischen Bürger*innenrechtsbewegung in den 1960er-Jahren entstand. Die Bezeichnung umfasst unterschiedliche Gruppen, die aufgrund von strukturellem Rassismus Ausschlüsse in der Gesellschaft erfahren. Dennoch, die rassistischen Ausschlüsse, die die Menschen erfahren, die diese Selbstbezeichnung für sich wählen, fallen sehr verschieden aus. Deshalb verwenden viele Menschen mit Rassismuserfahrungen für sich andere oder zusätzliche Selbstbezeichnungen.«[23]

*** **Indigenous**: »›Indigenous‹ ist eine Selbstbezeichnung, die Menschen weltweit und in verschiedenen Kontexten für sich verwenden. Benutzt wird der Begriff von Gruppen, die im Zuge des Kolonialismus von ihrem Land verdrängt wurden. Viele dieser Gruppen verwenden noch genauere Namen für sich, zum Beispiel Torres Strait Islander im heutigen Australien. Die ehemaligen kolonialen Machtverhältnisse in etwa den USA, Australien, Kanada oder Neuseeland haben heute noch immer Bestand. Auch in der Gegenwart kämpfen zum Beispiel Indigenous Americans, Aboriginal Australians und First Nations in Kanada für ihre Gleichberechtigung.«[24]

**** ***Weiß***: »Die Bezeichnung *weiß* ist keine Selbstbezeichnung. Da *Weiß*-Sein in der Gesellschaft als Norm etabliert ist, erscheint die Position *weiß* als neutral und bleibt unbenannt. Als Analysekategorie im Zusammenhang von Rassismuskritik wird der Begriff kursiv geschrieben. Die Kategorie *weiß* bezieht sich dabei nicht auf Hautfarben: Als politischer Begriff beschreibt er einen im Zusammenhang von Rassismus vergleichsweise einfacheren Zugang zu gesellschaftlichen Ressourcen wie Arbeit oder Bildung. Damit beschreibt *weiß* eine Machtposition, die nicht etwa Rassismus vorgängig ist, sondern ein Resultat dessen ist.«[25]

»Menschen mit Migrationshintergrund« wenig hilfreich, weil er eben diese Vorstellung aufrechterhält und in der Regel synonym für **BIPoC*** verwendet wird, nicht aber für *weiße* Menschen, die Migrationserfahrung haben.

Tatsächlich beginnt soziale Ungleichheit nicht erst bei der Benachteiligung. Sie beginnt schon mit der Einteilung in vermeintlich eindeutig voneinander unterscheidbare Gruppen, die oftmals als natürlich angenommen wird. Die Konstruktion von Gruppen geschieht anhand von beliebig gewählten Merkmalen, das kann etwa die sexuelle Orientierung sein. Den Menschen, die dieser Gruppe zugeordnet werden, werden unabhängig von der Realität Eigenschaften zugeschrieben, die sie entweder ab- oder aufwerten. Dieser Prozess, bei dem sich eine Gruppe – »Wir« – von einer anderen abgrenzt, wird »Othering« oder auch »Fremdmachung« genannt. Die Gruppen, die so hergestellt werden, sind nicht natürlich, sie entstehen erst durch systematische Unterdrückung und dienen gleichzeitig der Begründung und Rechtfertigung dieser. Zudem werden mit Diskriminierung die durch sie überhaupt erst geschaffenen Gruppen hierarchisiert. Daran ist nichts neutral, auch die Zuteilung in eine der Gruppen nicht. Bemerkenswert finde ich, dass die Aufwertung der »Wir«-Gruppe geschieht, ohne dass deren vermeintlich positive Eigenschaften überhaupt benannt werden müssten. Sie ergibt sich unausgesprochen aus der Abwertung

* **BIPoC**: »›BIPoC‹ steht für Black (Schwarz), Indigenous, People of Color. Die geläufiger werdende Abkürzung umfasst verschiedene Selbstbezeichnungen von Gruppen, die Rassismuserfahrungen machen. Die Zusammenfassung der unterschiedlichen Selbstbezeichnungen verweist auf die unterschiedlich ausfallenden Erfahrungen mit Rassismus und seiner Geschichte von Versklavung, Kolonisierung und Widerstand. Damit stellt der Begriff eine Ausdifferenzierung gegenüber der Selbstbezeichnung PoC dar.«[26]

»der anderen«. Othering als Strategie von Unterdrückung können wir eigentlich überall beobachten: in Medien wie den Nachrichten oder in Filmen, in persönlichen Gesprächen und auch in der Schule, etwa im Unterrichtsmaterial.

Aus der Einteilung in Gruppen beziehungsweise ihrer Auf- oder Abwertung resultiert ein weiterer, für soziale Ungleichheit wesentlicher Punkt: Etwas, das für alle Formen von Diskriminierung gleichermaßen gilt, ist, dass jeweils eine Gruppe durch sie benachteiligt wird und eine Gruppe Vorteile durch sie erfährt. Damit ist die Ausgrenzung der einen immer das Privileg der anderen. Diskriminierung und Privilegierung gehören also zusammen. Ein Beispiel: Für Heterosexismus bedeutet das, dass heterosexuelle Menschen als »normal« wahrgenommen werden und bis vor Kurzem als einzige Gruppe ihrer Beziehung beispielsweise durch Heirat eine rechtliche Grundlage geben konnten. Mit dieser waren unter anderem Steuervergünstigungen verbunden, von denen lesbische und schwule Paare bis zum Jahr 2017 komplett ausgeschlossen waren. Privileg meint in diesem Beispiel entsprechend nichts anderes, als Teil der Norm zu sein und keine rechtliche Benachteiligung zu erfahren, die sich etwa negativ auf die eigenen finanziellen Mittel auswirken könnte. Ein anderes Beispiel für diese Privilegierung von heterosexuellen Paaren ist, dass gleichgeschlechtliche Paare bei der Familiengründung vor einige Hürden gestellt sind: So hat beispielsweise das Kind eines lesbischen Paares nur eine sorgeberechtigte Person, sofern das andere Elternteil es nicht adoptiert hat.

Für mich ist wichtig, an dieser Stelle zu betonen, dass es keine »umgekehrte Diskriminierung« gibt. Diskriminierung ist historisch gewachsen und war immer schon mit dem Ziel verbunden, bestimmten Gruppen einfachere Zugänge zu allem zu verschaffen, was zur jeweiligen Zeit in der Gesellschaft von Bedeutung war und ist. Ein Beispiel, das mir persönlich und besonders innerhalb meiner Arbeit immer wieder begegnet, ist die Vorstellung, es gäbe Rassismus gegen *weiße* Menschen. Das ist aber nicht der Fall. Natürlich können *weiße* Menschen hinsichtlich ihres *Weiß*-Seins beschimpft werden. Ich höre zum Beispiel oft von Lehrkräften, dass in ihren Klassen vor allem *weiße* Schüler*innen »rassistische Anfeindungen« erfahren und etwa mit Begriffen wie »deutsche Kartoffel« beleidigt werden. Diese Aussage verkennt allerdings die Tatsache, dass Rassismus sich nicht auf die individuelle Haltung von einigen wenigen Personen beschränkt und auch nicht ausschließlich Beleidigungen umfasst – wenn wir den Begriff »Kartoffel« überhaupt als Schimpfwort wahrnehmen wollen. Denn *weiße* Schüler*innen, um bei dem Beispiel zu bleiben, erfahren im Kontext Schule allein aufgrund ihres *Weiß*-Seins in vielerlei Hinsicht Vorteile. Dazu gehört etwa, dass sich Lerninhalte an sie als Zielgruppe richten und sie im Unterrichtsmaterial positiv repräsentiert werden. Dazu gehört auch, dass sie anders als BIPoC-Schüler*innen nicht aufgrund ihres *Weiß*-Seins als bildungsfern wahrgenommen werden und entsprechend bei gleicher Leistung nicht schlechtere Noten und Übergangsempfehlungen bekommen – zu Letzterem gibt es einige Studien, die diese Form der rassistischen Benachteiligung belegen.[27] Diskriminierung beinhaltet, dass sie immer und überall erlebt werden kann. Sie umfasst verschiedene Ebenen in der Gesellschaft, nicht nur die individuelle, und wirkt so über bloße Beleidigungen hinaus ausgrenzend. Es gibt im Grunde keinen Schutz vor Diskriminierung.

Wenn wir uns also mit den unterschiedlichen Diskriminierungsformen beschäftigen, ist es wichtig, dass wir nicht nur Benachteiligung in den Blick nehmen. Wir müssen immer auch mitdenken, für wen sich aus dieser Benachteiligung jeweils Vorteile ergeben. Denn nur aus diesem Grund, also dem erleichterten Zugang für einige wenige, zum Beispiel zu Bildung, Arbeit oder gesundheitlicher Versorgung, existiert Diskriminierung überhaupt. Zugespitzt ausgedrückt regelt die ungleiche Verteilung von Macht in unserer Gesellschaft, wer was bekommt, wie viel wovon und in welcher Form. Privilegierung und Marginalisierung hängen voneinander ab. Wenn wir entschieden gegen Unterdrückung eintreten wollen, auch in unseren Beziehungen, können wir das eine nicht losgelöst vom anderen betrachten.

Der Lückentext

Diskriminierung, so erkläre ich es gern, ist wie ein Lückentext, den wir mühelos füllen und deshalb lesen können. Wir haben vermeintlich alle Informationen, die wir brauchen, um zu wissen, was gemeint ist. So steht etwa eine rassistische Karikatur nicht für sich. Ich bin nur in der Lage zu verstehen, wer oder was dargestellt werden soll, weil ich alle dafür notwendigen Informationen aus anderen Zusammenhängen kenne. Die Problematik besteht darin, dass zum Beispiel rassistische Bilder – die wenig mit dem realen Aussehen von Menschen insgesamt zu tun haben – nicht nur einmal verwendet werden. Wir erkennen die Person oder Gruppen, die dargestellt werden sollen, weil wir mit solchen Bildern und deren rassistischen Botschaften tagtäglich konfrontiert werden. Die verschiedenen Formen von Diskriminierung funktionieren über Wiederholung: Überall im Alltag sind Aspekte diskriminierender Vorstellungen – wie einzelne Puzzleteile eines sehr kleinteiligen Puzzles – verteilt. Obwohl die Aussagen der Puzzleteile inhaltlich gleich sind oder sich ergänzen, sieht jedes Puzzleteil anders aus. Ein solches Puzzleteil können alltägliche Mikroaggressionen sein: kleine Verletzungen, die wir selbst austeilen oder erfahren, etwa so was wie »Du bist nicht so zickig wie andere Frauen, die ich kenne«. Ein anderes Teil dieses Puzzles könnte ein Talkshow-Gespräch sein, in dem die Verwendung rassistischer Fremdbezeichnungen von *weißen* Menschen diskutiert und als unproblematisch dargestellt wird. Nicht zuletzt sind auch körperliche Übergriffe, die mit diskriminierenden Zuschreibungen legitimiert werden, Teil des Puzzles und damit Teil struktureller Diskriminierung. Wir lernen diese Botschaften, je nachdem ob wir privilegiert sind oder benachteiligt werden, schon früh anhand der Art und Weise, wie uns begegnet wird, durch Darstellungen in Werbung oder in Schulbüchern, zu deuten. Sind wir vermeintlich mehr wert oder müssen wir für alles Mögliche doppelt und dreifach so hart arbeiten, weil die Gesellschaft uns von Kindesbeinen an deutlich macht, es stünde uns gar nichts zu? Oder sind wir Teil der Norm und müssen deshalb die Alltäglichkeit von diskriminierenden Machtverhältnissen weder bemerken noch anerkennen? Beides, sowohl unsere privilegierten als auch unsere benachteiligten Anteile, verinnerlichen wir. Das hat zur Folge, dass wir uns selbst durch die verzerrten Gläser der gesellschaftlichen Brille wahrnehmen. Dadurch können wir Momente haben, in denen wir uns beispielsweise mit der behaupteten Minderwertigkeit identifizieren, die uns als diskriminierten Menschen zugeschrieben wird. Oder aber wir verinnerlichen die Dominanz, die uns hinsichtlich unserer Privilegien als angemessen erscheinen mag.

Diskriminierung ist nicht die einzelne sexistische Beschimpfung, die uns »böse« Menschen zurufen, sie ist die beständig begleitende Hürde, die sich willkürlich und zu jedem Zeitpunkt in unser Leben zwängt und es erschwert. Diese Hürden können unterschiedlich ausfallen. Sie können im zwischenmenschlichen Miteinander, etwa in Form von Mikroaggressionen, in Erscheinung treten. Das kann zum Beispiel ein vermeintliches Kompliment sein wie »Du hast aber Glück, dass du mit einer Person zusammen bist, die nicht auch eine Behinderung hat«. Oder ein problematischer Kommentar wie »Wenn ich mit dir zusammen wäre, müsste ich ja ständig eifersüchtig sein, weil du bi bist!«. Diese Hürden werden außerdem oft durch die Regeln, Routinen und Maßnahmen von Institutionen oder durch Gesetze aufrechterhalten. Ein Beispiel hierfür ist die rassistische Gesetzgebung aus der deutschen Kolonialzeit. Mit ihr wurde festgelegt, dass deutsche Kolonialsoldaten, *weiße* Männer, keine Schwarzen Frauen heiraten oder Kinder mit ihnen haben durften. Damit sollte gesichert werden, dass es in den deutschen Kolonien auf dem afrikanischen Kontinent keine Schwarzen Menschen mit deutscher Staatsbürger*innenschaft geben würde. Denn nach damaligem deutschem Gesetz war die Staatsbürger*innenschaft eines Kindes an die des biologischen Vaters gekoppelt.[28] Auch heute müssen etwa Menschen, die aus zwei Ländern kommen, zwischen denen kein Recht auf Freizügigkeit besteht, und die heiraten wollen, glaubhaft machen, dass sie eine Liebesbeziehung führen – und das, obwohl in den Gesetzestexten zur Ehe nichts über Liebe steht. Nicht zuletzt werden diese Hürden durch geteilte Wissensbestände in unserer Gesellschaft verfestigt. Dazu kann die Vorstellung zählen, dass dicke_fette* Menschen vermeintlich nicht attraktiv sind. Dazu kann ebenfalls die Vorstellung zählen, dass Schwarze Männer und Männer of Color eher Frauen unterdrücken.

Das Zusammenspiel dieser drei miteinander verbundenen Ebenen - individuell, institutionell und strukturell - macht den gravierenden Unterschied zwischen Vorurteil und Diskriminierung aus. Persönliche Vorurteile mögen sich auf das zwischenmenschliche Miteinander auswirken, aber weil sie nicht mit sozialer Macht verbunden sind, sind sie über uns als Einzelpersonen hinaus nicht zwingend bedeutsam. Diskriminierung hingegen findet sich nicht nur auf der individuellen, sondern auch der institutionellen und der strukturellen Ebene wieder. Diese Bereiche hängen zusammen, und sie hängen voneinander ab. Und obwohl sie untrennbar miteinander verbunden sind, ist es für uns wichtig, unterscheiden zu können, auf welcher Ebene wir uns jeweils befinden. Schließlich hängt davon ab, wie wir intervenieren können: Es macht einen Unterschied, ob ich mich bei einem Date gegen ein vermeintliches Kompliment wehre, das tatsächlich aber eine rassistische Zuschreibung ist, oder ob ich mich für eine Gesetzesänderung einsetzen will, die es allen Menschen ermöglichen soll, unabhängig von ihrer sexuellen Orientierung gleichberechtigt Familien gründen zu können.

Ich möchte ein Beispiel aus meiner Arbeit anbringen, weil es, wie ich finde, veranschaulicht, dass viele im Grunde wissen, dass nicht alle Menschen die gleichen Chancen in unserer

---

* »Dick_fett? Was denn nun, dick oder fett? Nee, dick_fett. Das ist eine Schreibweise, die von Fettaktivist:innen gewählt und etabliert wurde, um ohne unsinnige und schwammige Grenzziehungen zwischen dick und fett zu betonen, dass es sich um einen Körper handelt, der ›außerhalb des normschlanken Ideals‹ steht. Es schließt jeden Körper in diesem Spektrum mit ein, statt zwischen dick und fett irgendwelche Unterscheidungen zu imaginieren.«[29]

Gesellschaft haben. Es handelt sich dabei um eine Übung, ein Rollenspiel, das unterschiedliche Namen trägt. Das Prinzip ist einfach: Jede Person bekommt eine Karte, auf der eine soziale Position dargestellt ist. Auf einer Karte könnte zum Beispiel »17, Abiturientin, im Rollstuhl« stehen, auf einer anderen »Schwarzer Mann, homosexuell, drei Kinder«.[30] Die Person, die die Übung anleitet, stellt eine Reihe von Fragen, die mit Ein- oder Ausschlüssen in der Gesellschaft beziehungsweise sozialer Teilhabe verbunden sind. Diese könnten zum Beispiel so lauten: »Kannst du deine*n Partner*in ohne Vorbehalte auf der Straße küssen?« Oder: »Kannst du ein Kind adoptieren?« Alle Teilnehmenden starten auf dem Spielfeld an derselben Markierung. Bei jeder Frage, die sie hinsichtlich ihrer Rollenkarte für sich beantworten, bewegen sie sich bei »Ja« entweder nach vorn oder bleiben bei »Nein« stehen. Nachdem alle Fragen gestellt sind, sind die Teilnehmer*innen auf unterschiedlichen Positionen auf dem Feld verteilt. Sie alle haben eine unterschiedlich lange Strecke zurückgelegt, je nachdem wie ihre Antworten ausgefallen sind. In der gemeinsamen Auswertung werden alle Teilnehmenden nun dazu befragt, warum sie an dem Punkt stehen, an dem sie stehen. Welche Fragen haben ihnen das Vorankommen vereinfacht oder erschwert? Ich erinnere mich an einen Teilnehmer, der an der Startlinie stehen blieb und zum Abschluss erklärte, dass seine Rolle unter anderem »gehörlos« umfasste. Er merkte an, dass er deshalb die Fragen ja überhaupt nicht hatte hören können und entsprechend nicht an der Übung partizipieren konnte. Bemerkenswert ist, dass selbst die Teilnehmer*innen, die abstreiten, dass Diskriminierung für das persönliche Fortkommen im Leben bedeutsam ist, die Fragen innerhalb der Übung meist so beantworten, dass sie eben nicht immer vorwärtskommen. Wenn auch unbewusst, nehmen sie offenbar wahr, dass das Prinzip der Leistungsgesellschaft, in der wir uns vermeintlich nur alle ordentlich anstrengen müssen, um alles erreichen zu können, nicht auf der Realität beruht. Spätestens mit den Fragen, bei denen es um alltägliche Situationen geht, die Teil der eigenen Lebensrealität sind, wird deutlich, dass Diskriminierung keine Randerscheinung in unserer Gesellschaft ist. Diskriminierung ist Teil unseres Alltags.

Die Summe unserer Teile

»Es gibt keinen Ein-Thema-Kampf, weil wir kein Ein-Thema-Leben führen.«[31] Dieser Ausspruch ist Teil einer Rede von Audre Lorde, die sich selbst stets als »Lesbe, Feministin, Schwarze, Dichterin, Mutter, Kämpferin« bezeichnete. Er beschreibt einen Aspekt, den ich bisher noch nicht explizit aufgegriffen habe, der für uns aber wichtig ist: Intersektionalität. Mit diesem Begriff, der Ende der 1980er-Jahre von der US-amerikanischen Juristin und Juraprofessorin Kimberlé Williams Crenshaw geprägt wurde, wird im Grunde schlicht beschrieben, dass unterschiedliche Formen von Diskriminierung zusammenwirken. Die Wahl des Wortes, das sich des englischsprachigen Begriffes der Straßenkreuzung – »Intersection« – bedient, soll das verdeutlichen:

> »Nehmen wir als Beispiel eine Straßenkreuzung, an der der Verkehr aus allen vier Richtungen kommt. Wie dieser Verkehr kann auch Diskriminierung in mehreren Richtungen verlaufen. Wenn es an einer Kreuzung zu einem Unfall kommt, kann dieser von Verkehr aus jeder

> Richtung verursacht worden sein – manchmal gar von Verkehr aus allen Richtungen gleichzeitig. Ähnliches gilt für eine Schwarze Frau, die an einer ›Kreuzung‹ verletzt wird; die Ursache könnte sowohl sexistische als auch rassistische Diskriminierung sein.«[32]

Für uns – auch weil ich später noch Beispiele einbringen werde, für die eine intersektionale Perspektive relevant ist – ist diese Betrachtungsweise zentral. Denn tatsächlich werden mit dieser Sichtweise auf Diskriminierung einige wichtige Punkte aufgedeckt. Einerseits wird mit ihr der Umstand benennbar, dass mehrere Formen von Unterdrückung sich überschneiden und gleichzeitig wirken können. Daraus ergibt sich, dass die verschiedenen Formen von Unterdrückung nicht einfach nebeneinander existieren. Sie sind vielmehr miteinander verbunden, interagieren miteinander und beeinflussen sich gegenseitig. Wir können sie nicht völlig voneinander trennen. Andererseits erlaubt uns eine intersektionale Perspektive wahrzunehmen, dass die Verletzlichkeit steigt, wenn wir mehrere Formen von Diskriminierung gleichzeitig negativ erfahren. Mehr noch, sie erlaubt uns wahrzunehmen, dass die Überschneidung unterschiedlicher Formen von Diskriminierung spezifische Ausschlusserfahrungen erzeugt.

Mit Intersektionalität wird außerdem deutlich, dass auch Privilegien intersektional wirken: Je privilegierter wir sind, sprich, durch je weniger Formen von Diskriminierung wir benachteiligt werden, desto weniger vulnerabel sind wir. Um bei dem Bild von Crenshaw zu bleiben: Der Verkehr läuft fließend und kommt vielleicht ohnehin aus einer Richtung. Die Erfahrung, die eine *weiße* nicht be_hinderte Frau mit akademischem Grad macht, wird entsprechend auch durch die

Ausschlüsse, die sie nicht erfährt, geprägt. So ist eine gängige Kritik an *weißen* bürgerlichen feministischen Kämpfen, die sich zum Beispiel mit dem Gender-Pay-Gap befassen, dass sie dabei regelhaft verkennen, dass es etwa zwischen cis und trans Frauen und **inter*** Personen sowie zwischen *weißen* Frauen, Schwarzen Frauen und Frauen of Color ebenfalls Differenzen hinsichtlich des Lohnes gibt.[34]

Der Ausspruch *angry black woman*, also »wütende schwarze Frau«, ist ein Beispiel für eine gleichermaßen rassistische wie sexistische Zuschreibung. Denn Schwarzen Frauen wird, anders etwa als *weißen* Frauen, besondere Aggressivität und Stärke unterstellt. Dieses Stereotyp hängt unter anderem mit der Versklavung Schwarzer Menschen zusammen: Ihre »Eignung« für unfreie Arbeit auf Plantagen in den Amerikas wurde mit ihrer als besonders betonten vermeintlichen physischen Belastbarkeit begründet. Sojourner Truth, eine Schwarze Frau, die selbst in Versklavung lebte und später als Abolitionistin für die Befreiung Schwarzer Menschen kämpfte, nahm in ihrer bekannten Rede *Ain't I a Woman?*** von 1851 eine intersektionale Sichtweise ein.[35] Konkret beschreibt sie, dass *weiße* Frauen als vermeintlich fragile und schützenswerte Wesen behandelt würden. Für sie hingegen als Schwarze Frau, die als Versklavte hatte Zwangsarbeit leisten müssen, galt diese Vorstellung von »weiblicher Zerbrechlichkeit« nicht. Ihre klare Analyse macht deutlich, dass die

* **Inter***: »Inter* bzw. intergeschlechtlich bedeutet, dass der Körper einer Person nicht den gängigen Vorstellungen von sogenannten ›weiblichen‹ oder ›männlichen‹ Körpern entspricht. Inter* steht für ein breites Spektrum von angeborenen Variationen der Geschlechtsmerkmale. Die Variationen können sich in den sekundären Geschlechtsmerkmalen wie Haarverteilung, Muskelmasse, Brüsten und Statur, in den primären Geschlechtsmerkmalen wie den Gonaden und Genitalien, in chromosomalen Strukturen und/oder in Hormonwerten zeigen.«[33]

** Übersetzung: *Bin ich etwa keine Frau?*

Zuschreibungen und damit die Erfahrung, die Unterdrückung mit sich bringt, davon abhängen und sich dadurch verändern, wie viele Teile unserer Identität Diskriminierung erfahren. Der Begriff »Intersektionalität« – dafür ist Truths Rede eines von mehreren Beispielen – ist deutlich jünger als das Eintreten gegen intersektionale Unterdrückung.

Genauso wenig wie sich im Kontext von Diskriminierung Privileg und Benachteiligung voneinander trennen lassen, können wir uns als Einzelpersonen ausschließlich im Zusammenhang mit nur einer Form von Unterdrückung verorten. Unsere soziale Position ergibt sich immer aus dem Zusammenspiel daraus, wo wir jeweils gesellschaftlich Vorteile erfahren und wo wir benachteiligt werden. Und weil die verschiedenen Formen sozialer Ungleichheit so untrennbar miteinander verwoben sind, müssen wir sie alle bekämpfen. Das ist es, was Audre Lorde in ihrem Zitat anspricht: Es kann keinen Kampf gegen eine Form der Unterdrückung geben, wenn unsere Realität – insbesondere wenn wir von Mehrfachdiskriminierung betroffen sind – von vielen Formen der Unterdrückung geprägt ist. Für uns ist diese Perspektive grundlegend, weil wir uns mit all unseren Identitätsmerkmalen gegen Unterdrückung einsetzen können – marginalisierten wie privilegierten.

Lassen wir das mit der Absicht

Aus einem solchen strukturellen und intersektionalen Verständnis von Diskriminierung ergibt sich ein für uns wesentlicher Punkt: Diskriminierung ist komplett unabhängig von unseren persönlichen Absichten. Wir können sogar »gute« Absichten haben und trotzdem diskriminieren. Schließlich sind wir in eine

Gesellschaft hineinsozialisiert worden, in der Diskriminierung normalisiert ist – ob wir es nun wollen oder nicht. Wir können die Frage nach möglichen Absichten damit komplett streichen. Es ist wichtig, dass wir uns bewusst machen, dass wir *gegen* Diskriminierung sein und sie trotzdem reproduzieren können. Mir ist das selbst gerade erst passiert: Ich habe ein Bild auf Instagram geteilt und im dazugehörigen Text Fettfeindlichkeit wiederholt. Konkret habe ich meine Ohrringe – extra dramatische, weil große Ohrringe – als »fett« beschrieben. Damit habe ich ein gesellschaftlich verbreitetes und für Benachteiligung bedeutsames Konzept von fett als »übertrieben«, »unangemessen« und »maßlos« wiederholt, das ganz wesentlich seinen Ausdruck in struktureller Fettfeindlichkeit findet. Diese äußert sich zum Beispiel darin, dass eine dicke_fette Person, die zur Hausärztin geht, unabhängig von ihren Symptomen Diätmittel verschrieben bekommt. Eine Person hat mich darauf hingewiesen, dass ich fettfeindliche Vorstellungen reproduziert habe, und es mir in ihrer Freizeit erklärt. Ich teile dieses Beispiel, weil ich verdeutlichen möchte, dass wir kein erlebtes Verständnis von einer Form von Diskriminierung haben, wenn diese Form uns nicht selbst negativ betrifft. Unsere privilegierte Erfahrung erscheint uns als normal und universell. Wir sind also auf die Erfahrung jener angewiesen, die die verschiedenen Formen von Diskriminierung an sich selbst erfahren, um unseren Blick dafür zu schärfen. Paulo Freire, der sich mit Pädagogik und Unterdrückung beschäftigte, meint dazu passend: »Das also ist die [...] Aufgabe der Unterdrückten: sich selbst ebenso wie ihre Unterdrücker zu befreien.«[36]

Ich möchte dazu ergänzen, dass wir alle, auch weil wir selten *nur* unterdrückt werden, einen Beitrag dazu leisten können, diesen Prozess der Befreiung so einfach wie möglich für alle Beteiligten zu machen. Und zwar indem wir uns selbst bilden und nicht andere in die Situation bringen, ständig die eigene Diskriminierungserfahrung erklären zu müssen. Wir können uns also zukünftig daran messen, wie wir auf die Rückmeldung, dass wir uns diskriminierend verhalten haben, reagieren.

Ebenso wichtig: Eine moralisierende Haltung, die uns erneut in vermeintlich gute und böse Menschen einteilt, wird uns nicht weiterhelfen, wenn wir dieses System unterbrechen und überwinden wollen. Belesener zu sein und an anderen festzustellen, dass sie etwa cissexistische Vorstellungen wiederholen, wird Cissexismus nicht beenden. Unser Fokus richtet sich deshalb auf die Effekte, die unser Verhalten haben kann. Wenn wir gegen Diskriminierung eintreten wollen, müssen wir radikal und kontinuierlich Verantwortung für unser Handeln übernehmen und reflektieren, welche Handlungsmöglichkeiten wir haben. Denn Kritik an Diskriminierung ist immer mit einem Handeln gegen sie verbunden, wir können nicht nichts tun und davon ausgehen, unser ungeäußerter Unmut allein sei schon ausreichend. Diskriminierungskritik ist verändertes Handeln. Diskriminierungskritik ist Unterbrechung.

… und sie lebten glücklich bis ans Ende ihrer Tage

Tatsächlich – und leider – haben meine Ausführungen dazu, wie Diskriminierung in unserer Gesellschaft funktioniert, ziemlich viel mit Liebe zu tun. Schon der Begriff *strukturell* ist ein guter Hinweis darauf, dass Diskriminierung überall in unserem Leben präsent ist und damit einen wesentlichen Teil unseres zwischenmenschlichen Miteinanders darstellt. Strukturen, die diskriminieren und Diskriminierung aufrechterhalten, äußern sich darin, wem wir begegnen, wen wir attraktiv finden und begehren, wen wir lieben, wie wir lieben, welchen Beitrag wir in unseren Beziehungen leisten und nicht zuletzt wie wir unsere Beziehungen gestalten. Nichts von alldem bleibt von Diskriminierung unberührt. Nicht umsonst sind Märchen, in denen die »einfache Magd« den »edlen Prinzen« für sich gewinnen kann – diesem Rezept folgen Romantikkomödien bis in die Gegenwart –, nicht sonderlich realistisch. Das waren sie schon im späten 16. Jahrhundert in Italien nicht, als Märchen, so wie wir sie heute kennen, nicht mehr ausschließlich mündlich, sondern auch schriftlich überliefert wurden. Im Jahr 1520 wurde beispielsweise in Venedig ein Gesetz erlassen, das es Adligen verbot, außerhalb ihres Standes zu heiraten.[37]

Auch in unseren Liebesbeziehungen heute gibt es kaum soziale Mobilität: Menschen mit akademischem Grad zum Beispiel führen eher Beziehungen mit Menschen, die ebenfalls einen akademischen Grad haben. Und als besonders attraktiv, etwa auf Datingplattformen, werden *weiße* Menschen wahrgenommen – dazu später mehr. Woher also kommen – mal abgesehen von Märchen – die kollektiven Bilder, die unser Lieben auf vielfältige und unterschiedliche Art beeinflussen und an denen wir uns auf ebenso vielfältige Weise abarbeiten? Şeyda Kurt bemerkt dazu in ihrem Buch *Radikale Zärtlichkeit: Warum Liebe politisch ist:*

> »Sie existieren, weil weiße bürgerliche cis Männer in den letzten Jahrhunderten Gewalt und Macht und infolgedessen Zeit und Muße hatten – jedenfalls mehr Zeit und Muße als etwa ihre Frauen und Bediensteten, deren Arbeitskraft sie im Haushalt und anderswo

> ausbeuteten –, die romantische Liebe in dieser Form zu imaginieren. In diesen Erzählungen lassen sich über Jahrhunderte hinweg gewachsene vergeschlechtlichte, rassifizierte und andere Herrschaftsverhältnisse und Rollenverteilungen nachspüren.«[38]

Şeyda Kurt macht einen wichtigen Punkt: Erzählungen über Liebe, die gesellschaftliche Vorstellungen noch immer maßgeblich prägen, sind nicht neutral. Repräsentationen von Liebe in medialen Darstellungen erfolgen noch immer vor allem aus einer mehrfach privilegierten Perspektive. Es ist meist eine *weiße*, bürgerliche, cis männliche, hetero und nicht be_hinderte Perspektive, die allerdings nicht transparent gemacht wird. Sie erscheint damit als neutral, als selbstverständlich und wird überhaupt erst dadurch zur Norm. Dabei ist, insbesondere weil die durch Machtstrukturen geschaffene Position nicht benannt wird, Unterdrückung immer Teil dieser Perspektive auf Liebe. Das macht etwas mit uns, nicht nur als Gesellschaft, sondern auch im Privaten. Schließlich sind es diese Darstellungen, die uns von Beginn an in unserem Leben begleiten, uns beeinflussen, an denen wir uns orientieren und an denen wir gemessen werden. Mit diesen Repräsentationen von Liebe werden zeitgleich eine Norm sowie die Abweichung von dieser gebildet und damit der Rahmen dafür gesteckt, *wen* wir lieben *sollten* und *wie*.

Vielleich hast du es bemerkt, vielleicht auch nicht: In der Szene weiter vorn, in der ich eine erste Begegnung zwischen zwei Menschen beschrieben habe, habe ich bis auf einen Aspekt keine Anhaltspunkte zur sozialen Position dieser Menschen einfließen lassen. Zugegeben, vielleicht bist du davon ausgegangen, dass ich eine der beiden Personen bin. Von der anderen Person, die ich beschreibe, weißt du nur, dass sie auf Türkisch antwortet.

Wie hast du dir die Personen vorgestellt: Sind die Personen normschön? Ist eine oder sind beide Personen in deiner Vorstellung *weiß?* Ist eine davon männlich? Ist eine oder sind beide der Personen dick_fett? Welche Geschlechtsidentitäten haben die beiden? Hast du dir eine der beiden Personen als Schwarz und eine als of Color vorgestellt? Hat eine der beiden Personen eine Be_hinderung?

Mit meinen Fragen spiele ich noch mal auf den Lückentext an, den soziale Ungleichheit schafft. Wie füllst du ihn mit Blick auf die beschriebene erste Begegnung? Es geht für mich bei der Beantwortung dieser Fragen nicht um die bloße äußerliche Erscheinung der beiden Figuren – allzu oft werden Diskriminierungserfahrungen an Merkmalen festgemacht, die wahrnehmbar sind, und darüber wird vergessen, dass viele Zuschreibungen, an denen sich Ausgrenzung festmacht, etwa eine chronische Krankheit, nicht wahrnehmbar sind. Dennoch sind daran, wie wir wahrgenommen werden, Zuschreibungen, Hierarchien und letztlich Macht und Ausgrenzung geknüpft – nur deshalb frage ich. Ich weiß nicht, wie du diese Fragen für dich beantwortest. Was ich aber sagen kann, ist, dass ganz unabhängig von deinen Antworten Normvorstellungen von Liebe und auch deine eigene durch Unterdrückung geschaffene soziale Position von Bedeutung für diese Antworten sind. Sei es, weil du dich von herkömmlichen Perspektiven, die *weiße,* als attraktiv wahrgenommene cis-hetero Partner*innenschaften ins Zentrum stellen, lossagen möchtest. Sei es, weil du Repräsentationen von Liebe, und wie sie auf dich wirken, bisher kaum kritisch reflektiert hast.

Mein Punkt ist, dass soziale Ungleichheit im Zusammenhang mit Liebe immer eine gewisse Relevanz hat, und das nicht erst, wenn wir eine Liebesbeziehung eingehen oder etwa mit einer Person zusammen sind, die vielleicht anders als wir durch eine oder mehrere Formen von Diskriminierung benachteiligt oder privilegiert wird. Strukturelle Unterdrückung wirkt darin, wie wir den Lückentext, all das Unbekannte, das uns umgibt, füllen. Sie wirkt in unserer Sozialisierung und damit in den Bildern, die wir uns von uns selbst und der Welt machen. Und weil Diskriminierung – in all ihren Formen – im Alltag unserer Beziehungen immer anwesend ist, müssen wir gleichberechtigte Beziehungen führen *wollen*. Wir müssen achtsam sein für all die perfiden Wege, die sich Ungleichberechtigung in unser Handeln und damit in unser Liebesleben bahnt. Denn wir können uns darauf verlassen, dass der Default Modus, auf den wir durch unsere Sozialisierung zurückfallen – insbesondere wenn wir hinsichtlich einer bestimmten Form von Diskriminierung privilegiert sind –, uns nicht dabei helfen wird, *gegen* Diskriminierung anzugehen. Default Modus heißt mehr Diskriminierung. Affekt, etwa in einer Konfliktsituation, heißt mehr Diskriminierung. Und Diskriminierung ist – oft unerkannte – Gewalt in Beziehungen. Diskriminierung ist verschleierte Lieblosigkeit in der Liebe. Anders ausgedrückt ist die Art, wie Liebe gesamtgesellschaftlich im Regelfall gedacht wird, selbst an die Ausübung und Beibehaltung sozialer Macht gekoppelt: Liebe ist auf dieser Grundlage nicht für *alle* da, Liebe selbst wird zu einer Ressource, zu der nicht alle gleichermaßen Zugang haben. Deshalb ist Liebe eine Aufgabe sozialer Gerechtigkeit.

Wenn Diskriminierungskritik die absichtsvolle Unterbrechung von Unterdrückung ist, dann ist eine Liebe, in der Gewalt kein

Raum zugestanden wird, notwendigerweise machtkritisch, dann ist sie selbst diskriminierungskritisches Handeln. Und zwar eines, das nicht nur jenen verpflichtet ist, die wir lieben, sondern dem gesellschaftlichen Wandel insgesamt verpflichtet sein *muss*. Denn welchen Sinn hätte der Kampf gegen Unterdrückung, wenn wir opportun aussuchen würden, in welchen wenigen Situationen und mit welchen wenigen Menschen wir uns gegen Diskriminierung positionieren? Zu dieser Verpflichtung für gesellschaftliche Veränderung gehört, dass wir unsere eigene soziale Position mit allen ihren benachteiligten und privilegierten Anteilen kennen. Dazu gehört auch, dass wir unsere Sozialisierung und die Verteilung gesellschaftlicher Macht in unseren Beziehungen in den Blick nehmen und wahrnehmen, wo und wie wir sie gegen unser *eigenes* Interesse, mit anderen Personen verbunden zu sein, einsetzen. Und dazu gehört, dass wir eine klare Vision davon entwickeln, wie wir uns aufeinander beziehen wollen, welche Räume wir dafür öffnen wollen und welche wir schließen müssen. Kurz: Das Gegenmittel gegen Unterdrückung ist ein einfaches und gleichzeitig herausforderndes: Wir müssen Diskriminierungskritik zu unserer Normalität machen – überall. Auch in unseren Liebesbeziehungen.

Gedanken im Winter, in der Tram

Ich sitze in der Tram und bemerke erst, dass ich bestimmt zwanzig Minuten nicht vom Display meines Handys aufgeschaut habe, als ich es dann doch tue. Der Tag ist kalt, ein Dezembertag – Jahresende. Am Fenster ziehen Plattenbauten vorbei, deren Höhe ich nicht einschätzen kann. Vielleicht haben sie zwölf, vielleicht aber auch zwanzig Stockwerke. Mit zusammengekniffenen

Augen versuche ich vergeblich, sie zu zählen. Als ich bemerke, wie wunderschön warm die gradlinigen Bauten im Licht der tief stehenden Wintersonne leuchten, verwerfe ich den Versuch schnell.

In meinem Ohr klingt die Stimme von Elna Baker.[39] *Ich höre einen Podcast, den eine befreundete Person mir empfohlen hat. Nach einem kurzen Moment des Innehaltens erzählt Elna Baker davon, dass sie, nachdem sie dem sozialen Druck, abnehmen zu müssen, nachgegeben hat, ungefähr fünfzig Kilogramm verlor – mit Diätpillen, die aussehen wie Smarties. Sie erzählt auch davon, dass sie Schwierigkeiten hat zu schlafen, nicht weil sie, wie sie meist behauptet, unter Schlafstörungen leidet, sondern weil die chemische Zusammensetzung der Diätpillen, die sie noch immer nimmt, sich im Grunde kaum von der von Speed unterscheidet.*

In dem Podcast sind auch Ausschnitte aus Gesprächen mit ihrem Ehemann zu hören, der zu wissen glaubt, dass die dünnere Elna die »echte« ist. Sie sieht es nicht so und beschreibt fast sehnsuchtsvoll die körperliche Freiheit, von der sie nicht wusste, dass sie sie mit jedem Gramm, das sie verlor, ebenfalls verlieren würde. Auf die Leichtigkeit, die die Diätkultur in unserer Gesellschaft verspricht, wartet sie nicht mehr, weil sie weiß, dass sie nicht kommen wird. Zu ihrem Mann sagt Elna Baker, dass er sie früher nicht attraktiv gefunden habe, dass er sie nur so, nur mit dünnem Körper, überhaupt bemerkt habe. Er bestreitet es nicht und sagt scherzhaft, dass ihre Liebe auf einer Lüge basiere. Elna Baker schweigt dazu. Und ich komme nicht umhin, das mit Elna gemeinsam zu betrauern.

Ich denke auch an dich und daran, was es mit mir macht, dass so viele unserer Erfahrungen sich ähneln und andere so gar nicht. Wir beide wissen, was es heißt, dem beständigen weißen *Blick, der auf unseren Körpern lastet, standhalten zu müssen – standhalten zu wollen. Und trotzdem verlaufen zwischen uns*

Trennlinien, von denen ich einige nach diesen ersten Monaten besser kenne als andere. Und schließlich gibt es jene, die ich noch nicht nachzeichnen kann, weil sie mir noch ganz verborgen sind.

Eine unserer Gemeinsamkeiten ist, wie sehr wir differenziert dargelegte Argumentationen zu schätzen wissen. Uns beiden ist das wichtig, und so finden wir uns manchmal verstrickt in unendliche lustvolle Diskussionen; auch darüber, dass diese Vorliebe dem Anspruch an uns selbst entspringt, immer besser sein zu müssen, besser Deutsch sprechen zu müssen, präziser sein zu müssen, logischer und durchdachter. Eigentlich ist es ein Zwang. Einer, von dem wir uns unsicher sind, ob wir uns ihm unterwerfen oder ob wir auch dann so wären, wenn wir nicht dem andauernden Druck von Unterdrückung ausgesetzt wären. Wir können diese Frage nicht beantworten.

Ich blicke mit frischen Augen und melancholischem Gefühl in der Magengrube aus dem Fenster und denke an dich. Ich lächle leise, als ich an unsere letzte Diskussion denke, in der ich mich hemmungslos verirrt habe und du lachend zu mir sagtest: »Nimm meine Hand, vielleicht finden wir ja gemeinsam wieder heraus?«

Ich schicke dir ein Zitat von James Baldwin, bei dem ich an dich denken musste: »To be loved, baby, hard, at once, and forever, to strengthen you against the loveless world. (Baldwin)«[40] *Deine Antwort ist: »Baby, I'm so into you; You got that something; What can I do? Baby, you spin me around; The earth is moving, but I can't feel the ground. (Britney Spears)« Ich sehe, dass du noch schreibst. Es folgen ein rotes flammendes Herz-Emoji und die Worte: »Ich würde dich gern heute sehen.«*

Bevor ich langsam aufstehe und nach meiner Tasche greife, blicke ich in die Ferne. Am Horizont flimmern die letzten metallenen Strahlen der Sonne.

Verlangen

Wen wir lieben

Segregation im Alltag ist eine Folge von Diskriminierung. Wenn ich es so schreibe, klingt es vage, und es mag auf den ersten Blick schwer sein zu fassen, was ich damit konkret meine. Um meinen Punkt zu veranschaulichen, reicht es allerdings schon, einen Blick auf unser direktes soziales Umfeld zu werfen: die Menschen, mit denen wir arbeiten, die Menschen, mit denen wir Freund*innenschaften pflegen, und nicht zuletzt die Menschen, die wir lieben. Spätestens dann bemerken wir, dass diese Gruppen meistens in einer oder mehreren Hinsichten wenig divers sind. Wir sind umgeben von Leuten, die uns, wenn wir nicht aktiv dagegenarbeiten, vergleichsweise ähnlich sind.

Ein Beispiel: In meinem Fall bedeutet das, dass eigentlich alle Menschen, mit denen ich jemals in irgendeiner Art von romantisch-sexueller Beziehung war, in aller Regel ein Abitur gemacht haben, meistens einen Bachelorabschluss und öfter als nicht einen Master absolviert haben. Die Tatsache, dass das so ist, hat wenig damit zu tun, dass ich bewusst davon überzeugt wäre, dass ich mit Menschen, die keinen »höheren« formalen Bildungsgrad haben, keine engen Beziehungen führen könnte. Und trotzdem wirken sich die Tatsache, dass ich in meiner Umgebung kaum Menschen habe, die keinen akademischen Abschluss haben, und meine internalisierten klassistischen Vorstellungen unbewusst auf meine Partner*innenwahl aus. Meine Partner*innenwahl veranschaulicht, wie sehr das Strukturelle unseren persönlichen Raum beeinflusst.

Ein anderes Beispiel: Wenn ich früher nicht auf eine »Integrationsschule« gegangen wäre, sprich eine Schule, in der in allen Klassen sowohl Kinder mit als auch Kinder ohne

Be_hinderung waren, hätte ich weder in der Schule noch in meinem Studium engeren Kontakt mit Menschen gehabt, die von der Gesellschaft behindert, im Grunde also aktiv ausgeschlossen werden.

Unsere Gesellschaft ist durch soziale Ungleichheit so stark von Trennung durchzogen, dass wir, je nachdem wie wir selbst im Zusammenhang mit den verschiedenen Formen von Diskriminierung positioniert sind, ein ganzes Leben verbringen können, ohne zum Beispiel jemals eine be_hinderte Person, eine Schwarze Person oder eine trans* Person in unserem näheren Umfeld zu haben. Sprich, wir können in den Kindergarten gehen, in die Schule, auf eine weiterführende Schule, einen Job haben oder unsere Freizeit gestalten und dabei in vielen verschiedenen Räumen unterwegs sein – und trotzdem sind wir meistens von Menschen umgeben, die uns aufgrund bestehender Machtverhältnisse ähnlich*er* sind.

Mein Punkt ist, dass Diskriminierung sich in unseren Beziehungen einerseits darin äußert, dass viele Menschen, die durch die verschiedenen Formen von Diskriminierung benachteiligt werden, gar nicht erst in unserem Umfeld auftauchen. Genauer gesagt trifft das insbesondere dann zu, wenn wir selbst in vielerlei Hinsicht privilegiert sind. Andererseits wirken Benachteiligung und Privilegien auch darin, *wen* wir als attraktiv und begehrenswert wahrnehmen. Schließlich ist es so, dass durch soziale Ungleichheit und die damit einhergehende Hierarchisierung und Kategorisierung in unserer Gesellschaft – auch durch unser eigenes, oft unbewusstes Handeln – vorgegeben wird, wer attraktiv und wer begehrenswert für uns ist. Kurz: auf wen wir gemeinhin *Bock* haben. Wen wir gut finden, bei wem wir auf einer Dating-App in der Hoffnung auf ein Match nach rechts swipen (würden), haben wir also gesellschaftlich gelernt.

Das kannst du an dir selbst versuchen: Mach eine Liste mit allen Menschen, zu denen du dich jemals hingezogen gefühlt hast, und mit den Personen, mit denen du eine Beziehung geführt hast – die Form der Beziehung ist an dieser Stelle nicht relevant. Schreib die unterschiedlichen Formen von Diskriminierung darüber und markiere jeweils, in Bezug auf welche davon diese Menschen privilegiert sind oder waren. Diese Liste schauen wir uns später noch mal an.

Unsere Sozialisierung beginnt mit unserer Geburt, mit der Zuschreibung eines Geschlechtes. Die britische Journalistin Laurie Penny schreibt dazu in ihrem Buch *Unspeakable Things: Sex, Lies and Revolution*[*] passend: »Bei ›traditioneller Männlichkeit‹ geht es – wie bei ›traditioneller Weiblichkeit‹ – um Kontrolle. Es ist eine Art, Verhalten zu steuern.«[41] Die Zuschreibung eines Geschlechtes ist ein Akt der Kontrolle, ein Regeln unseres zukünftigen Verhaltens und der Ausgangspunkt eines gesellschaftlichen Skripts, dem zu folgen wir erzogen werden. Ein wesentlicher Bestandteil dieses Skripts, sprich unserer Sozialisierung, ist die Annahme, dass Menschen, *alle* Menschen, heterosexuell sind. Nur deshalb gibt es das gesellschaftliche Phänomen eines Coming-out überhaupt: Die Tatsache, dass Menschen preisgeben »müssen«, nicht heterosexuell zu sein, hängt exklusiv damit zusammen, dass wir in einer Gesellschaft leben, die Heterosexualität zur Norm macht und institutionalisiert hat. Kurz: Wer wir sein und wen wir begehren *sollten*, wird mit einer der ersten Aussagen über uns – etwa »Es ist ein Mädchen!« – bestimmt.

---

* Deutsche Fassung erschienen unter dem Titel: *Unsagbare Dinge: Sex, Lügen und Revolution*

Mit der Zuschreibung eines Geschlechtes, mit dem wir uns später nicht notwendigerweise identifizieren, ist die Eingliederung in ein heteronormatives System verbunden. Sie gibt eine sexuelle Orientierung für uns vor, mit der wir uns später ebenfalls nicht notwendigerweise identifizieren. Dabei erfolgen diese Kategorisierungen entlang der Annahme, dass beide, sowohl normative, also binäre Vorstellungen von Geschlecht - cis Mann und cis Frau - als auch Heterosexualität, besonders gängig sind. Tatsächlich findet hier eine Wechselwirkung statt, und genau das ist einer der Momente sozialer Machtausübung: Schließlich ist beides deshalb gängig, weil beides durch die beständige Wiederholung, die alltägliche Einteilung von Menschen in »Junge« und »Mädchen« und später »Mann« und »Frau«, verfestigt wird.

Im Rahmen unserer Beschäftigung mit Attraktivität und deren Relevanz für Liebesbeziehungen macht es Sinn, sowohl cis-binäre Vorstellungen von Geschlecht als auch Heteronormativität und Monogamie aus einer dekolonialen und rassismuskritischen Perspektive zu reflektieren. Denn all das ist unauflösbar miteinander verbunden: Mit Blick auf diese Aspekte zeichneten sich einige vorkoloniale Gesellschaften etwa dadurch aus, dass es in ihnen mehr als zwei Geschlechtskategorien gab, dass die Menschen darin hinsichtlich ihrer Geschlechterrollen egalitärer lebten und dass Geschlecht nicht von Bedeutung für den sozialen Status einer Person war. So schreibt beispielsweise die Soziologieprofessorin Oyèrónkẹ́ Oyěwùmí in ihrem Buch *The Invention of Women: Making an African Sense of Western Gender Discourses*,* dass die

---

* Übersetzung: *Die Erfindung der Frau: Westliche Gender-Diskurse aus afrikanischer Perspektive*

Kategorie »Frau« bei den Yoruba vor der Kolonisierung des afrikanischen Kontinents durch Europäer*innen nicht existierte. Mehr noch, die soziale Hierarchie wurde maßgeblich durch das Alter einer Person bestimmt.[42] Auch heute gibt es in Teilen der Welt Gesellschaften, die von der gleichsam patriarchalen wie kolonialen Erfindung, die gesamte Menschheit in zwei binäre Geschlechter einzuteilen, unberührt sind. So beschreibt etwa David D. Gilmore in seinem Buch *Manhood in the Making: Cultural Concepts of Masculinity*,* dass es Gesellschaften gibt, die keine Geschlechterkategorien haben und somit auch keine Geschlechterrollen, anhand derer zum Beispiel Arbeit aufgeteilt wird.[43] Er erklärt darüber hinaus, dass es Gemeinschaften gibt, die zwar ebenfalls Normvorstellungen zu Männlichkeit haben, dass diese Normvorstellungen sich allerdings von westlichen Männlichkeitskonzepten unterscheiden.

Die Selbstidentifikation *weißer* Menschen als *weiß* und die damit einhergehende Privilegierung wurden und werden selbst durch das cis-binäre Geschlechtersystem beeinflusst: Denn im Zusammenhang einiger rassistischer Theorien, die die Unterschiede zwischen den vermeintlich existierenden menschlichen »Rassen« erfanden, wurden die Kategorien »Mann« und »Frau« als besonderes Merkmal *weißer* Menschen herausgestellt.[44] Damit einher ging zunächst die rassistische Abwertung derer, die kolonisiert und ausgebeutet wurden und deren Alltag nicht entlang eines zweigeschlechtlichen Systems organisiert war, als vermeintlich nicht eindeutig »männlich« oder »weiblich« genug. Das hatte gleichzeitig eine Abwertung von nicht-monogamen und egalitären Lebensweisen zur Folge,

* Deutsche Fassung erschienen unter dem Titel: *Mythos Mann: Rollen, Rituale, Leitbilder*

die innerhalb dieser biologistischen Vorstellungen als Beweis für die erfundene Minderwertigkeit dieser Menschen herangezogen wurden.

Dieser kurze und historische Blick auf einige der gesellschaftlichen Machtordnungen macht deutlich, wie sehr die verschiedenen Formen von Unterdrückung miteinander verwoben sind, sich gegenseitig bedingen und dadurch stärken. Entsprechend werden wir gesellschaftlich nicht nur durch Heteronormativität geprägt: Unser *gesamtes* Verlangen ist von allen Formen von Diskriminierung gleichzeitig beeinflusst. Denn wenn es um Attraktivität geht, überschneiden sich die verschiedenen Achsen der Ausgrenzung zugunsten derer, die hinsichtlich unterschiedlicher Formen von Diskriminierung privilegierter sind.

Die unendliche gesellschaftliche »Liebesgeschichte«, die uns überall im Alltag begegnet – um nicht zu sagen: verfolgt –, funktioniert nach dieser simplen gleichbleibenden Formel: *Weiße*, normschlanke, nicht be_hinderte cis Frau verliebt sich in ihr einzig angemessenes Gegenstück, den *weißen*, normschlanken und ebenfalls nicht be_hinderten cis Mann. Sie ist das Objekt seines Verlangens, das lernen beide von jungen Jahren an.

All das wirkt bereits im Uterus auf uns ein, etwa mit der Frage: »Wird es ein Junge oder ein Mädchen?« Dieser Zwang ist so allgegenwärtig, dass uns von Kindheit an – der Doll-Test, den ich gleich beschreibe, ist ein anschauliches Beispiel dafür – kaum Möglichkeiten bleiben, uns frei von diesen dominanten Vorstellungen selbst wahrzunehmen. Erst kürzlich kursierte etwa eine Stellungnahme von Disney-Mitarbeiter*innen, in der sie angaben, dass Führungskräfte gefordert hätten, Momente, in denen gleichgeschlechtliche Zuneigung gezeigt wird, aus Filmen zu schneiden.[45] Und auch sonst wissen wir von der

Süßigkeit bis zum männlich herben Duschgel – alles ist entweder in Rosa- oder Blautönen gehalten –, wo der Weg des gesellschaftlich Akzeptablen entlangführt.

Dass ich beispielsweise Mitte der 1990er-Jahre vor allem *weiße*, blonde und blauäugige Jungs in Boybands mit Topfschnitt – heißt das so? – gut fand, die in ihren Songs ihrer ebenfalls *weißen* Angebeteten, die wenig mit mir und meinem Aussehen gemein hatte, ihr Herz ausschütteten, hatte wenig mit meinem individuellen Geschmack zu tun. Vielmehr zeigt sich darin, welchen Einfluss meine Umgebung auf mich hatte und wie unmöglich es ist, sich dieser völlig zu entziehen – zumal das voraussetzen würde, dass uns in so jungen Jahren bereits bewusst ist, welche Kräfte da auf uns wirken und vor allem wie.

Unfreiwillige Anziehung

Ich muss im Zusammenhang mit Attraktivität unweigerlich an den Doll-Test denken – gib diesen Begriff ruhig in eine Suchmaschine ein, wenn du ihn nicht kennst. Mit dem Doll-Test wird veranschaulicht, wie sehr schon junge Menschen, konkret Kinder, Rassismus verinnerlicht haben. Der Test ist simpel gestaltet: Kindern unterschiedlichen Alters werden zwei Puppen präsentiert, eine der beiden ist *weiß*, die andere Schwarz. Der Test beginnt mit der Frage, welche der Puppen *weiß* und welche der Puppen Schwarz ist. Dann wird dem jeweiligen Kind eine Reihe weiterer Fragen gestellt, zum Beispiel: »Welche der Puppen ist hübsch?«, »Welche der Puppen ist lieb?«, »Welche der Puppen ist faul?« oder »Welche der Puppen ist böse?«. Die Kinder werden dazu aufgefordert, die Zuschreibungen, die mit den Fragen verbunden sind, einer der beiden Puppen zuzuordnen.

Dabei ist zu beobachten, dass sowohl Kinder, die Rassismus erfahren, als auch *weiße* Kinder, die im Kontext von Rassismus privilegiert sind, Aspekte, die als »positiv« wahrgenommen werden, der *weißen* und Eigenschaften, die als »negativ« gelten, der Schwarzen Puppe zuordnen. Damit zeigt der Test, dessen grundlegende Aussage im Übrigen durch diverse Untersuchungen zum Erlernen rassistischer Stereotype bestätigt wird, dass bereits junge Kinder rassistische Vorstellungen von ihrem Umfeld erlernen. Weiter kann festgestellt werden, dass *Weiß*-Sein von allen, unabhängig davon, ob sie selbst *weiß* sind oder Rassismus erfahren, als erstrebenswert und positiv wahrgenommen wird. Der Test macht deutlich, dass *Weiß*-Sein eine gesellschaftliche Norm darstellt. Ich würde behaupten, dass ein solcher Test, wenn auch mit leicht veränderten Fragen, auch für andere Formen von Diskriminierung durchgeführt werden könnte. Dabei käme er jeweils zu dem Ergebnis, dass die Puppe, die stellvertretend für eine marginalisierte Gruppe steht, von den Teilnehmenden mit abwertenden Attributen belegt werden würde.

Im Zusammenhang mit Attraktivität sind die Ergebnisse des Doll-Testes bemerkenswert, weil sie nachzeichnen, wie früh unsere Anpassung an gesellschaftliche Normvorstellungen beginnt und wie sehr das, was wir für unsere »individuelle Präferenz« halten, von diskriminierenden Strukturen durchzogen ist. Schließlich werden mit dem Test Dinge abgefragt, die später – konkret im Zusammenhang mit Attraktivität und Begehren – bedeutsam sind. Wie auch nicht? Die sozialen Mühlen, die Unterdrückung schaffen, drehen sich unermüdlich weiter – und wir uns mit ihnen.

Es werden zunehmend mehr Studien durchgeführt, anhand derer belegt werden kann, wie stark der Einfluss gesellschaftlicher Machtstrukturen wie Rassismus ist, wenn es darum geht, nach welchen Kriterien wir unsere Partner*innen auswählen. Der Professor der Politikwissenschaften Sonu Bedi nennt diese spezifische Form des Rassismus in seinem Aufsatz *Sexual Racism: Intimacy as a Matter of Justice** »sexual racism«, also »sexualisierter Rassismus«. Ich finde den Begriff hilfreich, schließlich handelt es sich um intime, »privat« geglaubte Momente. Momente, in denen wir uns unbeobachtet fühlen und die noch zu wenig in ihrer politischen Relevanz wahrgenommen werden.

Eine der bekannteren Datenanalysen ist die eingangs erwähnte Untersuchung der Onlinedatingplattform OkCupid, die das Verhalten heterosexueller Nutzer*innen auf ihrer Plattform in den Blick nahm.[47] Diese Untersuchung kam 2014 zu dem Ergebnis, dass insbesondere Schwarze Frauen und asiatische Männer von Nutzer*innen der Plattform als am wenigsten attraktiv bewertet wurden.**

* Übersetzung: *Sexualisierter Rassismus: Intimität als eine Frage der Gerechtigkeit*[46]

** Anmerkung: Der Begriff »asiatische Männer« ist irreführend: Denn im Kontext von Dating wirkt sich – das ist es im Grunde, was die Daten aufzeigen – die koloniale wie rassistische Zuschreibung aus, dass Männer, die etwa als süd-, ost- oder südostasiatisch wahrgenommen werden, »unmännlich« seien. Für Männer, die etwa Zentralasien zugeordnet werden, gelten diese Vorstellungen so nicht – was nicht bedeutet, dass die Vorstellungen zu ihnen grundsätzlich unproblematisch sind. Schwarzen Frauen – das habe ich weiter oben schon angesprochen – wird hingegen zugeschrieben, besonders »aggressiv« und letztlich »männlich« zu sein. Beides ergibt sich aus der Verbindung von rassistischen Theorien und der Vorstellung eines ausschließlich bei *weißen* Menschen ausgeprägten binären Geschlechtes. Diese Bewertung von Schwarzen Frauen und asiatischen Männern als vermeintlich weniger attraktiv umgibt uns beständig, etwa durch die Abwesenheit von als südostasiatisch wahrgenommenen Love-Interests in Filmen und Serien.

Außerdem wurde in der OkCupid-Studie aufgezeigt, dass ähnlich wie beim Doll-Test *alle* – und zwar unabhängig von der eigenen Position im Kontext von Rassismus – eher mit *weißen* Menschen auf der Plattform interagierten.

Seit dieser Untersuchung im Jahr 2014 ist einiges passiert – um das vorwegzunehmen: Nein, Menschen suchen mögliche Partner*innen gegenwärtig nicht machtkritischer aus. Bevor ich allerdings weiter auf aktuelle Datenerhebungen und deren Analysen eingehe, möchte ich festhalten, dass die Untersuchung von Kriterien bei der Partner*innenwahl keineswegs eine neue Erscheinung ist. Auch in den 1950er- und 1960er-Jahren wurde menschliches Datingverhalten mitsamt Fragen rund um Attraktivität beforscht. Ebenfalls bedeutsam, auch weil mir bewusst ist, dass nicht alle Menschen sich über Dating-Apps kennenlernen – geschweige denn es wollen –, ist die Tatsache, dass es mit Blick auf Anziehung und das, woran wir Attraktivität festmachen, kaum Unterschiede zwischen digitalen und analogen Räumen gibt. Das bedeutet, dass die Ergebnisse von Untersuchungen, die ihre Forschung auf Onlineplattformen beschränken, durchaus übertragbar sind auf Situationen, in denen wir Menschen »im echten Leben« kennenlernen. Sprich, die Bewertung von Attraktivität ist grundsätzlich mit sozialer Ungleichheit verschränkt, unabhängig davon, ob wir Menschen online oder offline kennenlernen. Als einen wesentlichen Unterschied nennt die Professorin der Sozialwissenschaften Sarah Adeyinka-Skold, die im Jahr 2020 ihre qualitative Untersuchung *Race, Place, and Relationship Formation in the Digital Age** veröffentlichte,

* Übersetzung: *Rassismus, Ort und Beziehungsbildung im digitalen Zeitalter*[48]

dass die Auswirkungen von Unterdrückung über Dating-Apps schnell spürbar sind:

> »Im digitalen Zeitalter erleben wir Unterdrückung unmittelbarer. Wenn du auf eine Party gehst und jemanden entdeckst, an dem*der du interessiert bist, gibt es eventuell Möglichkeiten, wie er*sie es vermeiden kann, mit dir zu sprechen. Aber es ist nicht dasselbe, wie die Datingprofile von Leuten und die Liste der Gründe, warum sie dich ausgeschlossen haben, zu sehen.«

Es gibt immer mehr Untersuchungen, die die unterschiedlichen rassistischen Momente in der Partner*innenwahl transparent machen und uns ermöglichen, diese zu einem Gesamtbild zusammenzufügen. Ich denke da beispielsweise an die Studie *Black/White Dating Online: Interracial Courtship in the 21st Century** von 2016 und die Studie *Modeling Dating Decisions in a Mock Swiping Paradigm: An Examination of Participant and Target Characteristics*** aus dem Jahr 2021. Erstere kam, um an dieser Stelle ein paar Beispiele für untersuchte Faktoren zu geben, zu dem Ergebnis, dass Schwarze Menschen auf Datingplattformen im Internet mit zehnmal höherer Wahrscheinlichkeit *weiße* Menschen kontaktieren als andersherum. Überdies fand der meiste Austausch – knapp achtzig Prozent – zwischen *weißen* Menschen statt, auch bei

* Übersetzung: *Schwarz/*Weiß*-Dating online: Liebeswerben zwischen Personen mit unterschiedlicher Positionierung hinsichtlich Rassismus im 21. Jahrhundert*[49]

** Übersetzung: *Modellierung von Dating-Entscheidungen in einem Schein-Swiping-Paradigma: Eine Untersuchung der Merkmale von Teilnehmer*innen und Zielpersonen*[50] denen, die mit Blick auf Rassismus keine relevanten »Präferenzen« angegeben hatten. Damit bestärken die Aussagen der Studie die Funde der OkCupid-Erhebung.

Die zweite von mir angeführte Analyse ist insofern interessant, als ihre Ergebnisse Aufschluss darüber geben, dass Menschen potenzielle Partner*innen binnen einem Bruchteil von Sekunden ausschließlich anhand von Äußerlichkeiten auswählen und Rassismus dabei ein zentraler Faktor ist. Auch hier zeigte sich, dass Schwarze Menschen, Indigenous Personen und Menschen of Color als am wenigsten attraktiv bewertet wurden. Zudem, das bemerkte William J. Chopik, der als eine von zwei Personen die Studie im Feld der Sozialpersönlichkeitspsychologie durchführte, in einem Interview:

> »Das bei Weitem konsistenteste Ergebnis unserer Studie ist, dass Menschen auf sehr oberflächliche Merkmale zurückgreifen, um romantische Partner*innen zu wählen. Im Wesentlichen geht es darum, wie attraktiv Menschen sind und, was noch überraschender ist, um die durch Rassismus bestimmte Position der Person. People of Color erleben eine starke Benachteiligung beim Navigieren von Dating-Apps. [...] Überraschend ist auch, wie viele Aspekte *nicht* von Bedeutung waren! Zumindest in dieser Anfangsphase spielte es keine große Rolle, wer die wählende Person ist – ihre Persönlichkeit, wie sehr sie sich kurzfristige Beziehungen/sexuelle Erlebnisse wünschte – oder sogar wer die Personen sind, die ausgewählt werden [...].«[51]

Der Punkt, auf den ich hier deine Aufmerksamkeit lenken möchte, ist, dass zumindest zu Beginn normierte Attraktivität das ausschlaggebendste Auswahlkriterium ist. In dieser ersten Phase scheint es für viele unerheblich zu sein abzugleichen, ob eine andere Person etwa nach einer ähnlichen Beziehungsform sucht oder ob ähnliche Werte geteilt werden. Im Grunde suchen wir nicht nach Menschen, mit denen wir tatsächlich eine Beziehung führen könnten, sondern nach jenen, die nach gesellschaftlichen Standards möglichst attraktiv sind und die damit gegebenenfalls unseren sozialen Status aufwerten.

Ich möchte an dieser Stelle noch zwei Untersuchungen einfließen lassen: Zum einen die Studie *Is Sexual Racism Really Racism? Distinguishing Attitudes Toward Sexual Racism and Generic Racism Among Gay and Bisexual Men*[*] aus dem Jahr 2015 und *Effects of Race, Visual Anonymity, and Social Category Salience on Online Dating Outcomes*[**] von 2014. Die erste der beiden Studien untersuchte den Zusammenhang zwischen den individuellen rassistischen Einstellungen der Teilnehmer und wie diese ihre Partnerwahl beeinflussten. Dabei wurde deutlich, dass beides nicht unabhängig voneinander ist, sondern dass persönliche rassistische Einstellungen – auch unbewusste – mit den eigenen Datingpräferenzen korrelieren. Kurz: Wer bewusste wie unbewusste rassistische Vorstellungen hat, wird diese auch als Maßstab zur Bewertung der Attraktivität anderer Menschen heranziehen und BIPoC als Partner*innen eher ausschließen. Das Ergebnis der Studie ist deshalb für uns relevant, weil es veranschaulicht, dass wir unsere Sozialisierung, zum Beispiel hinsichtlich Rassismus,

* Übersetzung: *Ist sexualisierter Rassismus tatsächlich Rassismus? Unterscheidung von Einstellungen zu sexualisiertem Rassismus und allgemeinem Rassismus unter schwulen und bisexuellen Männern*[52]

** Übersetzung: *Auswirkungen von Rassismus, visueller Anonymität und der Bedeutung sozialer Kategorien auf die Ergebnisse von Onlinedating*[53] nicht von unserem Handeln im Alltag, hier konkret unseren vermeintlich »individuellen Präferenzen«, entkoppeln können. Tatsächlich ist das Gegenteil der Fall: Wir wiederholen und festigen soziale Ungleichheit durch unser Verhalten, und zwar in allen Zusammenhängen – und Partner*innenwahl ist einer davon.

Die zweite Studie, die ich oben anführe, kommt zu dem Ergebnis, dass Sichtbarkeit einer der zentralsten Punkte in der Bewertung von Attraktivität ist. So wurden von den Teilnehmer*innen der Studie jene Personen als attraktiv wahrgenommen, die sich in ihrer Wahrnehmung näher an der Norm des *Weiß*-Seins bewegten. Das ist interessant, weil daran deutlich wird, dass es in diesen ersten Momenten nicht darum geht, ob eine Person tatsächlich *weiß* ist oder nicht, sondern darum, dass sie – wenigstens anhand ihres Profils – als *weiße* Person wahrgenommen wird. Damit ist visuelle Anonymität ein bedeutsamer Faktor, wenn es um die Bewertung von Anziehungskraft geht: Denn sie bietet für Personen, die Diskriminierung erfahren, deren Merkmale nicht in den ersten flüchtigen Momenten wahrnehmbar sind, potenziell den Raum, als begehrenswert eingestuft zu werden.

Dieser Gesichtspunkt ist enorm wichtig, denn nicht alle Merkmale, an denen sich Diskriminierung festmacht, sind sichtbar. So kann eine Person eine Be_hinderung oder eine chronische Krankheit haben, die für Außenstehende nicht wahrnehmbar ist, oder eine Person kann klassistische Diskriminierung erfahren, die nicht notwendigerweise auf einem Bild oder im Gespräch auf einer Party offensichtlich sein muss. Im Kontext einer ersten Bewertung von Attraktivität spielt »visuelle Anonymität«, wenn es um die Einteilung und Bewertung in vermeintlich »höherwertig« oder »minderwertig«

geht, sprich »finde ich attraktiv« oder »finde ich nicht attraktiv«, eine enorme Rolle. Mit der Sichtbarkeit von Merkmalen, auf deren Basis Menschen ausgegrenzt und benachteiligt werden, geht eine bestimmte Verletzlichkeit einher: So berichtete die britische Journalistin Lucy Webster, die unter anderem für *The Guardian* schreibt, im Februar 2021 auf ihrem Twitteraccount, dass sie von einer Datingagentur, die sie hatte beauftragen wollen, darauf aufmerksam gemacht wurde, dass es für Menschen, die wie sie »Vollzeit Rollstühle nutzten«, schwierig sei, »gute Ergebnisse zu erzielen«.[54]

Visuelle Anonymität hinsichtlich der Merkmale, die für Diskriminierung relevant sind, können nicht alle Menschen, die von Diskriminierung betroffen sind, gleichermaßen für sich beanspruchen – und das ist für ein klares Verständnis der unterschiedlichen Analyseergebnisse durchaus zentral: Mit Blick auf das Ergebnis der OkCupid-Studie etwa müssen wir davon ausgehen, dass nicht alle Schwarzen Frauen von den Nutzer*innen der App gleich eingestuft wurden. Vielmehr wird auch hier eine Hierarchisierung anhand der Hautschattierung, der Gesichtszüge und der Haarstruktur vorgenommen worden sein: Schwarze Frauen zum Beispiel, die äußerlich näher an der Norm des *Weiß*-Seins liegen, die also, wie ich, eine vergleichsweise hellere Hautschattierung haben, und Schwarze Frauen mit dunklerer Hautschattierung werden nicht gleich bewertet. Diese Form der Diskriminierung nennt sich Colorism und hierarchisiert Menschen, die Rassismus erfahren, hinsichtlich der Schattierung ihrer Haut. Schwarze Menschen mit hellerer Haut werden – auch das ist bereits vielfach untersucht worden – als »gebildeter« und eben auch als »attraktiver« wahrgenommen.[55] Spezifisch Schwarze Frauen mit dunklerer Haut erfahren in diesen Kontexten intersektionale Unterdrückung.

Visuelle Anonymität ist nicht ausschließlich im Zusammenhang mit Rassismus relevant: Auf der Grundlage der Studien, die ich hier vorgestellt habe, würde ich behaupten, dass *alle* äußeren Merkmale, die wahrnehmbar sind und die mit Diskriminierung beziehungsweise Privilegien verbunden sind, bewertet werden und zu einer Entscheidung *für* oder *gegen* eine Person als potenzielle*r Partner*in führen können. Dieser Effekt wird verstärkt, wenn eine Person intersektional diskriminiert wird und die Eigenschaften, an denen sich die Benachteiligung festmacht, wahrnehmbar sind. Eine *weiße*, dicke_fette Frau, die im Rollstuhl sitzt, wird es auf einer Dating-App also auch nicht leicht haben.

Zuletzt möchte ich festhalten, dass sich zwar alle von mir genannten Untersuchungen auf den US-amerikanischen Kontext beziehen, das macht sie für uns allerdings nicht bedeutungslos. Vielmehr müssen wir davon ausgehen, dass die Ergebnisse in ihren Grundzügen, nämlich der Tatsache, wie eklatant groß der Einfluss von Rassismus – das gilt für andere Formen von Diskriminierung ebenfalls – auf die Wahl möglicher Partner*innen ist, auch in Deutschland Bestand haben.

Ich glaub, ich lasse das erst mal

Ich wache auf und bin irgendwie noch nicht richtig wieder auf der Erde. Mein Handy liegt neben mir auf dem Nachttisch. Ich nehme es zur Hand, um zu schauen, wie spät es ist und ob mir noch ein bisschen Zeit bleibt, um die morgendliche Bettwärme zu genießen. Durch einen schmalen Spalt zwischen Vorhang und Wand nehme ich die blassblaue Dunkelheit draußen wahr. Es ist noch früh. 5.37 Uhr, um genau zu sein. Neben der

Uhrzeit sehe ich eine Nachricht von Leni auf meinem Handydisplay. Ich öffne den Messenger und freue mich, dass es eine Sprachnachricht ist.

»Hi, du, ich nehme an, du schläfst schon. Ich dachte, ich schicke dir einfach eine Sprachnachricht, weil du mich ja gefragt hattest, wie es mir geht. Ehrlich gesagt, es geht so. Ist ziemlich viel grad alles mit dem neuen Job. Da herrscht echt das totale Chaos, und ich überlege gerade ernsthaft, ob ich das überhaupt machen möchte. Klar, die machen wichtige Kampagnenarbeit, aber ich weiß auch, dass die vierzig Stunden, die im Vertrag stehen, nix mit der Realität zu tun haben. Und ich merke einfach, dass ich besser auf mich achten muss, um nicht erst dann zu reagieren, wenn ich wieder diese krassen Angstzustände habe wie letztes Jahr.

Ich glaube auch, dass ich das mit dem Daten erst mal lasse. Ich hatte irgendwie völlig vergessen, was für ein Krampf das ist. Die Frauen, die ich gut finde, antworten ewig nicht, und die Männer – zu denen fällt mir gar nix mehr ein. Weißt du, ich könnte damit leben, wenn die mich ignorieren würden, aber den Scheiß, der mir da teilweise geschrieben wird, muss ich mir nicht geben. Einer hat mich erst heute gefragt, ob ich Sport machen würde und auf Diät sei. Manchmal bin ich echt beeindruckt davon, dass es Menschen gibt, die meinen, ihre ekelhaften Attacken würden mich anspornen abzunehmen. Ich hab ihm bloß ›fuck off‹ zurückgeschrieben, weil ich nicht nix sagen wollte und trotzdem zu müde bin, jedes Mal 'nen fucking Essay zu schreiben. Wobei, vielleicht formuliere ich was vor und beantworte diesen fettfeindlichen Dreck ab jetzt megaeffizient mit meiner Vorlage.

Na ja, ich glaube einfach, dass ich mir das mit dem Job echt sehr gut überlegen muss, und dazu dieser Kram mit Menschen kennenlernen und beständig so runtergemacht werden, das ist mir einfach zu viel.

Wie geht es denn dir? Und wie ist es mit Yunus?«

Ich denke einen Augenblick lang nach, und mir fällt auf, dass ich noch zu müde für eine ausführliche Nachricht bin. Ich schiebe das kleine Mikrofon in der App nach oben und antworte kurz: »Hi, Leni, ich habe tatsächlich schon geschlafen – du kennst mich ja! Zu der Sache mit deiner Arbeit und auch deinem Date: Für mich hört sich das so an, als wärst du eine Person, die Kuchen oder Burger essen muss – viel davon. Mit mir, zum Beispiel heute Abend?«

Was wäre, wenn ...

Dafür, dass die Liebe vermeintlich »frei« ist und »Freiheit« als wichtiger Wert unserer Gesellschaft gilt, ist das Band, das sie hält, unnachgiebig straff geschnürt. Die Parameter unseres Verlangens sind gesellschaftlich so vorbestimmt, dass unsere Partner*innenwahl, wenigstens zu Beginn, ein konstanter Doll-Test ist: Mit jeder Entscheidung teilen wir Menschen anhand von Zuschreibungen in die Gruppen »würdig« und »unwürdig« ein. Dabei würden wahrscheinlich die meisten diesem simplen Satz von Nedra Glover Tawwab zustimmen, den sie auf ihrem Instagram-Profil gepostet hat: »Anstatt eine Person zu daten, die du ändern möchtest, ist es am besten, mit der Art von Person auszugehen, mit der du tatsächlich in einer Beziehung sein möchtest.«[56] Das Problem ist, dass es uns nicht möglich ist, genau das zu tun, solang unser Verhalten von sozialer Ungleichheit beeinflusst wird:

> »Wenn wir unser Gegenüber stereotypisieren, reduzieren wir diese Person auf eine Reihe von Merkmalen

> […] und nehmen entweder ein oder zwei davon und fügen sie zu einer Karikatur zusammen. […] Gleichzeitig ignorieren wir alle anderen Aspekte, die die gesamte Identität dieser Person ausmachen. […] Wir entscheiden uns für einen engen, binären ›Wir‹-und-›die anderen‹-Ansatz […] und lehnen die wichtige vielschichtige und intersektionale Natur von Identität ab, aus Angst, dass diese andere Person […] mehr mit uns gemeinsam haben könnte, als wir wahrhaben wollen.«[57]

Mir ist der Punkt, den der Psychologe Dwight Turner hier aufzeigt – mit ihm habe ich für dieses Buch ein Gespräch geführt, das ich später noch mal aufgreifen werde –, sehr wichtig. Es handelt sich um eine der zentralen Fragen, die uns in unterschiedlichen Formen durch dieses Buch begleiten wird: Wie kannst du mich sehen unter den vielen Schichten an Zuschreibungen, die nicht ich sind? Wie kann ich dich sehen?

Wenn wir »individuelle Präferenzen« kritisch reflektieren – das veranschaulichen die Studienergebnisse, die ich oben einbringe –, dann wird offensichtlich, dass wir vor allem jene als »begehrens- und liebenswert« wahrnehmen, die vergleichsweise privilegiert sind. Wie auch nicht? An soziale Positionen sind fiktionale gesellschaftliche Erzählungen davon gekoppelt, wer ein gutes Leben »verdient«, mit allem, was dazugehört. Kompatibilität, etwa hinsichtlich unserer Werte, unserer Interessen und unserer Ziele, auch für die Beziehung, die wir mit der anderen Person führen wollen, steht nicht im Vordergrund. Zugespitzt ausgedrückt: Wir suchen auf diese Weise nicht nach Menschen, sondern nach einem Statussymbol.

Aber wie können wir es anders machen? Wie können wir unser Verlangen von Unterdrückung befreien? Ich stelle mir – und dir – diese Frage aufrichtig. Ich stelle diese Frage insbesondere auch deshalb, weil ich mich bewusst mit Unterdrückung beschäftige und diese Auseinandersetzung nicht auf mein persönliches Erleben begrenzt ist – sie ist im wahrsten Sinne des Wortes mein Job. Trotzdem, oder nur deshalb, erkenne ich an mir, wie die Anziehung, die ich zu anderen Menschen verspüre, in vorbestimmten Bahnen verläuft. Kann ich das bisher völlig auflösen? Nein.

Das spannende Moment an Onlinedating im Zusammenhang mit Unterdrückung ist, dass es das Potenzial birgt – das Aktivist*innen sich durchaus zunutze machen –, mit Menschen in Verbindung zu treten, die sonst nicht Teil unseres Alltags sind. Die Möglichkeit, unser Handeln zu überprüfen und andere Handlungswege einzuschlagen, besteht in diesem Kontext. Allerdings nutzen wir sie nicht, wie die oben angeführten Studien mit Blick auf Rassismus verdeutlichen. Tatsächlich – und das ist ein anschauliches Beispiel für die Auswüchse von Unterdrückung und wie sie durch Wiederholung erhalten bleiben – wirkt die Trennung auch da, wo sie durch unser persönliches Verhalten vermieden werden könnte. Ich will damit keineswegs die Verantwortlichkeit für unser Verlangen ausschließlich in den Bereich individuellen Handelns schieben. Ich bin nicht davon überzeugt, dass etwa sexualisierter Rassismus einzig damit zu bekämpfen ist, dass wir alle »bessere« individuelle Entscheidungen treffen. Es ist mir durchaus bewusst, dass für die Überwindung von Unterdrückung in diesem Zusammenhang strukturelle Veränderungen notwendig sind. Das mag eine *deutlich* diversere Repräsentation von *allen* Körpern als liebenswerten Körpern in Kinderbüchern sein. Es kann die Darstellung von Liebesbeziehungen in Serien zwischen Menschen sein, die von unterschiedlichen Formen der Diskriminierung wie Fettfeindlichkeit, Rassismus oder Transfeindlichkeit betroffen sind. Es mag auch veränderte Gesetzgebungen umfassen, mit denen Alternativen zur Ehe oder ein gleichberechtigterer Zugang zur Ehe für alle Menschen geschaffen werden.

Es wäre allerdings unehrlich zu behaupten, dass Wandel auf der individuellen Ebene, sprich eine Veränderung unseres persönlichen, »privaten« Verhaltens, keine Veränderung bewirken kann. Schließlich sind unser individuelles Handeln, institutionelle Formen von Diskriminierung, strukturelle Zugänge, zum Beispiel zu politischer Repräsentation und Teilhabe, sowie geteilte Wissensbestände untrennbar miteinander verbunden. Die Professorin Sarah L. Webb, die eine Onlineplattform zur Auseinandersetzung mit Colorism betreibt, bemerkt dazu passend:

> »Die individuelle Konzentration auf Heilung ist zu hundert Prozent notwendig, aber da wir nicht allein in diese Situation geraten sind, kommen wir auch nicht allein wieder aus ihr heraus. Die gute Nachricht ist, dass individuelle und kollektive Heilung sich gegenseitig bedingen! Die Bemühungen im einen Bereich kommen dem anderen zugute.«[58]

Die verschiedenen gesellschaftlichen Ebenen sind immer miteinander verbunden. Das gilt für das Wirken von Diskriminierung genauso wie für unser Handeln gegen sie.

Wenn wir die Prämisse, dass das Private politisch ist, ernst nehmen, dann müssen wir unser Verlangen als politisch wahrnehmen. Das ist mit Blick auf Anziehung insofern komplex, als wir anders als in Zusammenhängen, in denen es etwa darum geht, die Einstellungspraktiken einer Organisation zu verändern, nicht schlicht Strategien entwickeln können, um sozialer Ungleichheit in diesem Kontext angemessen zu begegnen. Wir können aus der Tatsache, dass unsere »individuelle Präferenz« gar nicht individuell ist, sondern ein Symptom gesellschaftlicher Machtverhältnisse, keinen allgemeingültigen gesellschaftlichen Anspruch ableiten. Denn dieser würde selbst Machtlogiken enthalten. Schließlich handelt es sich hier eben nicht um ein Einstellungsverfahren, bei dem wir etwa unsere Strategie hinsichtlich der Verbreitung von Stellenausschreibungen anpassen oder Menschen, die Diskriminierung erfahren, besonders dazu ermutigen, sich zu bewerben.

Trotzdem würde ich mich nicht wohl damit fühlen, zu behaupten, dass es ausreichend ist, sich dieser »privaten« Form von Unterdrückung *einfach nur bewusst* zu werden. Das reicht nämlich nicht. Was es zur Unterbrechung bestehender Strukturen grundsätzlich braucht – das gilt meiner Meinung nach hier genauso wie für alle anderen Bereiche, die wir diskriminierungskritisch reflektieren wollen –, ist ein verändertes Handeln. Eines, das das Potenzial hat, den Status quo zu schwächen. Wie gesagt: Diskriminierungskritik ist verändertes Handeln. Diskriminierungskritik ist Unterbrechung.

Amia Srinivasan schreibt in einem Kapitel ihres Buches *The Right to Sex,** in dem sie sich der Politiken unseres Verlangens annimmt, über die Disziplinierung der Stimmen in unseren Köpfen:

* Deutsche Fassung erschienen unter dem Titel: *Das Recht auf Sex: Feminismus im 21. Jahrhundert*

> »Als ich schrieb, ›Anziehung kann sich gegen das wehren, was Unterdrückung für uns wählt und für sich selbst gewählt hat‹, habe ich mir nicht ein Verlangen vorgestellt, das von den Forderungen der Gerechtigkeit reguliert wird, sondern ein Verlangen, das von den Ketten der Ungerechtigkeit befreit ist. Ich frage mich, was passieren könnte, wenn wir Körper ansehen, unsere eigenen und die anderer, und uns erlauben würden, Bewunderung, Wertschätzung und Begehren zu empfinden, wo Unterdrückung uns das untersagt. Hierin liegt eine Art Disziplin, die von uns verlangt, die Stimmen zum Schweigen zu bringen, die seit unserer Geburt zu uns gesprochen haben, die Stimmen, die uns sagen, welche Körper und welche Lebensrealitäten würdig und welche unwürdig sind. Was hier diszipliniert wird, ist nicht das Begehren selbst, sondern die politischen Kräfte, die sich anmaßen, es zu instruieren.«[59]

Ich mag diesen Punkt, denn er deutet darauf hin, dass wir darauf trainiert werden, bestimmte Körper zu wollen und bestimmte Körper nicht zu wollen. Wenn Verlangen also sozial geprägt und erlernt ist und wir unser Verlangen als politisch relevant erachten, können und müssen wir das, was wir gelernt haben, einer Kritik unterziehen. Und diese Kritik müssen wir selbst verkörpern, sie muss sich in unserem Handeln widerspiegeln.

Ich plädiere hier keinesfalls dafür, dass wir *ab jetzt nur noch* Menschen mit bestimmten diskriminierungsrelevanten Identitätsmerkmalen für attraktiv befinden. Nein, denn das wäre eine ebenso rigide Festschreibung eines komplexen Menschen, wie sie durch Diskriminierung behauptet wird – eine **Fetischisierung.**[*] Und genau das ist es doch, was wir hinterfragen und mit unserem Verhalten durchbrechen wollen.

Unser Ziel ist die Überwindung jener Muster, die dafür sorgen, dass nicht alle Menschen einen gleichen Zugang zu Liebe haben. Dass ich den Begriff »Liebe« hier als Ressource darstelle, ist Absicht: Denn in einer Gesellschaft, in der unsere durch Unterdrückung geschaffene Position eine Währung ist, die bestimmt, wer Zutritt erhält, wird Liebe zu einer Ressource. Unser Ziel ist, dass radikal alle Menschen, insbesondere die, die Ausgrenzung erfahren, lieben und geliebt werden können, zurückweisen und zurückgewiesen werden können. Unser Ziel ist, dass unser Verlangen von sozialen Zuschreibungen entkoppelt wird und Menschen unabhängig von Machtdynamiken und über Differenzlinien hinweg Liebe finden und Beziehungen miteinander eingehen können. Nicht nur das, sondern auch, dass ein kritischer Umgang mit der Verteilung von Macht innerhalb von Beziehungen ein bewusster Teil dieser wird, den nicht nur jene tragen, die selbst Diskriminierung erfahren.

Ich möchte eine Frage aufwerfen: Was könnte sich ändern, wenn wir aktiv daran arbeiten würden, unsere Sehgewohnheiten zu ändern? Hier brauchen wir sie, die Disziplin, von der

---

* **Fetischisierung**: Fetischisierung ist das Verkürzen einer Person auf einen Teil ihrer Identität oder ein körperliches Merkmal. Die Person, die vermeintlich begehrt wird, wird lediglich aufgrund dieses Merkmals als attraktiv wahrgenommen und ist somit austauschbar mit einer anderen Person, die dieses Merkmal ebenfalls aufweist. Fetischisierung ist zudem eine Form des Othering, mit der insbesondere marginalisierte Menschen wie etwa trans Frauen, Schwarze Menschen oder als asiatisch wahrgenommene Frauen konfrontiert sind. Auf der Basis diskriminierender Zuschreibungen – als asiatisch wahrgenommene Frauen werden beispielsweise als besonders »unterwürfig« und »sexuell verfügbar« betrachtet – werden Menschen oftmals hypersexualisiert und auf diese Weise zu Objekten gemacht.

Amia Srinivasan schreibt, die Anstrengung für die Evolution des Selbst, die bei Peck und Fromm von so großer Bedeutung ist. Die Veränderung unserer Wahrnehmung ist anstrengend, weil sie voraussetzt, dass wir den für uns vorgeformten Blick nicht länger unkritisch hinnehmen. Eine solche Anstrengung wirkt sich auf alle Aspekte unseres Lebens aus, und seien diese noch so klein. Es sind simple Dinge, es sind alltägliche Dinge: Es sind die Medien, die ich konsumiere, die Perspektiven, die ich einhole, die Personen, denen ich auf Social Media folge, die Stimmen, die mir beständig harsche Botschaften über mich selbst zuzischen. Was erzählen sie mir über die Welt? Und was möchte ich über die Welt wissen, das sie nicht benennen?

Wie würde sich unser Blick auf uns selbst ändern, wenn wir all das Private, all das Alltägliche, das unser Verlangen färbt, als politisch betrachten und es dahin gehend disziplinieren würden? Lass uns dazu noch einmal die Liste deiner Beziehungspersonen reflektieren, die du am Anfang des Kapitels aufgestellt hast: Wonach würdest du Partner*innen auswählen, wenn du deine Wahl als politisch und wertebasiert betrachten würdest? Hättest du in der Vergangenheit andere Entscheidungen getroffen? Welche Dinge würden in den Fokus rücken, welche würden bedeutungslos werden? Und vor allem: Welche Bedeutung hat deine eigene soziale Position für deine Partner*innenwahl?

Ich möchte an dieser Stelle – und die Studien belegen das eindrücklich – nicht behaupten, dass wir völlig unabhängig wählen können. Je nach sozialer Position – darum geht es letztlich in diesem Kapitel – können wir genau das nicht. Sarah Adeyinka-Skold bemerkt dazu hinsichtlich der Ergebnisse ihrer Forschung, dass sie bei den von ihr befragten Schwarzen Frauen unterschiedliche Arten des Umgangs mit Diskriminierung in Beziehungskontexten wahrnehmen konnte:

»Die Unterdrückung Schwarzer Frauen in meiner Studie äußert sich darin, dass sie von potenziellen Partnern ausgeschlossen werden; von Schwarzen und nicht-Schwarzen Männern.

In meiner Studie habe ich zwei Arten der Bewältigung gesehen. Die eine ist, dass Frauen sich selbst verunglimpfen, um einen Partner zu finden, und dabei ihren eigenen Wert, ihre eigene Existenz, ihre Karriere oder ihre Leistungen herunterspielen.

Ich fand allerdings auch Frauen, die sich auf sich selbst konzentrierten, und das bedeutete oft, dass sie für Männer, die sie nicht angemessen behandelten, nicht verfügbar waren. Dadurch war es für sie schwieriger, einen Partner zu finden, weil die Struktur nicht darauf ausgerichtet ist, dass Frauen sich um sich selbst kümmern, sondern darauf, dass sie sich um Männer kümmern.«

Im Anschluss an diese Beobachtung erscheint mir die folgende letzte Frage als eine grundsätzliche: Welchen Umgang finden wir mit den Realitäten, die unsere soziale Position schafft? Mir ist diese Frage deshalb wichtig, weil sie unter all dem, was uns als unausweichlich erscheint, auf den Raum unserer Freiheit im System der Unterdrückung weist – die Freiheit eines veränderten Handelns, eines alternativen Umgangs.

Die Definitionen von M. Scott Peck, Erich Fromm, Esther Perel und bell hooks habe ich für dieses Buch nicht zufällig gewählt. Ich habe sie gewählt, weil mit ihnen nicht nur eine Abgrenzung gegenüber herkömmlichen Narrativen von Liebe möglich ist, sondern weil sie auf das deuten, was Liebe ist und wie ein Handeln in der Liebe aussehen könnte. Ihnen ist außerdem gemein, dass sie Liebe als Praxis mit Anstrengung, mit einer Evolution des Selbst und der Abwesenheit von Gewalt verbinden. Zugegeben, in den ersten Momenten des Kennenlernens und noch davor, wenn wir uns entscheiden, einer Person unsere Aufmerksamkeit zuteil kommen zu lassen und unsere Zeit mit ihr zu verbringen, ist noch unklar, ob wir tatsächlich jemals eine Liebesbeziehung mit diesem Menschen eingehen werden. Wenn wir aber Liebe – und das ist der Punkt, für den ich mich starkmachen will – als eine Praxis wahrnehmen, die gesellschaftlicher Veränderung durch unser eigenes Verhalten verpflichtet ist, dann sind diese ersten Momente, über denen der Schleier sozialer Machtverhältnisse so selbstverständlich liegt, ebenso wichtig wie alles, was danach kommen könnte. Wenn wir nicht hinterfragen und verändern, *wem* wir Liebe zugestehen und *wie*, dann bleiben wir Gefangene eines unterdrückerischen Systems und erhalten dieses gleichzeitig aufrecht.

Emotionen

Wie wir fühlen

Ich erinnere mich noch gut daran, dass ich in der Grundschule, circa ab der dritten Klasse, auf die Frage, welche weiterführende Schule ich besuchen würde, zurückgab, dass ich aufs Gymnasium gehen wolle. Wäre ich gebeten worden zu erklären, was ein Gymnasium ist, welche weiterführenden Schulformen es gibt und was diese unterscheidet, ich hätte es nicht gekonnt. Ich wusste nur, ich würde später auf ein Gymnasium gehen. Das Wort »Gymnasium«, so erinnere ich mich, stand stellvertretend für »schlaue« Kinder, die aus »guten« Familien kamen und aus denen später »etwas werden« würde. Ich wollte ein solches Kind sein.

Woran ich mich ebenfalls gut erinnere, sind die Rassismuserfahrungen, die ich insbesondere während meiner Zeit in der Grundschule machte. Daran, wie sich mit verlässlicher Regelmäßigkeit eine Rotte Kinder zusammenschloss, um mich während der großen Pausen zu beschimpfen oder mich anderweitig zu schikanieren. Daran, wie meine Klassenlehrerin mich des Klassenzimmers verwies – weil ich »mit meiner Heulerei« den Unterricht stören würde –, als ich das erste Mal, als es zu so einem Vorfall gekommen war, unter Tränen erzählte, was passiert war. Ich erinnere mich auch daran, dass ich den Deutschförderunterricht hatte besuchen müssen, weil ich so »schlecht« vorlas, und dass mir insgesamt wenig zugetraut wurde. Die Luft um mich war zu fest, als dass ich sie hätte atmen können.

Ich erinnere mich an Sonntagabende, an denen ich mit meiner Mutter den *Weltspiegel* schaute und sie mir anhand der Beiträge, die zu den postjugoslawischen Kriegen ausgestrahlt wurden, erklärte, weshalb mitten im Schuljahr einige neue Kinder in meine Grundschulklasse kamen. Einige von ihnen wohnten in einer Geflüchtetenunterkunft, in die meine Mutter mich einige Male begleitete, weil ich mich mit einem Mädchen angefreundet hatte, das mit ihrer Familie dort lebte.

Eines der anderen neuen Mädchen wurde eine meiner engsten Freundinnen. Wir übernachteten im Sommer in einem Zelt in meinem Hinterhof und spielten und lachten viel zusammen. Bei ihrer Familie habe ich mich immer willkommen gefühlt. Ich glaube mich zu erinnern, dass ihre Eltern, so wie viele Geflüchtete in Deutschland, nicht ihrem gelernten Beruf nachgehen konnten. Zwischen meiner Freundin und mir gab es damals eine unausgesprochene Verbindung, ein Gefühl von Ähnlichkeit, auch über unsere biografischen Differenzen hinweg.

Noch eine Erinnerung, diese aus späteren Jahren: In meinem Abibuch versammeln sich unter meinem Namen alle möglichen sexistischen Zuschreibungen. In einer Wahl, deren Ergebnisse ebenfalls in jenem Buch abgedruckt wurden, wurde ich zur »größten Zicke« des Jahrgangs gewählt, die gleiche Zahl der Stimmen ging an »war nie da, habe ich nie gesehen«. Heute amüsiert mich diese unlogische Kombination.

Fragwürdige Zuschreibungen hafteten nicht nur durch meine Mitschüler*innen an mir, auch Lehrkräfte wiesen mir beständig rassistische vergeschlechtlichte Rollen zu. So erwiderte etwa der Lehrer, der darstellendes Spiel unterrichtete, auf meine Frage, weshalb ich in jedem der Stücke, die wir aufführten, eine Sexarbeiterin mimen sollte, dass es meine »natürliche erotische Ausstrahlung« sei, die mich mehr als alle anderen für diese Rolle qualifiziere. Mit meinen damals 17 Jahren war ich von dieser Antwort so angeekelt, dass ich kein Interesse an einer tieferen Diskussion oder einer kritischen Rückmeldung zu seinem diskriminierenden Verhalten hatte.

Ich schreibe diese Erinnerungen nicht deshalb auf, weil ich denke, dass es zum Beweis dafür, wie normal Unterdrückung in unserem Alltag ist, mehr persönliche Erzählungen braucht. Ich versichere, ich bin kein Einzelfall. Mein Aufwachsen als Schwarzes Kind in Berlin ist kein Einzelfall. Mein Bildungsweg in mehrheitlich *weißen* Schulen und Kindergärten, die zu diesem Zeitpunkt weder den Begriff »Diskriminierung« noch den Begriff »strukturell« verwendet hätten, um meine Erfahrung oder die anderer Kinder und Jugendlicher zu fassen, ist es ebenfalls nicht. Schließlich ist es das, was strukturell bedeutet: Es gibt unzählig viele solcher Geschichten. Was ich mit diesen Erinnerungen verdeutlichen möchte, ist, wie Vorstellungen und Zuschreibungen, die im Zusammenhang mit Diskriminierung bedeutsam sind, uns bereits von jungen Jahren an begleiten und uns prägen. Dass ich das Gymnasium als »besser« empfunden habe, hat wenig mit mir als Einzelperson zu tun. Es ist ein Zeichen dafür, dass wir schon früh eingeteilt werden. Und dafür, dass wir früh lernen, uns selbst innerhalb dieser Einteilungen zu positionieren und uns dementsprechend zu verhalten – ein Symptom unserer Sozialisierung.

Das wiederum ist wichtig für dieses Buch, weil unsere Sozialisierung einen erheblichen Einfluss auf unsere Liebesbeziehungen hat. Schließlich wird anhand einer imaginierten Gruppenzugehörigkeit festgelegt, wie wir uns in der Gesellschaft bewegen können und was von uns erwartet wird.

Sozialisierung

Wenn wir gleichberechtigte Beziehungen führen wollen, brauchen wir nicht nur ein intimes Verhältnis zu unseren Partner*innen, wir brauchen ein ebenso intimes Verhältnis zum Gegenstand unserer Kritik. Wir benötigen ein komplexes Verständnis von den verschiedenen Formen von Diskriminierung und davon, wie sie operieren: Je besser wir wahrnehmen, wie sie funktionieren, desto mehr Chancen der Intervention tun sich auf – auch in unseren Liebesbeziehungen. Dafür müssen wir notwendigerweise einen Blick auf uns selbst und auf unsere Sozialisierung in diskriminierenden Gewaltverhältnissen werfen, denn wir sind, ob wir es nun wollen oder nicht, Teil dieser Verhältnisse. Und diese Verhältnisse, die sich so tief in uns eingegraben haben, stören unsere zwischenmenschlichen Verbindungen. Die Psychoanalytikerin und feministische Aktivistin Jean Baker Miller, deren machtkritische Arbeiten im Zusammenhang mit Frauen und Psychologie wegweisend waren, und die Psychologin und Forscherin Irene Pierce Stiver erklären dazu in ihrem Buch *The Healing Connection: How Women Form Relationships in Therapy and in Life:*[*]

> »Wir wissen, dass wir in einer Welt leben, die nicht auf Gegenseitigkeit beruht. Wann immer eine Gruppe von Menschen Macht über eine andere hat, führt dies zu Trennungen und Verletzungen der Beziehungen zwischen den Mitgliedern der beiden Gruppen. Eine dominante Gruppe ist per Definition nicht in der Lage, Beziehungen zu schaffen, die sich gegenseitig stärken, sonst würde sie nicht dominant bleiben. So kann eine patriarchale Gesellschaft kein Beziehungssystem entwickeln, das auf Gegenseitigkeit beruht. Stattdessen neigt eine solche Gesellschaft dazu, ein Konzept der Macht als begrenztes Gut zu entwickeln und Macht

---

* Übersetzung: *Die heilende Verbindung: Wie Frauen in der Therapie und im Leben Beziehungen aufbauen*

> selbst als ›Macht über‹ zu definieren. Dieses Konzept durchdringt den Rahmen der dominanten Gruppe für alle Beziehungen in der gesamten Gesellschaft, von den beiläufigen bis zu den intimsten.«[60]

Viele unserer Verhaltensweisen sind deutlich weniger individuell, als wir es annehmen möchten – das zeigen etwa die gegenwärtige Männlichkeitsforschung und der Forschungsbereich Racial Identity Development. Entsprechend umfasst unser Lernen über Unterdrückung auch ein Lernen darüber, wie sie sich in uns als Individuen manifestiert. Wir müssen den Blick darauf richten, wie wir selbst Dominanz und Marginalisierung verinnerlicht haben. Denn unsere Sozialisierung im Hinblick auf Unterdrückung beeinflusst unser emotionales Erleben. Wie wir uns in bestimmten Situationen fühlen und auf welche Arten wir das in Liebesbeziehungen zum Ausdruck bringen, hat beispielsweise viel damit zu tun, wie wir etwa hinsichtlich der Kategorie Geschlecht sozialisiert wurden. Beziehungsdynamiken können entsprechend nicht von gesellschaftlichen Dynamiken getrennt verstanden werden.

Um die folgenden Ausführungen über Sozialisierung und deren Bedeutung für das Erleben unserer Gefühle plastischer zu machen, beziehe ich mich exemplarisch auf die Forschungsbereiche Männer und Männlichkeit sowie Racial Identity Development. Sie zeigen auf, wie sehr unsere soziale Position Einfluss auf uns als emotionale Wesen und damit unser Verhalten in Beziehungen hat.

Im Grunde ist das Ausmachen der eigenen Position im Kontext der verschiedenen Formen von Diskriminierung deshalb bedeutsam, weil sie unseren Standort bestimmt und den Bezugsrahmen dafür offenlegt, wie wir die Welt wahrnehmen, sie interpretieren, in ihr agieren und uns in ihr bewegen. Auch im Kontext von Liebesbeziehungen ist diese Standortbestimmung relevant, denn unsere gesellschaftliche Prägung hinsichtlich der verschiedenen Formen von Diskriminierung informiert unser Beziehungshandeln und fließt so – oft unbewusst – in unsere Beziehungen ein.

Bevor ich auf die Bedeutung unserer Sozialisierung für unsere Emotionen eingehe, werfe ich zur Veranschaulichung einen Blick auf meine eigene sozial geschaffene Position. Vielleicht erinnerst du dich, dass ich mich zu Beginn des Buches als Schwarz positioniert habe. Allerdings wird meine Schwarze Erfahrung wesentlich von meinen Positionen im Zusammenhang mit den unterschiedlichen Formen von Unterdrückung beeinflusst. Beverly Daniel Tatum schreibt dazu in ihrem Buch *Why Are All the Black Kids Sitting Together in the Cafeteria?** passend:

> »Doch wie die eigene durch Rassismus geschaffene Identität erlebt wird, wird durch andere Dimensionen des Selbst beeinflusst: männlich, weiblich oder transgeschlechtlich; jung oder alt; wohlhabend, bürgerlich oder arm; schwul, lesbisch, bisexuell oder heterosexuell; nicht behindert oder behindert; christlich, muslimisch, jüdisch, buddhistisch, hinduistisch oder atheistisch.«[61]

Konkret bedeutet das, dass ich mich *nie nur* als Schwarze Person verhalte, sondern immer aus dem Zusammenspiel der verschiedenen Anteile meiner Identität heraus. Dazu zählen meine Privilegien, etwa meine deutsche Staatsbürger*innenschaft und

* Übersetzung: *Warum sitzen alle Schwarzen Kinder in der Cafeteria zusammen?*

mein akademischer Grad, genauso wie der Umstand, dass ich eine marginalisierte Geschlechtsidentität sowie sexuelle Orientierung habe. Meine Wahrnehmung der Welt und damit auch meine Erfahrung als Schwarze Person sind die Summe all dieser Faktoren. Zudem sind sie von meinem historischen und sozialen Kontext geformt, dem Ort, an dem ich lebe, und den Menschen, die mich in meinem Alltag umgeben. Diese Verortung, die ich hier vornehme, könnte ich für alle anderen Formen von Diskriminierung ebenso anstellen – alles ist miteinander verknüpft, bedingt sich gegenseitig und ist Teil unseres persönlichen Erlebens.

Racial Identity Development ist ein Forschungsbereich innerhalb der Sozialpsychologie. In diesem Feld untersucht eine Reihe von Forscher*innen – eine der bekannteren in diesem Zusammenhang ist Janet E. Helms – den Einfluss von Rassismus auf die Entwicklung der Identität eines Menschen. Dabei wurden bereits ab den 1980er-Jahren diverse Phasenmodelle entwickelt, die beispielsweise für Menschen of Color, Schwarze Menschen und *weiße* Menschen gängige Muster in der Auseinandersetzung mit den rassistischen Strukturen der Gesellschaft nachzeichnen. Diese Modelle machen deutlich, dass unsere Erfahrungen mit rassistischen Strukturen kollektive Erfahrungen sind. Sprich, *weiße* Menschen machen, eben weil sie von Rassismus nicht betroffen sind, ähnliche Erfahrungen wie andere *weiße* Menschen. Das kann beinhalten, dass ihnen, wenn sie mit Unbeteiligten über Beziehungskonflikte sprechen, eher Verständnis entgegengebracht wird. Zudem – und dieser Aspekt ist besonders im Hinblick auf Emotionen und Liebesbeziehungen interessant – wird innerhalb des Forschungsbereiches nachgezeichnet, dass unser Gefühlserleben mit unserer sozialen Position korreliert. Sowohl unsere Gefühle als auch wie wir sie äußern hängt damit zusammen, welche Position in der Gesellschaft wir hinsichtlich Rassismus innehaben.

Bevor ich nun auf den folgenden Seiten jeweils ein Phasenmodell für Menschen, die Rassismus erfahren, und eines für *weiße* Menschen teile, möchte ich kurz benennen, dass die Modelle der Prämisse folgen, dass es sich beim Durchlaufen der Phasen um einen Prozess handelt, der nicht stringent ist: Wir können uns also von einer der beschriebenen Etappen zur nächsten bewegen, uns in mehreren der Phasen gleichzeitig befinden und uns in anfängliche Stadien zurückgeworfen sehen. Außerdem können wir die Phasen, je nachdem wie bewusst wir sie durchlaufen und an uns erkennen, zu unterschiedlichen Zeitpunkten und in unterschiedlichen Situationen verschieden erleben.

Die Modelle habe ich dem Aufsatz *Talking About Race, Learning About Racism: The Application of Racial Identity Development Theory in the Classroom** von Beverly Daniel Tatum entnommen, in dem sie deren Nutzen für die Beschäftigung mit Rassismus in Uniseminaren erläutert.[62] Im Seminar, so beschreibt sie, zeigen sich die Stadien, die die Studierenden durchlaufen, auch in den Interaktionen zwischen ihnen. So weckte etwa das verunsicherte Schweigen der *weißen* Studierenden, die nichts »Falsches« zum Thema hatten sagen wollen, die Wut der Schwarzen Studierenden. Die Schwarzen Studierenden hingegen hatten die Sorge, dass ihre persönlichen und drastischen Schilderungen von rassistischen Erlebnissen mit *weißen* Menschen *weiße* Studierende »verletzen« könnten. Diese Muster lassen sich so oder in ähnlicher Form auch auf Liebesbeziehungen übertragen.

* Übersetzung: *Über die durch Rassismus geschaffene Position sprechen, über Rassismus lernen: Die Anwendung der Theorie zur Identitätsentwicklung im Kontext von Rassismus im Klassenzimmer*

Mit den Phasenmodellen gab Tatum ihren Studierenden ein Werkzeug an die Hand, das es ihnen ermöglichen sollte, die eigenen Gefühle, das eigene Verhalten sowie das der anderen und auch die gemeinsame Kommunikation im Seminar in einen größeren Zusammenhang zu setzen und kritisch zu reflektieren.

Auch für uns ist es bedeutsam, diese Momente des Miteinanders besser verstehen und kritisch reflektieren zu können. Einerseits, um unsere eigenen von Diskriminierung geprägten Emotionen zu erkennen und regulieren zu können, andererseits, um ein besseres Verständnis vom Verhalten unseres Gegenübers zu bekommen. Nur so kann eine Annäherung, etwa in einem Konflikt, möglich werden. Ich selbst mache in privaten wie auch in Arbeitszusammenhängen immer wieder die Erfahrung, dass es enorm hilfreich sein kann zu verstehen, in welcher der in dem Modell beschriebenen Phasen ich mich gerade befinde und wo mein Gegenüber positioniert ist. Ganz davon abhängig kann ich mir dann überlegen, ob gerade ein konstruktives Gespräch notwendig und möglich ist, ob es sinnvoller ist, ein paar Momente verstreichen zu lassen, oder ob konstruktive Kommunikation in diesem Augenblick schlicht keine Option ist.

Um beide Perspektiven nachvollziehen und so eventuell dein Gegenüber und dich selbst besser verstehen zu können, schlage ich vor, beide Phasenmodelle zu lesen, ganz unabhängig davon, wie du selbst im Kontext von Rassismus positioniert bist. Du kannst dich dabei selbst beobachten und mit Blick auf die Stadien, die sich auf deine Position beziehen, überlegen, welche der Verhaltensweisen du in deinen eigenen Handlungen und Gedanken wiedererkennst. Du kannst auch an eine bestimmte Situation denken, etwa ein Gespräch, und deine Reaktion anhand der Stadien reflektieren.

Fünf Stufen (Personen of Color)*

Vorbegegnung Das Individuum versucht, sich zu assimilieren und von *Weißen* akzeptiert zu werden, und distanziert sich aktiv oder passiv von anderen Personen der eigenen durch Rassismus geschaffenen Gruppe. Diese Nichtanerkennung der Zugehörigkeit zu einer Gruppe kann Einzelnen den Eindruck vermitteln, dass Rassismus kein relevanter Faktor für die eigene Leistung ist oder sein wird.

Begegnung Der Übergang in die Begegnungsphase wird normalerweise durch ein Ereignis oder eine Reihe von Ereignissen ausgelöst, welche die Person dazu zwingen, die Auswirkungen von Rassismus auf das eigene Leben anzuerkennen. Angesichts der Tatsache, dass die Person niemals wirklich *weiß* sein kann, ist sie gezwungen, sich auf die eigene Identität zu fokussieren und sich als Mitglied einer von Rassismus betroffenen Gruppe zu verstehen.

Eintauchen Dieses Stadium ist durch den Wunsch geprägt, sich mit sichtbaren Symbolen der eigenen Identität zu umgeben und gleichzeitig Symbole des *Weiß*-Seins zu vermeiden. Personen in dieser Phase suchen aktiv nach Möglichkeiten, um Aspekte ihrer eigenen Geschichte und

* Anmerkung: Dieses Phasenmodell richtet sich inhaltlich an Menschen, die Rassismus erfahren, auch wenn sie – so wie ich – nicht die Selbstbezeichnung »People of Color« für sich wählen. Wie in der Begriffserklärung erläutert, kann PoC zwar theoretisch von und für alle Menschen verwendet werden, die Rassismus erfahren, allerdings ist der Begriff – eben weil er die gemeinsame Erfahrung in den Fokus stellt – nicht differenziert genug, um die Betroffenheiten, die teils sehr unterschiedlich sind, angemessen zu fassen.

Kultur mit der Unterstützung von Gleichaltrigen, die ähnliche Erfahrungen gemacht haben, zu erkunden.

Internalisierung In diesem Stadium, in dem ein Individuum sich der eigenen durch Rassismus beeinflussten Identität sicher ist, besteht weniger das Bedürfnis, sich als ›Schwärzer als du‹ zu positionieren oder ähnliche Einstellungen zu behaupten, die für das vorherige Stadium oft charakteristisch sind. Die positive Einstellung der eigenen Gruppe gegenüber wird expansiver, offener und weniger defensiv. Das Individuum, das diese Haltung verinnerlicht hat, ist bereit, bedeutungsvolle Beziehungen zu *Weißen* aufzubauen, die die Selbstdefinition dieser Person anerkennen und respektieren. Das Individuum ist auch bereit, Koalitionen mit Mitgliedern anderer unterdrückter Gruppen zu bilden.

Internalisierung und Engagement Die Personen in dieser letzten Phase haben Wege gefunden, ihr persönliches Verständnis und ihre Positionierung hinsichtlich Rassismus in einen Aktionsplan oder ein allgemeines Engagement für die Belange der eigenen durch Rassismus geschaffenen Gruppe zu übertragen. Dieser Aktionismus wird über die Zeit aufrechterhalten. So wird ihre Gruppe zum Ausgangspunkt, um Ideen, Kulturen und Erfahrungen zu erkunden, die außerhalb der eigenen Gruppe ihren Ursprung haben, statt den Fokus lediglich nach innen zu richten.

Sechs Stufen *(Weiße)*

Kontakt Diese Phase ist durch einen Mangel an Bewusstsein für kulturellen und institutionellen Rassismus sowie für das eigene *weiße* Privileg geprägt. Sie geht außerdem oft mit einer naiven Neugier oder einer Angst gegenüber People of Color einher, basierend auf Stereotypen, die von Freund*innen, Familie oder den Medien gelernt wurden. Die Personen, deren Leben so strukturiert ist, dass ihre Interaktionen mit PoC sowie ihr Bewusstsein für Rassismus eingeschränkt sind, können auf unbestimmte Zeit in dieser Phase verbleiben.

Desintegration Eine verstärkte Interaktion mit People of Color oder neue Informationen über Rassismus können zu einem neuen Verständnis führen, das den Anfang dieser Phase markiert. Als Resultat werden die glückselige Unwissenheit oder der Mangel an Bewusstsein von negativen Emotionen wie Schuld, Scham und gelegentlich Wut abgelöst. Diese Gefühle rühren daher, dass das eigene *weiße* Privileg als solches erkannt wird und die Rolle *weißer* Menschen bei der Aufrechterhaltung eines rassistischen Systems ins Bewusstsein des Individuums rückt. Taktiken, um dieses Unbehagen zu reduzieren, umfassen das Leugnen der neuen Informationen oder auch Versuche, die Einstellung wichtiger anderer Menschen im eigenen Leben gegenüber People of Color zu ändern. Der gesellschaftliche Druck, den Status quo zu akzeptieren, kann das Individuum von der Desintegration zur Phase der Wiedereingliederung führen.

Wiedereingliederung An diesem Punkt kann der Wunsch, von der eigenen Gruppe akzeptiert zu werden, zu einer Umgestaltung des eigenen Glaubenssystems führen. Weil die offene oder verdeckte Überzeugung, dass *Weiße* anderen Menschen überlegen sind, in der eigenen Gruppe so weit verbreitet ist, beginnt die Person schließlich, Rassismus zu akzeptieren. Gefühle der Schuld und der Angst können in Form von Furcht und Wut auf Menschen umgeleitet werden, die Rassismus erfahren und somit als Quelle dieses Unbehagens betrachtet werden. Es ist für *Weiße* leicht, in diesem Entwicklungsstadium stecken zu bleiben, besonders wenn es ihnen möglich ist, People of Color zu meiden.

Pseudo-Unabhängigkeit Die Informationssuche über People of Color markiert oft den Beginn dieser Phase. Die Person gibt den Glauben an die Überlegenheit *weißer* Menschen auf, was jedoch nicht ausschließt, dass sie durch ihr Handeln Rassismus weiterhin unbeabsichtigt aufrechterhält. Für ein besseres Verständnis orientiert sie sich an rassismuserfahrenen Menschen und versucht oft, ihr eigenes *Weiß*-Sein durch eine aktive Assoziierung mit diesen zu verleugnen. Das Individuum erfährt ein Gefühl der Entfremdung von anderen *Weißen*, die noch nicht begonnen haben, ihren eigenen Rassismus zu hinterfragen. Die Person kann aber auch Ablehnung von Personen erfahren, die ihren Motiven gegenüber misstrauisch sind. People of Color, die in ihrer eigenen Identitätsentwicklung gerade von der Phase »Begegnung« zu »Eintauchen« übergehen, sind möglicherweise besonders unempfänglich für die Versuche einer *weißen* Person, sich mit ihnen in Verbindung zu setzen.

Eintauchen Das Individuum fühlt sich zwar unwohl mit dem eigenen *Weiß*-Sein, kann sich diesem jedoch nicht entziehen und sucht daher an diesem Punkt möglicherweise nach einer neuen, angenehmeren Art, sich als *weißer* Mensch zu verhalten. Sich über *weiße* Menschen zu informieren, die sich als antirassistische Verbündete von People of Color positioniert haben, ist ein wichtiger Schritt in diesem Prozess. Denn für *Weiße* ist es hilfreich zu wissen, dass andere ähnliche Gefühle erlebt und Wege gefunden haben, dem Rassismus in ihrem Umfeld Widerstand zu leisten. Die Person erhält auf diese Weise Zugang zu wichtigen Modellen für Veränderung.

Autonomie Die Verinnerlichung eines neu definierten Empfindens darüber, was es bedeutet, *weiß* zu sein, ist der primäre Aspekt dieser Stufe. Die positiven Gefühle, die mit dieser Neudefinition verbunden sind, treiben die Bemühungen der Person an, sich Rassismus und Unterdrückung im täglichen Leben entgegenzustellen. Allianzen mit People of Color können in dieser Phase leichter geschmiedet werden, weil die Person ihre antirassistischen Verhaltensweisen und Einstellungen konsequenter artikulieren kann.

Das aus meiner Sicht Bemerkenswerte an den Phasenmodellen aus dem Bereich des Racial Identity Development ist, dass sie offenlegen, wie sehr unsere Erfahrungen im Hinblick auf Rassismus sich ähneln. Sie sind nicht individuell und von Person zu Person verschieden, sondern gleichen sich hinsichtlich der sozialen Positionierung einer Person, sind also kollektiv. Ich bin überzeugt, dass sich diese Modelle, eben weil sie kollektive Momente aufzeigen, auch auf andere Formen von Diskriminierung wie etwa Hetero- oder Cissexismus übertragen lassen. Zudem verdeutlichen sie, wie sehr zwischenmenschliche Interaktion – auch unabhängig von Rassismus als Thema – davon abhängt, in welcher der Phasen wir uns zum jeweiligen Zeitpunkt befinden. Das gilt nicht nur für Konstellationen, in denen rassismuserfahrene Menschen und *weiße* Menschen aufeinandertreffen, sondern auch für Zusammenhänge, in denen Menschen mit der gleichen durch Rassismus geschaffenen Position sich begegnen. Zum Beispiel wenn eine *weiße* Person, die sich in Stadium fünf oder sechs befindet, mit einer *weißen* Person über Rassismus diskutiert, die noch in Stadium eins verharrt und Rassismus für überwunden oder irrelevant hält.

Um dir eine Idee davon zu geben, wie eine Selbstreflexion mit Blick auf diese Phasen und auch die unterschiedlichen Modelle aussehen kann, möchte ich an dieser Stelle einen Lerntagebuchauszug einer Person aus einem meiner Hochschulseminare teilen:

> »Die Beschäftigung [...] mit den verschiedenen Modellen zu den Stadien löste gemischte Gefühle in mir aus, denn ich fand mich sowohl in der Skala für BIPoC wieder als auch bei den Phasen, die *weiße* Menschen durchlaufen. Als Person mit einer komplexen familiären Geschichte, die selbst aus einem postsowjetischen Land migriert ist und **Antislawismus*** erfahren hat, jedoch

* **Antislawismus**: »Antislawismus ist eine Form der strukturellen Diskriminierung, die zur Unterdrückung von Menschen aufgrund von negativen Zuschreibungen in Bezug auf ihre vermeintliche oder selbst gewählte Zugehörigkeit zu einer sozial konstruierten Gruppe – die Slaw*innen – führt.«[63]

weiß ist oder so gelesen wird, sind mir beide Perspektiven vertraut. Eine besonders starke Reaktion nahm ich bei mir selbst wahr, als ich die Five Stages für People of Color las. Seit der Migration im Kindesalter bis noch vor einigen Jahren war es mein größtes Ziel, mich bestmöglich an mein Umfeld anzupassen, um unsichtbar zu werden. Ich habe mich von den Werten und der Kultur, mit der ich aufgewachsen bin, distanziert und alles abgelehnt, was mit meiner Familie und meiner Herkunft zu tun hatte – das Essen, die Sprache, die Kleidung, die Haltung usw. Ich schämte mich unheimlich und wollte auf keinen Fall mit ›diesen Menschen‹ in Verbindung gebracht werden, die in Deutschland offensichtlich als unzivilisiert angesehen wurden. Und das ist mir, wenn man so will, auch ›gelungen‹. Ich werde nicht mehr bzw. nur noch selten von der deutschen Dominanzgesellschaft als ›nicht deutsch‹ wahrgenommen. Dass das für mich irgendwann auch mit Schmerz und Ausgrenzung verbunden sein würde, ahnte ich damals noch nicht.«[64]

Ich freue mich, diesen Auszug teilen zu dürfen, weil er zeigt, dass unser Lernen darüber, ob wir »richtig« oder »falsch« sind – du erinnerst dich an den Doll-Test –, Teil unserer persönlichen Geschichte, Teil unseres emotionalen Erlebens und letztlich unweigerlich Teil unserer Liebesbeziehungen ist. Obwohl es in dem Lerntagebucheintrag nicht um Liebe geht, ist die Internalisierung von Machtverhältnissen, die beschrieben wird, nicht nur – wie bereits oben erläutert – auf der Ebene der Partner*innenwahl bedeutsam, sie ist es in allen Momenten von Liebesbeziehungen. Jean Baker Miller schreibt dazu in *The Healing Connection,* dass wir uns im Laufe unseres Lebens so sehr an die soziale Prämisse von »Macht über« in Beziehungen gewöhnen, dass sie unser Denken, unsere Gefühle und schließlich unsere Visionen davon durchzieht, was für uns in unseren intimsten Beziehungen möglich ist.[65] Das gilt insbesondere dann, wenn wir selbst Diskriminierung erfahren: Wir lernen, unser Gefühlserleben, die Wichtigkeit unserer Emotionen und unsere Erwartungen daran, wie diesen Emotionen begegnet wird, unserer von Unterdrückung geprägten Realität anzupassen. Gesellschaftliche Rollenzuschreibungen füllen wir – gezwungenermaßen – auch auf der emotionalen Ebene. Ciani-Sophia Hoeder beschreibt diesen Umstand, der natürlich auch auf unsere Liebesbeziehungen zutrifft, in ihrem Buch *Wut und Böse:*

> »Die Schwarze Freundin ist die lustige, unterhaltende Person, die dafür sorgt, dass die weiße, dünne Protagonistin den Traumprinzen erhält. Die dicke oder fette beste Freundin hört zu, hält Hände, ist verständnisvoll, hat im Prinzip kein eigenes Leben, außer dafür zu sorgen, dass es den schönen, heterosexuellen Charakteren gut geht. Der queere beste Freund, die lesbische Freundin – marginalisierte Menschen sind im Film dazu da, sich emotional um diejenigen in unserer Gesellschaft zu kümmern, die die meisten Privilegien haben. Und dieses Bild überträgt sich natürlich auf unser reales Leben.«[66]

Diese Aufteilung in Zuständigkeiten, wenn es um emotionale Arbeit geht und auch darum, wessen Emotionen relevant sind und ob die Gefühle einer Person überhaupt wahrgenommen werden, setzt sich bis in unsere Beziehungen hinein fort: Wenn ich, als Schwarze Person, meine Gefühle ausdrücke, werden diese oftmals als Aggressivität interpretiert. Mir wird Emotionalität nicht grundsätzlich aberkannt, allerdings ist das Spektrum, das mir gesellschaftlich zugestanden wird, sehr eingeschränkt. Daraus ergibt sich auch, dass die Gefühle, die ich tatsächlich habe, wenn ich traurig oder frustriert bin, mich erschöpft oder einsam fühle, oftmals nicht wahrgenommen werden. Entsprechend wird auch nicht darauf reagiert, wie ich mich fühle oder wie ich erkläre, dass ich mich fühle. Stattdessen wird oftmals auf das reagiert, was mir zugeschrieben, also gesellschaftlich unterstellt wird. Das ist auch in engen zwischenmenschlichen Beziehungen, also auch Liebesbeziehungen, der Fall.

Ich erinnere mich an ein Gespräch mit einem früheren Partner von mir, der sagte, dass er selbst verwundert darüber sei, wie sehr er ein konkretes Bild davon im Kopf habe, wie bestimmte Gefühle ausgedrückt werden. Er meinte auch, dass er deshalb in der Vergangenheit oftmals Schwierigkeiten gehabt habe, auf mich einzugehen, weil er, selbst wenn ich in einer Situation verzweifelt war, das an mir nicht erkennen konnte. Ich passte schlicht nicht in seine Vorstellung von Verzweiflung.

Mir wird regelmäßig zugeschrieben, »stark« und »selbstbewusst« zu sein – über den Dingen zu stehen. Es ist in der Regel diese Zuschreibung, auf die die Menschen in meinem Umfeld reagieren, auch in den Liebesbeziehungen, die ich führe. Sie reagieren nicht auf mich, nicht darauf, wie ich mich tatsächlich fühle, selbst wenn ich das benennen kann. Zudem ist die Art, wie ich meine Emotionen – auch in intimen Beziehungen – äußere, beeinflusst von den Strategien, derer es bedarf, um meinen Alltag zu navigieren. Bevor also zum Beispiel in einer Situation, die ein ausgewachsener Streit werden könnte, der ganz große Knall kommt, verhalte ich mich im Normalfall diplomatisch und besonnen. Nicht weil ich es unbedingt will oder erstrebenswert finde, sondern weil ich weiß, dass das Ausleben von Emotionalität als Schwarze Person selten dazu beiträgt, dass Menschen mehr Bereitschaft zeigen, mir zuzuhören oder Empathie für mich aufzubringen.

Unsere Vorstellungen davon, wer welche Emotionen wie zum Ausdruck bringt, und auch davon, wem wir welche Emotionalität zugestehen, sind grundsätzlich von den unterschiedlichen Formen von Diskriminierung geprägt. Das hat Konsequenzen für unsere Beziehungen, konkret für die Art und Weise, wie wir einander begegnen. Kann mein Gegenüber auf mich eingehen und andersherum, oder gehen wir beide etwa auf eine vergeschlechtlichte Vorstellung ein, die wir voneinander haben?

Selbst wenn wir innerhalb einer Liebesbeziehung in einen Konflikt geraten, in dem es nicht direkt um eine der verschiedenen Formen der Diskriminierung geht, geben die unterschiedlichen Phasen der Racial-Identity-Development-Modelle Aufschluss darüber, aus welcher Haltung heraus wir mit diesem Konflikt umgehen. Mit Jean Baker Miller gesprochen: Verhalten wir uns aus einer »Macht über«- oder einer »Macht mit«-Haltung heraus? Beides ist sowohl hinsichtlich verinnerlichter Dominanz als auch mit Blick auf verinnerlichte Marginalisierung bedeutsam. Die kritische Frage an dieser Stelle lautet: Haben wir einen Lernprozess hinter uns, der uns dabei hilft, eigene Verhaltensmuster besser reflektieren zu können? Wenn wir Beschreibungen lesen wie »Ich nehme mir kaum Raum für meine Emotionen und lasse sie erst raus, wenn es gar nicht mehr anders geht« oder »Es stimmt, ich könnte es als meine Verantwortung betrachten, schwierige Gespräche zu beginnen« sind wir in der Lage dazu, sie an uns selbst wahrzunehmen?

Bevor ich die beiden Phasenmodelle erläutert habe, habe ich dich dazu aufgefordert, dein eigenes Verhalten in diesem Zusammenhang zu reflektieren. Nun will ich daran anknüpfen und zwei weitere Fragen einbringen, die die Professorin für Kindheit und Differenz Maisha Maureen Auma in einem Artikel aufgeworfen hat.[67] Dort berichtet sie, dass sie die Phasenmodelle ebenfalls in Uniseminaren verwendet und dass ihre Studierenden sich bei der Auseinandersetzung mit ihnen folgende Fragen stellen sollen: Welche Gegenstrategien für die gängigen Muster der jeweiligen Phase sind mir möglich? Und: Wenn ich mich selbst in eines der späten Stadien einstufe, welche Kompetenzen haben mir dabei geholfen, dieses Stadium zu erreichen? Diese Fragen sind für uns, sprich für unser Ziel einer veränderten und machtkritischen Liebe als Praxis, ebenfalls hilfreich. Wie würdest du sie für dich beantworten?

Der Umstand, dass unsere Emotionen politisch sind, ist nicht selten vor allem den Menschen gewahr, die Benachteiligung erfahren und sich aktiv damit beschäftigen. Dabei haben die verschiedenen Formen von Diskriminierung Einfluss darauf, wie wir uns in Auseinandersetzungen verhalten und welche Emotionen uns als Individuen zugeschrieben und zugestanden werden. Auch die unterschiedlichen Stadien der Phasenmodelle werden von unterschiedlichen Gefühlen und Affekten begleitet. Der Ausspruch »Ich möchte ja mit dir über – hier kann alles Mögliche stehen – sprechen, aber du bist einfach viel zu emotional« seitens einer Person, die im Kontext der genannten Form von Diskriminierung Vorteile erfährt, ist eine gängige Abwehrmethode in Konflikten in Liebesbeziehungen, auch wenn es in diesen inhaltlich nicht um Themen geht, die Diskriminierung berühren. Mit ihr wird die eigene vermeintliche Rationalität – »Ich bin rational und objektiv und neutral« – behauptet und die Emotionalität des Gegenübers abgewertet. Das ist ein Beispiel dafür, wie »Macht über« als Mechanismus im Zusammenhang mit Gefühlen in Beziehungen aussehen kann. Diese Haltung – das möchte ich deutlich benennen – ist grundsätzlich emotional und damit das Gegenteil von objektiv und neutral: Sie dient der Aufrechterhaltung des eigenen, durch Diskriminierung geschaffenen Selbstbildes durch die Abwertung anderer. Der Psychotherapeut und Aktivist Dwight Turner veranschaulicht das im Gespräch mit Blick auf Sexismus und Rassismus:

> »In einer patriarchalen Gesellschaft ist die Idee, dass gewisse Emotionen Männern und andere Emotionen Frauen zugeordnet werden, Teil der Struktur. [...] Männer finden heraus, wer sie sind, und entscheiden, wer sie nicht sind – dies schreiben sie dann Frauen zu. Jegliche Emotionalität gilt als ›überemotional‹ und wird weiblich konnotiert. Dies hatte in der Geschichte der Menschheit tatsächlich einen enorm negativen Einfluss auf Frauen. Der Gedanke wurde sogar medikalisiert: Ich spreche von ›Hysterie‹ in der Psychotherapie. Wenn eine Frau sich auf eine Weise verhielt, die Männern unangenehm war, erhielt sie den Stempel ›verrückt‹. Das Gleiche gilt für Versklavung: Wenn eine versklavte Person sich nicht an die ihr zugewiesene Rolle hielt und sich nicht der *weißen* Vorherrschaft beugte, wurde sie als ›geisteskrank‹ pathologisiert.«

Das, was Dwight Turner benennt, ist eine von vielen Strategien des Othering, mit denen die sozial konstruierte Einteilung in »wir« und »die anderen«, die grundlegend für alle Arten der Ungleichberechtigung ist, in alltäglichen Situationen wiederholt wird. Das äußert sich auch in Liebesbeziehungen, etwa wenn Frauen hinsichtlich des Ausdrucks ihrer Emotionen unterstellt wird, »sich nicht im Griff zu haben«.

Es müssen allerdings nicht immer Konflikte in Liebesbeziehungen sein, an denen sich die Bedeutung unserer Sozialisierung hinsichtlich Unterdrückung zeigt: Ein gängiges Muster, das sich in Beziehungen mit cis Männern wiederholt, ist, dass sie oftmals, wenn emotionale Unterstützung gebraucht wird, dazu übergehen, Vorschläge zur »Lösung« einer Herausforderung zu unterbreiten, anstatt emotional auf ihr Gegenüber einzugehen. Sie geben etwas, das in diesem Moment nicht gebraucht wird, und können nicht geben, was tatsächlich vonnöten ist, nämlich emotionaler Beistand. Auch das ist Sozialisierung. So beschreibt Ronald F. Levant, der im Bereich der Psychologie zu Männern und Männlichkeit forscht, dass eine »weitere problematische männliche Norm [die] Einschränkung des Ausdrucks von Gefühlen [ist], was sich auf Beziehungen auswirkt«.

Boys will be men

Die kritische Beschäftigung mit Männern und Männlichkeit in der Psychologie, deren Beginn in den USA mit der zweiten Welle des westlichen Feminismus zusammenhängt, nimmt Männlichkeitsnormen mitsamt ihren Auswirkungen auf Männer und die Gesellschaft in den Blick. Dabei geht sie, ähnlich wie etwa die Rassismusforschung, nicht davon aus, dass Männlichkeit ein unveränderbarer biologischer Fakt ist. Vielmehr basiert die Forschung in diesem Feld auf einem Verständnis von traditionellen Geschlechterkategorien und Rollen als gesellschaftlich konstruiert. Das Begriffspaar »traditionelle Männlichkeit« meint stellvertretend eine dominante Männlichkeit, die maßgeblich durch dominante soziale Gruppen, sprich *weiß*-christliche, nicht be_hinderte, hetero-cis Männer, bestimmt wird. Was Ronald F.

Levant im Rahmen seiner Forschung unter Männlichkeit versteht, fasst er folgendermaßen zusammen:

> »Als Psycholog*innen verwenden wir den Begriff ›toxische Männlichkeit‹ eher nicht. Wir finden es nicht hilfreich, Verhalten als ›toxisch‹ zu bezeichnen. Wenn wir sagen, dass es eine ›toxische Männlichkeit‹ gibt, impliziert das außerdem, dass es auch eine ›gute Männlichkeit‹ gibt. Wir halten Männlichkeit jedoch an sich für problematisch, und zwar deshalb, weil sie unterdrückend ist. Männlichkeit wird definiert als ›besser als‹ und ›über Weiblichkeit‹. Sie ordnet Frauen unter und ist darauf ausgelegt, patriarchale männliche Dominanz aufrechtzuerhalten, und zwar gegenüber allen Menschen, die nicht zu den dominierenden Gruppen in unserer Gesellschaft gehören. Daher ist Männlichkeit auch gegenüber BIPoC-Männern und GBTQIA-Männern unterdrückend. Sie diskriminiert Frauen und verschiedene Minderheiten.«

Damit hängt Männlichkeit in der psychologischen Forschung grundsätzlich mit Strukturen der Unterdrückung zusammen.

Die Bedeutung von Emotionen ist auch im Zusammenhang mit der Forschung zu Männlichkeit relevant und für uns im Rahmen dieses Buches von großem Interesse. So prägte Levant den Begriff »Normative Male Alexithymia«, auf Deutsch »normative männliche Alexithymie« (NMA). Das Wort »Alexithymie« bezeichnet in der Psychologie den Zustand einer Person, die ihre Gefühle, etwa während einer depressiven Episode, nicht benennen kann. Normative Male Alexithymia (NMA) – der Begriff ist Ergebnis einer Metaanalyse, die

Levant gemeinsam mit anderen Forschenden durchgeführt hat – beschreibt den Umstand, dass cis Männer infolge ihrer Sozialisierung vergleichsweise größere Schwierigkeiten haben, ihre Emotionen zu differenzieren und zu benennen. Der Begriff bezeichnet also kein Symptom einer Erkrankung, sondern ist ein Nebenprodukt männlicher Sozialisierung.

Die darauf aufbauende Studie *Is Normative Male Alexithymia Associated with Relationship Satisfaction, Fear of Intimacy and Communication Quality Among Men in Relationships?** untersuchte die Auswirkungen von NMA auf Liebesbeziehungen und kam dabei zu dem Resultat, dass NMA unterschiedliche Konsequenzen für diese intimen Bindungen hat. So deuten die Ergebnisse beispielsweise darauf hin, dass Männer, die von NMA betroffen sind und Schwierigkeiten haben, ihre Emotionen zu benennen und auszudrücken, in Liebesbeziehungen – die sexuelle Orientierung der Teilnehmer wird nicht erwähnt – Probleme haben, mit den Emotionen ihrer Partner*innen umzugehen. Daraus ergibt sich laut der Erhebung, dass Männer eine gewisse Furcht vor den Gefühlen ihrer Partner*innen entwickeln. Zudem leide unter dem Umstand, dass besagte Männer sich hinsichtlich des Austausches von Emotionen herausgefordert fühlen, die Kommunikation in der Beziehung, was zusammengenommen dazu führe, dass sie weniger zufrieden mit ihren Liebesbeziehungen seien.

Männlichkeitsanforderungen, die sich etwa in der oben beschriebenen Einschränkung des Ausdrucks von Gefühlen äußern, haben, wie alle Skripte, in die die verschiedenen Formen von Diskriminierung uns hineinpressen sollen, Folgen für unsere

* Übersetzung: *Steht normative männliche Alexithymie in Verbindung mit Beziehungszufriedenheit, Furcht vor Intimität und Kommunikationsqualität bei Männern in Beziehungen?*[68]

Beziehungen. Bemerkenswert ist, dass obwohl sich diese Anforderungen verändern, das Ergebnis, nämlich die Beibehaltung von »Macht über«, beständig bleibt. Die Psychologin und freie Autorin Ann-Madeleine Tietge untersuchte in ihrer Dissertation *Make Love, Don't Gender!? Heteronormativitätskritik und Männlichkeit in heterosexuell definierten Paarbeziehungen*, wie cis-hetero Männer, die klassische Männlichkeitsvorstellungen kritisch hinterfragen, Männlichkeit in ihren Beziehungen dennoch reproduzieren.[69] Dies geschehe verstärkt über Unverbindlichkeit beziehungsweise anhand von Autonomie- und Selbstverwirklichungsbestrebungen, die dazu führten, dass heteronormative Rollenverständnisse aufrechterhalten blieben.

Ich beziehe diesen Umstand mit ein, weil ich, etwa im Zusammenhang mit meiner Arbeit, oft erlebe, dass Menschen davon ausgehen, dass eine gesellschaftliche Veränderung »zum Besseren« und hin zu mehr Gleichberechtigung eine natürliche oder gar selbstverständliche Entwicklung ist. Das ist nicht der Fall. Im Gegenteil passen sich die verschiedenen Formen von Diskriminierung der Gesellschaft an. Sie sind flexibel und dynamisch, und genau das ist es, was sie überlebensfähig macht – wie ein Virus. Daraus ergibt sich, dass der Blick auf uns selbst, auf unser Beziehungshandeln und darauf, wie wir Liebe als Praxis leben, ebenso flexibel und dynamisch sein muss, wenn wir uns in unseren Beziehungen machtkritisch verhalten wollen.

Ich finde die vorangegangenen Punkte deshalb bemerkenswert, weil sie das offenbaren, was ich zu Beginn des Kapitels mit dem Zitat von Jean Baker Miller aufgegriffen habe: In einer Gesellschaft, in der nicht alle Menschen den gleichen Zugang zu Ressourcen haben, was wiederum auf einer ungleichen Verteilung von Macht beruht, erleben wir *alle* die

Unterbrechung von Gegenseitigkeit – unabhängig davon, ob wir privilegiert sind oder nicht. Männlichkeit ist nur ein Beispiel dafür. Die einzige Möglichkeit, uns dem zu widersetzen, ist – zumindest aus meiner Sicht –, ein profundes Verständnis dafür zu entwickeln, wie allumfassend Unterdrückung ist. Wichtiger erscheint mir allerdings, dass wir uns, insbesondere hinsichtlich unserer privilegierten Anteile, unablässig selbst beobachten und uns ernsthaft damit beschäftigen, wie sehr wir die Trennung, die wir uns für uns selbst nicht wünschen, selbst erzeugen. Mit »Trennung« meine ich dabei nicht zwingend das Ende einer Beziehung, sondern den Abbruch von Verbundenheit in einer Beziehung, also jene Momente, in denen wir uns voneinander abgeschnitten fühlen. Beides zusammen geht nicht: die eigenen Privilegien in der Beziehung, sei es unbewusst, gegen Partner*innen einsetzen und zeitgleich auf mehr Verbundenheit hoffen. Deshalb, so erscheint es mir, ist es unabdingbar, dass wir mit Blick auf unsere gesellschaftlichen Vorteile fragen, warum Kritik an Diskriminierung – in allen ihren Formen – letztlich in unserem eigenen Interesse liegt.

Weil unsere Sozialisierung so allumfassend ist, spielt Unterdrückung in allen Beziehungskonstellationen eine Rolle. Oft liegt der Fokus, wenn überhaupt eine kritische Betrachtung von gesellschaftlichen Machtstrukturen in Liebesbeziehungen vorgenommen wird, auf Beziehungen, in denen es eine oder mehrere Machtdifferenzen gibt. Dann werden etwa heterosexuelle Partner*innenschaften in den Blick genommen und reflektiert, wer in der Beziehung mehr emotionale Arbeit übernimmt. Tatsächlich aber werden wir alle auf unterschiedliche Arten dazu angehalten, die uns zugeschriebenen Rollen auch zu erfüllen. Das kann sich demnach auch in Beziehungen auswirken, in denen die Personen gleich positioniert sind.

In ihrem Podcast *Where Should We Begin** arbeitet Esther Perel in der Folge »Questions You Aren't Allowed to Ask«** mit einem lesbischen Paar. Die Tatsache, dass wir in einer heteronormativen Gesellschaft leben, geht nicht spurlos an den beiden vorbei:[70] Eine der beiden Frauen hat Schwierigkeiten, Wege für sich zu finden, die Scham zu überwinden, die sie bezüglich ihrer Beziehung zu einer anderen Frau fühlt und die von gesellschaftlichen Botschaften herrührt, die lesbische Beziehungen abwerten. In der Folge »What Would It Take For You to Come Out«*** begleitet Esther Perel ein Paar, in dem sich eine der beiden Frauen als lesbisch definiert, während die andere kein Label für sich verwenden möchte und eine gewisse Ambivalenz gegenüber der emotionalen und sexuellen Anziehung zu ihrer Partnerin empfindet.[71] Gemeinsam navigieren sie, wie sich die unterschiedlichen Haltungen beider auf die Dynamiken in der Beziehung, etwa ihre Sexualität und die Tatsache, dass eine der beiden nach außen als »gute Freundin« präsentiert wird, auswirken.

Auf diesen Aspekt möchte ich näher eingehen: Unterdrückung kann in unseren Liebesbeziehungen darin wirken, welchen Umgang wir mit ihr finden, selbst wenn die Personen in der Beziehung die gleiche oder eine ähnliche soziale Position haben. Genauer ausgedrückt: Wie wir als Einzelpersonen mit der gleichen Form von Diskriminierung umgehen – das ist einer der Punkte, die ich an Racial Identity Development für unseren Kontext relevant finde –, macht etwas mit unserer Beziehung. Wie wir uns als Einzelpersonen hinsichtlich unserer eigenen Diskriminierungserfahrungen fühlen, ob wir Scham verspüren, uns als nicht »richtig« wahrnehmen, diskriminierende

* Übersetzung: *Wo sollen wir beginnen*

** Übersetzung: »Fragen, die du nicht stellen darfst«

***Übersetzung: »Was wäre nötig, damit du dich outest«

Zuschreibungen internalisiert haben und uns nicht von diesen lösen können, wirkt sich auf unsere Beziehungen aus.

Im Gespräch mit der Sozialwissenschaftlerin Sarah Adeyinka-Skold kommt der Umstand, dass wir alle in die unterschiedlichen Formen von Diskriminierung impliziert sind und sie reproduzieren können, selbst wenn wir selbst durch sie benachteiligt werden, ebenfalls zur Sprache:

> »Ich habe festgestellt, dass Schwarze Frauen durchaus mit Schwarzen Männern ausgehen wollen, aber sie sind sich der Tatsache schmerzlich bewusst, dass Schwarze Männer nicht immer mit Schwarzen Frauen ausgehen wollen: Eine der Befragten erzählte von einem Freund, der Dominikaner ist – seine Mutter ist Dominikanerin, sein Vater ist Schwarz. Er erzählte, dass er es vorziehe, sich mit *weißen* Frauen zu verabreden, weil sie viel ›einfacher‹ seien als Schwarze Frauen. Er benutzt im Grunde dieselben Stereotype, die auch nicht-Schwarze Männer benutzen, um Schwarze Frauen auszuschließen: Sie sind ›wütend‹, sie sind ›einschüchternd‹, sie sind ›entmannend‹ oder sie sind ›zu viel‹.«

Spätestens hier wird die Frage nach der Partner*innenwahl erneut bedeutsam. Denn für eine Beziehung, in deren Rahmen Diskriminierung mitsamt ihrem Einfluss auf die Partner*innenschaft reflektiert werden soll, braucht es Personen, die sich bereits mit ihrer eigenen Positionierung befasst haben. Zumindest aber bedarf es Menschen, die überhaupt ein Interesse daran beziehungsweise die Offenheit dafür besitzen, sich derart mit der eigenen Verwobenheit in gesellschaftliche Machtverhältnisse zu befassen – und zwar in allen ihren Formen. Schließlich – und auch das zeigen die verschiedenen Phasenmodelle auf – ist unser emotionales Erleben zutiefst entlang von Unterdrückung und unserer Eingebundenheit darin organisiert.

Unsere Beziehungsarbeit besteht also nicht nur darin, unsere eigene Verstrickung in die verschiedenen Formen von Diskriminierung zu reflektieren. Sie verlangt von uns, dass wir kritisch hinterfragen, welchen Einfluss Unterdrückung auf unsere Gefühle hat und darauf, wie wir unser eigenes emotionales Erleben wahrnehmen. Wir müssen prüfen, ob wir unsere Gefühle benennen können und welche Bewertungen wir ihnen zuschreiben. Denn mit diskriminierenden Prozessen des Othering geht einher, dass unser Gefühlserleben im Zusammenhang mit unseren privilegierten Anteilen als individuell und gerechtfertigt wahrgenommen wird. Mit Blick auf die benachteiligten Anteile unserer Identität ist das nicht der Fall: Hier wird uns oftmals suggeriert, unsere Gefühle seien »übertrieben« und der Situation »unangemessen« – und zwar auch in Situationen, in denen es inhaltlich nicht um Diskriminierung geht. Deshalb ist Teil unserer Aufgabe, dass wir kritisch hinterfragen, welche Gefühle wir anderen unterstellen und ob diese Unterstellung etwas mit ihrer Realität zu tun hat.

Liebe als politische Solidarität

Ich gehe aufrichtig davon aus, dass du dieses Buch liest, weil es dir ein Anliegen ist, dich selbst und dein Handeln in Liebesbeziehungen machtkritisch zu reflektieren. In diesem Zusammenhang möchte ich ein Zitat der Psychologin Harriet Lerner, deren Arbeit sich auf Frauen fokussiert und inhärent feministisch ist, mit dir teilen:

> »*Warum verändern?* Nur wenn wir daran arbeiten, das Selbst in unseren wichtigsten Beziehungen zu entwickeln und neu zu definieren, können wir unsere Fähigkeit zu Intimität wirklich steigern. Es geht schlicht nicht anders.«[72]

Das ist es, worum es mir mit diesem Buch geht: die Frage danach, wie wir unser eigenes, beständig in Unterdrückung verwobenes Verhalten in Beziehungen hinterfragen können. Nicht einfach so als Selbstzweck, sondern mit dem klaren Ziel, Liebe als Handeln für Gleichberechtigung, Freiheit und Intimität in unseren Beziehungen und damit letztlich auch für Gleichberechtigung in der Gesellschaft einzusetzen. Wir können nicht einfach bei der Reflexion stehen bleiben. Wollen wir etwas an den bestehenden Verhältnissen ändern, müssen wir bei unserem eigenen Handeln ansetzen.

Es geht also ganz wesentlich darum, eine Vision davon zu entwickeln, wer wir – jenseits normierter Skripte – sein könnten. bell hooks erinnert uns mit ihren Abschlussworten zu der Diskussionsrunde *Are You Still a Slave? Liberating the Black Female Body*[*] daran: »Die Reise in die Freiheit war auch immer schon so sehr eine Reise der Vorstellungskraft. Die Fähigkeit, sich selbst anders zu sehen.«[73] In unserem Zusammenhang wäre das eine Vision davon, wie wir uns in unseren Beziehungen verhalten können und müssen, um gegen bestehende Unterdrückung in der Liebe vorzugehen. Wir benötigen eine Utopie, die uns Möglichkeiten aufzeigt, wer wir sein und wie wir uns anhand dieser alternativen Handlungswege neu ausprobieren könnten. Dazu

---

* Übersetzung: *Bist du noch immer versklavt? Die Befreiung des Schwarzen weiblichen Körpers*

könnte etwa gehören, dass normalisiert wird, dass wir umsorgt werden, und wir lernen, es zuzulassen, wenn unsere soziale Position eigentlich vorsieht, dass wir die Umsorgenden sind. Auf der anderen Seite könnte es bedeuten, auf Arten fürsorglich zu sein, die uns gesellschaftlich nicht zugestanden werden.

Das Wort »Anstrengung«, das Peck und Fromm in ihren Definitionen von Liebe verwenden, deutet, wie alles in diesem Buch, auf stetige Auseinandersetzung und verändertes Handeln hin. Zu Recht, denn die innere Arbeit, von der etwa Paartherapeut*innen schreiben, dass sie notwendig für die Beschäftigung mit uns selbst innerhalb von Partner*innenschaften ist, ist eine, die wir weiterdenken, die wir als Werkzeug gegen Diskriminierung verstehen und einsetzen müssen. Ein Teil unserer inneren Arbeit besteht darin, aufrichtig zu reflektieren, ob wir bereit sind, uns in einen individuellen wie kollektiven Prozess der Heilung zu begeben. Mit Heilung meine ich dabei nichts Abgehobenes: Ich meine die alltägliche Praxis, mit den Ressourcen, die uns zur Verfügung stehen – nicht bis zur völligen Erschöpfung –, unseren Beitrag dazu zu leisten, dass unsere Liebesbeziehungen gleichberechtigter werden. Sohra Behmanesh, die als Trainerin unter anderem zu Rassismus arbeitet, beschreibt es in ihrer Kolumne treffend:

> »Ich bin dort, wo ich bin, weil ich auf den Schultern meiner Eltern stehe, auf den Schultern meiner Großeltern, meiner Urgroßeltern und allen anderen, die vor mir da waren. Und auf meinen Schultern werden meine Kinder stehen. Ich finde das tröstlich, empowernd – und unfassbar erleichternd. Ich bin nicht dafür verantwortlich, DEN Kreislauf zu durchbrechen. Ich trage bei, was ich in diesem Leben, mit diesen mir zur Verfügung stehenden Ressourcen schaffen kann.«[74]

Heilung ist möglich – das machen alle, mit denen ich für dieses Buch gesprochen habe, und einige derer, die ich zitiere, deutlich. Sie muss kein isolierter Prozess sein, den wir nur für uns durchmachen, es kann ein gemeinschaftlicher Prozess sein, einer der Verbundenheit. Heilung macht notwendig, dass wir uns ihr durch unser Handeln verpflichten und uns in Strukturen der Gewalt nicht der Illusion hingeben, dass der Heilungsprozess abgeschlossen ist, während es die Unterdrückung in der Gesellschaft – und damit auch in uns – nicht ist. Zugegeben, das ist kein einfacher Prozess, sondern einer, der sich auf die Ungewissheit zwischen »richtig« und »falsch« einlässt. Ich denke, dass es normal ist, diesem Vorhaben gegenüber eine gewisse Ambivalenz und Verunsicherung zu verspüren. Allerdings ist die Frage danach, ob wir bereit sind, diesen Prozess mit all seinen Herausforderungen, den persönlichen wie den gemeinsamen, einzugehen, eine zentrale Frage. Ihre Beantwortung ist grundlegend.

Um eine solche Vision von uns zu entwickeln, müssen wir uns notwendigerweise zuerst darüber klar werden, was der Status quo ist: Es braucht eine Standortbestimmung unserer sozialen Position und der unserer Beziehungsperson(en). Dieser Punkt ist keineswegs nebensächlich, denn welche Wege wir einschlagen können, um unserem persönlichen Ziel der Liebe als machtkritischer Praxis näherzukommen, hängt damit zusammen, wie wir positioniert sind. Mein Ausgangspunkt als Schwarze und nicht-binäre Person ist nicht der gleiche wie der einer *weißen* trans Frau. Unser Erfahrungswissen, unser körperliches Erleben und unsere Emotionen sind unterschiedlich, aber dennoch weniger individuell, als es unsere individualistische Gesellschaft suggeriert.

Wie könnte radikale politische Solidarität in der Liebe als Praxis aussehen? Ich komme nicht umhin, mich erneut auf bell hooks zu beziehen, deren Beschäftigung mit politischer Solidarität bereits bis in die 1980er-Jahre zurückreicht. In einem Kapitel ihres Buches *Feminist Theory: From Margin to Center** geht sie auf politische Solidarität zwischen unterschiedlich positionierten Frauen in feministischen Zusammenhängen ein.[75] hooks merkt an, dass es wichtig sei, ein solidarisches Bündnis jenseits unterdrückerischer Ideologien einzugehen, mit dem wir uns dazu verpflichten, die eigene Verbundenheit mit Sexismus zu brechen. Dabei zeigt sie ebenfalls auf, dass simplifizierte »Opfer«-»Täter«-Dichotomien weder nachhaltig noch zielführend zu politischer Solidarität beitragen können, denn sie verkennen die unterschiedlichen Arten, auf die wir als privilegierte und marginalisierte Menschen alle Machtverhältnisse lebendig halten.

All das ist auch für uns von Bedeutung, denn wir brauchen ein solidarisches Bündnis, das sich dazu verpflichtet, verinnerlichte Dominanz genauso in den Blick zu nehmen wie internalisierte Unterdrückung. Die Realität ist: Wir müssen alle Teile unserer Identität heilen, die mit Unterdrückung verwoben sind. Unsere Erfahrung mit Diskriminierung hebt unsere Privilegien nicht auf. Andersherum ist es ebenfalls wahr: Unsere Privilegien überschreiben nicht unsere Erfahrung mit Diskriminierung.

Kabir Brown, der gemeinsam mit seiner Partnerin Sofia Mojica Paarberatung für Menschen in nicht-monogamen Beziehungen anbietet und dabei einen besonderen Fokus auf Mechanismen von Unterdrückung in Partner*innenschaften legt, reflektiert in diesem Zusammenhang beständig seine eigene Position:

---

* Übersetzung: *Feministische Theorie: Von den Rändern zur Mitte*

»Ich bin eine Schwarze Person mit hellerer Hautschattierung. Zu Beginn fokussierte ich mich darauf, über mein Schwarzsein zu sprechen, darüber, wie ich wegen meines Schwarz-Seins unterdrückt werde. Das trifft immer noch zu, es ist eine Tatsache. Ich war allerdings nicht bereit, darüber nachzudenken, dass ich nicht die gleiche Erfahrung mache wie eine Schwarze Frau mit dunklerer Hautschattierung. Ich musste wirklich verstehen, dass ich sowohl unterdrückt als auch privilegiert bin und beides gleichzeitig existiert.

Ich denke, wir müssen in der Lage sein, alle Teile von uns anzuerkennen. Dazu gehört die Art und Weise, wie wir durch Privilegien und auch durch Unterdrückung indoktriniert wurden. Es ist dieselbe Medaille, nur zwei unterschiedliche Seiten. Beide entspringen einem System, das erschaffen wurde, um *weiße* Vorherrschaft zu sichern. Wenn ich nicht über meine Nähe zu *weißer* Vorherrschaft spreche, dann erzähle ich nicht meine ganze Geschichte – und das ist ein Dienst an *weißer* Vorherrschaft. Mich als Schwarze transmaskuline Person positionieren zu können und zu erklären, was Männlichkeit in Bezug auf Privilegien bedeutet und wie diese aussehen, ist für mich eine Frage des Wunsches, mit gutem Beispiel voranzugehen.«

Wir müssen uns darüber klar werden, wie unsere Gefühle in Ungleichberechtigung eingebettet sind. Und gleichzeitig müssen wir, in dem Bewusstsein, dass unsere Emotionen politisch und damit nicht neutral sind, uns in jener radikalen Verletzlichkeit zeigen, die der Autor Musa Okwonga in einem Artikel über sich beschreibt:

»So vieles von dem, was wir in diesem Zeitalter der Künstlichkeit tun, beruht darauf, dass wir nichts fühlen. [...] Ich spreche von diesem machohaften, hypermaskulinen, knallharten, knochentrockenen ›Alle für sich selbst‹. Das einzige Gegenmittel ist ein Akt radikaler Verletzlichkeit. Eine Art Schamlosigkeit, die aus einer gewissen Integrität, von einem Ort der Verletzlichkeit und von einem Ort der Heilung kommt.«[76]

Dabei möchte ich dennoch festhalten, dass es hierbei nicht darum geht, die beiden Seiten der Medaille als auf gleiche Weise verantwortlich zu betrachten. Das wäre unehrlich gegenüber den Auswirkungen, die Unterdrückung in Liebesbeziehungen und allen anderen Bereichen unseres Lebens hat. Zudem tragen Menschen, die verschiedene Formen von Unterdrückung erfahren, keine Verantwortung für diese Tatsache – auch nicht in intimen Beziehungen, in denen sie ihre Partner*innen selbst gewählt haben. Trotzdem, oder vielleicht gerade deswegen, ist es wichtig, die eigenen Handlungsspielräume zu erkennen und zu nutzen. Und diese fallen im Hinblick auf Privilegien und Benachteiligung nicht gleich aus. So benennen etwa Jean Baker Miller und Irene Pierce Stiver in ihrem gemeinsamen Buch sehr deutlich, dass es um ein Vielfaches einfacher ist, »Macht über«-Dynamiken in intimen Beziehungen aus einer privilegierten Position heraus zu verändern.[77]

Ein Teil dieser inneren Arbeit besteht sicherlich darin, die eigenen Privilegien zu erkennen und zu reflektieren, wie wir diese in Liebesbeziehungen einsetzen. Allerdings ist das weder der Anfang noch das Ende. Die Reflexion der eigenen Privilegien ist also notwendigerweise an ein konkretes Ziel geknüpft, nämlich das Eintreten gegen Strukturen der Unterdrückung und ihre Auswirkungen in Liebesbeziehungen. Für diesen Prozess benötigen wir Empathie, wie auch der Theologieprofessor Cornel West erklärt:

> »Empathie ist nicht lediglich eine Frage des Versuchs, sich vorzustellen, was andere durchmachen, sondern der Wille, den Mut aufzubringen, etwas dagegen zu unternehmen. In gewisser Weise beruht Empathie auf Hoffnung.«[78]

West beschreibt den Willen, zu Veränderung beitragen zu wollen, nicht nur als Reaktion, sondern als Aktion. Wir müssen unsere eigene Verantwortung für die Unterbrechung von internalisierter Dominanz erkennen – nicht für »andere«, sondern aus eigenem Interesse. Hinsichtlich der Anteile von uns, die uns Vorteile verschaffen, nicht nur in öffentlichen Räumen, sondern auch in unseren intimen Beziehungen, bedeutet das im Grunde ein konstantes Sägen an dem Ast, auf dem wir sitzen.

Gleichzeitig braucht es einen ebenso verantwortungsvollen Umgang mit den benachteiligten Anteilen unserer Identität. Wir müssen einen Raum schaffen für die vielen Erfahrungen mit Unterdrückung – ein Raum, der bislang vielen Menschen, insbesondere wenn sie viele Formen von Unterdrückung erleben, nicht zugestanden wird. Wir müssen uns diesen Raum nehmen und ihn ausgestalten. In diesem Raum – das ist meine persönliche Erfahrung und darauf geht etwa auch Harriet Lerner in vielen ihrer Bücher ein – besteht die Verantwortung darin, die Schritte eines altbekannten Tanzes zu verändern und dadurch einen neuen Tanz zu kreieren. Um diese Schritte – in unserem Fall die Mechanismen von Unterdrückung – in

Liebesbeziehungen zu verändern, müssen wir uns konstant selbst befragen: danach, wie wir uns fühlen, danach, was wir brauchen, danach, was uns nicht guttut, danach, was uns guttut, danach, wie Solidarität sich für uns in Beziehungen anfühlt, danach, in welchen Momenten und warum wir nicht oder nicht mehr für uns selbst einstehen. Das ist ein Prozess, der durchaus schambehaftet und schmerzvoll sein kann, schließlich sind wir nicht nur in eine Gesellschaft hineinsozialisiert worden, die uns beibringt, wir seien »falsch« und »unwürdig«, wir lernen auch von klein auf, dass unsere Erfahrung mit Unterdrückung unsere »eigene Schuld« sei.

Mir geht es mit allem, was ich hier schreibe, nicht darum, dass wir uns im Sinne des Individualismus weiter voneinander entfernen und über den Fokus auf uns selbst den Kontakt zueinander verlieren. Die Reise ins Selbst, zu den Orten in uns, die Verbindungen unterbrechen und zu »Macht über«-Beziehungen beitragen, soll der Verbundenheit, der Gegenseitigkeit dienen. Nur deshalb betrachten wir sie, nur dafür sind diese Orte relevant. Wir nehmen sie in den Blick, um die Momente unterdrückerischer Dynamiken wahrnehmen und vor allem um diesen entgegentreten zu können. Der Blick auf uns selbst ist an ein Ziel gekoppelt, er selbst ist nicht das Ziel. Das Ziel ist es, Beziehungen zu gestalten, in denen »Macht mit« möglich wird, in denen wir uns gemeinsam verantwortlich fühlen und zusammen wachsen können.

Reflexionsfragen

Ich möchte dich aus diesem Kapitel mit ein paar Fragen zur Selbstreflexion entlassen. Sie greifen die inhaltlichen Aspekte dieses Kapitels auf und sind hinsichtlich der möglichen unterschiedlichen Anteile von Identität, sprich Marginalisierung und Privilegien, gegliedert.* Die Fragen des ersten Teiles kannst du unabhängig von deiner sozialen Position für dich beantworten.

Einen vorbereitenden Gedanken möchte ich noch mit dir teilen: Die Fragen, die du gemeinsam mit anderen oder allein für dich beantworten kannst, sollen dir einerseits einen Raum bieten, in dem du reflektieren kannst, wo du dich hinsichtlich dieser Thematik gerade selbst verortest. Andererseits sollen sie dich dazu anregen, eine persönliche oder gemeinsame Vision davon zu entwickeln, wie Machtkritik in Liebesbeziehungen für dich aussehen könnte. So lässt sich eine Grundlage für Aushandlungsprozesse in der Beziehung schaffen, und du hast die Möglichkeit, darüber nachzudenken, welche alternativen Verhaltensweisen dir offenstehen – und zwar bevor es zu Konflikten kommt.

Fragen zur Reflexion:

- Wie wirkt sich deine Sozialisierung auf deine Beziehung(en) aus?
- Welche Teile deiner Sozialisierung sind in Beziehungen hinderlich und warum?
- Was brauchst du für Gespräche über Sozialisierung?
- Wann und wie kannst du mit den Anforderungen brechen, die deine soziale Position mit sich bringt? Welche Bedeutung hat das für das Ausdrücken deiner Emotionen?
- Wann kannst du deine Emotionen benennen?

* Anmerkung: Je nachdem wie du im Kontext der verschiedenen Formen von Diskriminierung positioniert bist, kannst du die entsprechenden Fragen für dich beantworten. Als *weiße* Frau könntest du, wenn du etwa mit einer Frau of Color zusammen bist, hinsichtlich deiner vergeschlechtlichten Sozialisierung die Fragen zu Marginalisierung und als *weiße* Person die Fragen zu Privilegien beantworten.

Fragen mit Blick auf Marginalisierung:

- Wie beeinflusst deine Erfahrung mit Benachteiligung, wie du deine eigenen Emotionen und die anderer wahrnimmst, bewertest und mit ihnen umgehst?
- Welche Muster hinsichtlich Unterdrückung nimmst du mit Blick auf Emotionen in Interaktionen wahr? Wann sprichst du sie an und wann nicht?
- Welchen Einfluss hat deine Erfahrung mit Ausgrenzung darauf, wie viel Raum du den Emotionen anderer zugestehst?
- Welche Gefühle kommunizierst du, welche nicht? Welche bisherigen Erfahrungen spielen dabei eine Rolle? Welche Überzeugungen über dich selbst spielen dabei eine Rolle?
- Wie kannst du deinen Emotionen mehr Raum geben? Was würde dir dabei helfen?

Fragen mit Blick auf Privilegien:

- Wie beeinflussen deine Privilegien, wie du deine eigenen Emotionen und die anderer wahrnimmst, bewertest und mit ihnen umgehst?
- Welche Muster im Hinblick auf Privilegierung nimmst du mit Blick auf Emotionen in Interaktionen wahr? Wann sprichst du sie an und wann nicht?
- Bemerkst du, wann und wie du anhand deines Umgangs mit Emotionen – den eigenen oder denen anderer – deine Privilegien aufrechterhältst?
- Wie kannst du deine Emotionen im Zusammenhang mit Interaktionen zu Unterdrückung, etwa Abwehr oder Scham, regulieren?
- Wie kannst du dich in Interaktionen solidarischer verhalten und Raum für das emotionale Erleben anderer schaffen?

Körper

Samstag, morgens

Yunus steht in der Küche. Er trägt ein ausgewaschenes T-Shirt, das schon ganz dünn ist. »Das sind die besten«, sagt er, wenn ich bei ihm schlafe und er mir eines seiner fragilen Hemden gibt. »Magst du auch einen Tee, oder worauf hast du Lust? Wenn du Hunger hast, kann ich dir auch etwas zu essen machen.«

Ich schüttle den Kopf. »Ein Tee reicht mir, ich nehme, was du nimmst.« Ich lehne am Türrahmen und betrachte ihn dabei, wie er einige Blättchen getrocknete Minze von einem Zweig zupft und die Blätter in zwei Tassen gibt, aus denen heißer Wasserdampf emporsteigt.

Er reicht mir eine der beiden Tassen und sagt: »Komm, wir gehen wieder ins Bett.«

»Weißt du«, sage ich, nachdem ich meine Tasse auf dem Kopfteil seines Bettes abgestellt habe, »ich denke viel darüber nach, was unsere Beziehung mit mir macht. Ich nehme zwischen uns auf jeden Fall eine besondere Verbundenheit wahr.«

Er schaut mich kurz nachdenklich an und erwidert: »Ja, voll. Das fühle ich auch.« Nach einem kurzen Augenblick des Schweigens fährt er fort: »Ich denke manchmal daran, wie es in früheren Beziehungen für mich war. Wenn ich zurückblicke, dann fühle ich, dass ich die Dinge, die ich als Kind an meiner Familie geschätzt habe, die Dinge, die ich an mir selbst geliebt habe, getauscht habe gegen einen Zwang, um dazuzugehören. Ich glaube, dass ich mich und vieles von dem, was mich ausmacht, in diesem Prozess so sehr abgewertet habe, dass ich wieder zu mir zurückfinden muss.« Ich lächle ihn an. Es ist ein Lächeln, in das sich Verständnis und Trauer um den Verlust unseres Selbst mischen. Yunus lächelt zurück. Er legt seine Hand auf meine Taille und bewegt sie andächtig in einem natürlichen Fluss, bis zu meiner Hüfte. Dann spricht er weiter: »Früher war ich vor allem mit weißen *Frauen zusammen, und ich dachte immer, wenn ich eine Freundin mit zu meinen Eltern nehme, dann muss ich mich für irgendwelche Dinge schämen, zum Beispiel für den Fernseher, der bei uns immer im Hintergrund lief. Bei* weißen *Familien herrschte eine Art von Ordnung, Spielzeug war aus Holz und nicht wie bei uns aus Plastik, und Eltern gingen ins Theater. Daran orientierte ich mich.«*

Wir liegen im Bett unter der Decke, einander zugewandt. Ich ziehe Yunus, dessen eine Hand noch immer auf meiner Hüfte ruht, an mich, lege meine Hände auf seine Wangen und küsse ihn. Ich küsse ihn so zärtlich, wie ich kann, in der Hoffnung, dass er die zärtlichen Gefühle bemerkt, die das, was er mit mir teilt, in mir auslösen. Als sich unsere Lippen zögerlich voneinander trennen, schaue ich ihn einen Moment lang an. »Ich glaube«, sage ich ruhig, »ich hätte mich damals sehr wohl bei euch gefühlt. Am wohlsten habe ich mich bei Familien gefühlt, bei denen die Brüche in unserer Gesellschaft spürbar waren – so wie bei uns zu Hause auch. Das waren weiße *Arbeiter*innenfamilien, Familien mit alleinerziehenden Eltern, Migra-Familien und Familien mit Fluchtgeschichte. Schlicht Menschen, für die es nicht leicht war.« Ich denke einen Moment nach, bevor ich weiterspreche. »Das ist auch die Verbundenheit, die ich zwischen uns spüre. In vielerlei Hinsicht habe ich mit dir nicht ständig das Gefühl, sein zu müssen, wer ich eigentlich nicht bin, oder beweisen zu müssen, wer ich tatsächlich bin. Du und ich, wir kritisieren uns, aber wir bewerten einander nicht. Vielleicht auch weil wir wissen, dass das da draußen ständig geschieht und das hier unsere Überlebenskapsel ist?«*

Er schließt da an, wo er vorher aufgehört hat: »Irgendwann habe ich angefangen, regelmäßig zu trainieren und

Fußball zu spielen. Meinen Körper, dem ja eh Aggressivität zugeschrieben wird, habe ich als Schutzpanzer erlebt. Muskeln und Masse. Ein Freund von mir, Sven, der in den Neunzigern als Schwarze Person in Ostdeutschland groß geworden ist, erzählt manchmal, wie viel Gewalt er erlebt hat und dass er seinen Körper als Waffe wahrgenommen hat – ganz pragmatisch. Er sagt, dass es für ihn sicherer war, neunzig Kilo anstatt siebzig zu wiegen. Meine Erfahrung ist zwar eine andere, weil ich nicht Schwarz positioniert bin und mit meiner Familie in Westdeutschland gelebt habe, aber ich kenne dieses Gefühl, diesen ständigen psychischen und physischen Stress, den er beschreibt.«

Ich nicke und ergänze: »Was ich so traurig finde, wenn ich dir so zuhöre, ist, dass du ja eigentlich eine Person bist, die sehr liebevoll und fürsorglich ist. Es ist, als hätte es wenig Raum für dich gegeben, das auszuleben.«

»Ja«, sagt er sanft. »Das ist einer der Teile von mir, die nicht sein durften, weil ich in dieser Gesellschaft gelernt habe, dass Liebe frei ist und dieses gegenseitige Umsorgen, mit dem ich groß geworden bin, als einengend wahrgenommen wurde. Dass ich diesen Teil von mir nicht ausgelebt habe und ich es mich manchmal immer noch nicht traue, macht etwas mit meinen Beziehungen. Ich fühle mich oft unbeweglich, als wäre ich ein Käfer in einem Exoskelett: Außen bin ich hart und innen weich. Das Problem mit dieser Schutzschicht ist, dass sie undurchdringbar ist. Und ich will ja, dass du mich durchdringst.«

Ich denke über Yunus' Worte nach: »Diese Schutzschicht, die wir brauchen, um einen Umgang mit Unterdrückung zu finden, hindert uns an der emotionalen und körperlichen Intimität, die wir oder zumindest ich mir wünsche.« Ich kenne diesen Schutzanzug, den wir beide nicht ablegen können. Langsam lasse ich die Kuppe meines Zeigefingers über Yunus' Nase gleiten, vorbei an einer Landschaft aus Sommersprossen. Nach einer Weile finde ich Worte für meine Gedanken: »Ich weiß, was du meinst«, sage ich und überlege, bevor ich wieder ansetze. »Mein Schutz ist mein Verstand, die Art, wie ich Dinge darlege, die Art, wie ich meine Standpunkte argumentiere, das weißt du ja, darüber haben wir schon oft gesprochen. Das kann ich nicht ablegen, das merke ich, wenn wir uns streiten. Ich will das nicht gegen dich einsetzen, denn das ist ja meine Sicherheit in einer weißen *Gesellschaft. Gleichzeitig weiß ich, dass ich diesen Schutzschild gegen dich einsetzen muss, denn auch zwischen uns gibt es einige Hierarchien, zum Beispiel dass du ein cis Mann bist. Ich nehme wahr, dass du deine Männlichkeit, wie du über Gefühle sprichst, wann du das kannst und wann nicht, reflektierst – auch unabhängig von mir. Manchmal reicht mir das nicht, oder es geht mir nicht schnell genug, zum Beispiel wenn ein Problem da ist und du es nicht ansprichst.«*

Yunus schaut mich aufmerksam an und erwidert: »Das verstehe ich. Inzwischen merke ich, dass du mir ein bisschen entgleitest, wenn ich irgendeinen patriarchalen Scheiß gegen dich richte. Ich bin froh, dass ich es annehmen kann, wenn du mich darauf hinweist.« Ich sehe ihm an, dass er nachdenkt, nach Worten sucht, bevor er weiterredet und darauf eingeht, was ich zu ihm gesagt habe: »Das mit dem Verstand geht mir ähnlich, irgendwann habe ich für mich bemerkt, dass meine geistigen Fähigkeiten meine schärfere Waffe sind. Diese Waffe setze ich auch gegen dich ein, wenn ich versuche, in Auseinandersetzungen gegen dich ›zu gewinnen‹, dabei weiß ich insgeheim, selbst in diesen Momenten, dass gegen dich zu gewinnen heißt, uns aufs Spiel zu setzen.« Er setzt sich auf, nimmt einen Schluck von seinem Tee und lacht kurz auf.

Ich frage ihn: »Woran denkst du gerade?«

Er zögert neckisch. »Ich weiß in diesen Momenten auch, dass ich nicht gewinnen kann. Du bist schlauer als ich. Und bevor du fragst: Nein, das bekommst du nicht schriftlich von mir.«

Wir lachen beide, ich lege meinen Kopf an seinen Bauch, lausche dem beruhigenden Gluckern darin und schlinge etwas umständlich meine Arme um ihn. Yunus streichelt mein Haar und blickt auf mich herunter.

Mir kommt eine Erinnerung in den Sinn: »Ich weiß noch, dass ich in der zwölften Klasse eine Kursfahrt nach London gemacht habe. Mein Zimmer teilte ich damals mit zwei Freundinnen von mir. Für mich war es eine schöne Fahrt.«

Während seine Finger zärtlich entlang meiner Schläfe streicheln, unterbricht Yunus mich: »Ja, das kann ich mir vorstellen, weil deine Oma, deine Tante und deine Stiefmutter in London leben.«

»Genau«, sage ich und fahre fort: »Mir hat es viel bedeutet, dass meine Freundinnen den Schwarzen Teil meiner Familie, die africaness in meinem Herzen, kennengelernt haben. Das war für sie ein unsichtbarer Teil meines Lebens, der für mein Erleben der Welt doch so zentral ist.«

»Spannend«, nickt Yunus langsam. »Da, wo ich Scham verspürt habe, lag für dich Stolz.«

»Ja«, gebe ich zurück, »allerdings bin ich auch mit meiner weißen Mutter aufgewachsen, die zwar immer bemüht war, dass Schwarze Geschichte, Schwarze Gegenwart und vor allem Schwarze Menschen in meinem Leben waren. Aber es war eine völlig andere Erfahrung.« Ich richte mich auf, trinke einen Schluck Tee und lasse mich wieder in die Wärme des Bettes *zurückgleiten. »Diese Reise war für mich auch wichtig, weil sie eine meiner frühen Erinnerungen daran ist, wie ich zum Ausdruck gebracht habe, dass ich nicht heterosexuell bin. Wir lagen auf unseren Betten und machten einen dieser Tests, die es damals in Teen-Zeitschriften gab. In einer der Fragen ging es darum, mit wem wir am meisten Spaß auf einem Date hätten, also Männer oder Frauen. Und ich antwortete, du kennst mich ja, ›C, all of the above‹. Ich weiß noch, dass meine Freundinnen lachten und mich wahrscheinlich nicht ernst nahmen. Dabei meinte ich es total ernst. Ich habe mich eigentlich zu allen möglichen Menschen aus allen möglichen Gründen hingezogen gefühlt. Für mich war das nie seltsam. Gleichzeitig merke ich, wie sehr ich auf Männer trainiert bin. Ich weiß, wann Männer auf mich stehen, als wäre ich gemacht worden für euch.« Ich unterbreche meinen Gedanken und füge dann an: »Deshalb fühle ich so eine queere* awkwardness, *sobald ich auf Menschen stehe, die keine cis-hetero Männer sind. Ich weiß nicht, was ich machen soll, kann die Zeichen nicht lesen. Ich hab als Teenager für eine Fitnessstudiokette gearbeitet und musste ›Gewinnspiele‹ auf der Straße von Passant*innen ausfüllen lassen, mit denen sie ein ohnehin kostenloses Probetraining ›gewinnen‹ konnten. Irgendwann wurde ich befördert und durfte die Teilnehmenden abtelefonieren. Wenn du wüsstest, wie absurd beruhigend und freundlich ich mit Männern gesprochen habe ...«*

Yunus lacht und schüttelt den Kopf, seine großen Locken bewegen sich rhythmisch dazu. Sein Lachen kommt aus einer ungeahnten Tiefe. Dort, wo es herkommt, ist keine Scham, sondern kindliche Ausgelassenheit. Er legt sich neben mich und blickt mir in die Augen. »Wann hast du dich eigentlich in mich verliebt?«

Ich kann mir ein Lachen nicht verkneifen, als ich antworte: »Als ich deine Playlist ›Songs für romantische Stunden zu zweit‹ mit Nullerjahre-Musik gefunden habe. Das erste Lied ist I Know What You Want *von Mariah Carey und Busta Rhymes. Nein, eigentlich habe ich dich von Anfang an gemocht, und es ist nur immer mehr geworden. Als ich dich in der Bahn angesprochen habe, war das auch, weil mir dein Buch aufgefallen war. Als wir später am Abend darüber sprachen ... Ach, ich weiß es auch nicht. Und du? Wann hast du dich in mich verliebt?«*

»Das ist einfach«, sagt er und hält kurz inne, bevor er weiterspricht: »Wobei, eigentlich ist es das nicht. Es waren, wie du sagst, viele unterschiedliche Momente. Was ich an dir geschätzt habe, und das tue ich immer noch, ist diese Art, mit der du verbindlich und gelassen gleichzeitig bist, so wie vor einigen Monaten, als das mit uns noch ganz frisch war und du einen Urlaub für dieses Jahr mit mir geplant hast. Ich fühlte mich aufgehoben. Wie als Kind, wenn du dich in der Nacht fürchtest und es schon besser ist, weil ein anderes Kind da ist, das zwar auch Angst hat, aber immerhin seid ihr zu zweit.«

Yunus steht auf und geht zu einem seiner Bücherregale. Er nimmt ein Buch, dessen Umschlag ich erkenne: »Das hast du damals in der S-Bahn gelesen«, sage ich, während ich nach meinem Tee greife.

»Ja«, sagt er sanft. »Ich habe an dem Tag mit No Name in the Street *angefangen, weil ich an James Baldwin so bewundere, wie sehr er nach allem, was er erlebt hat, die Liebe hochhielt. Er tat das, finde ich, ehrlicher und wissender als viele andere.« Er zögert einen Moment und spricht dann rasch weiter: »Du hast ja damals bei mir geschlafen, und nachdem du gegangen warst, habe ich mir dieses Zitat angestrichen, weil ich es an dem Abend in der Bahn gelesen hatte. Baldwins Worte*

waren wie ein Omen für mich: Unsere Begegnung hat mich tief berührt, und ich konnte nicht wissen, was aus uns wird.« Er setzt sich zu mir ins Bett, schaut mich beinahe schüchtern an und fragt: »Soll ich dir die Stelle vorlesen?«

Ich lege meinen Kopf in die Kuhle zwischen seiner Schulter und seinem Hals. Ich spüre die Wärme, die er ausstrahlt – sie ist nicht nur körperlich. Wie ich es gern tue, vergrabe ich kurz mein Gesicht dort und atme den Geruch seiner Haut, seiner Haare ein. Als ich von dieser kleinen Reise zurückkomme und meine Augen öffne, nicke ich und sage weich: »Ja.«

Er beginnt:

> »My falling in love is in no way the subject of this book, and yet honesty compels me to place it among the details, for I think – I know – that my story would be a very different one if love had not forced me to attempt to deal with myself. It began to pry open for me the trap of color, for people do not fall in love according to their color [...]. This means that one must accept one's nakedness. And nakedness has no color: this can come as news only to those who have never covered, or been covered by, another naked human being. Because you love one human being, you see.
>
> In any case, the world changes then, and it changes forever. Because you love one human being, you see everyone else differently than you saw them before – perhaps I only mean to say that you begin to see – and you are both stronger and more vulnerable, both free and bound. Free paradoxically, because, now, you have a home – your lover's arms. And bound: to that

mystery, precisely, a bondage which liberates you into something of the glory and suffering of the world.«*

Wie wir uns in der Welt bewegen

Unsere Gefühle sind politisch. Wir können sie nicht unabhängig von unserer sozialen Position betrachten. Gleiches gilt für unsere Körper: Unsere Körper sind politisch, an ihnen spüren wir den Druck und die Blicke, den Schmerz und den Stress, die die gesellschaftlichen Skripte in uns auslösen. Unser Erleben in einer von struktureller Macht durchzogenen Gesellschaft ist gleichermaßen geistig, emotional und körperlich – ein Prozess, der unser gesamtes Sein umspannt. Dieses Erleben ist auch in unseren Liebesbeziehungen, in denen wir diesem Stress ebenfalls begegnen können, bedeutsam.

Der alltägliche Stress, den Unterdrückung schafft, kann unterschiedlich aussehen. So beschreibt zum Beispiel Tanja

---

* Übersetzung: »Dass ich mich verliebt habe, ist keineswegs das Thema dieses Buches, und doch zwingt mich die Ehrlichkeit, es den Details zuzuordnen, denn ich denke – ich weiß –, dass meine Geschichte eine ganz andere wäre, wenn mich die Liebe nicht dazu gezwungen hätte, mich mit mir selbst auseinanderzusetzen. Dies begann, die Falle des Rassismus für mich aufzusprengen, denn Menschen verlieben sich nicht entsprechend ihrer Hautschattierung [...]. Das bedeutet, dass man seine Nacktheit akzeptieren muss. Und Nacktheit hat keine Schattierung: Dies kann nur für diejenigen neu sein, die noch nie einen anderen nackten Menschen bedeckt haben oder von einem anderen nackten Menschen bedeckt wurden. Weil du einen Menschen liebst, siehst du.
Auf alle Fälle ändert sich die Welt dann, und sie ändert sich für immer. Weil du einen Menschen liebst, siehst du alle anderen anders als zuvor – vielleicht will ich damit nur sagen, dass du anfängst zu sehen – und du bist sowohl stärker als auch verletzlicher, sowohl frei als auch gebunden. Paradoxerweise frei, denn jetzt hast du ein Zuhause – die Arme deines Geliebten. Und gebunden: genau an dieses Mysterium, eine Bindung, die dich frei macht für die Herrlichkeit und das Leid der Welt.«[79]

Kollodzieyski auf ihrer Instagram-Seite mit Blick auf Ableismus die Alltäglichkeit des sich Körperlich-anpassen-Müssens:

> »Mund schließen. Keine großen Bewegungen. Nicht wackeln. Das bringt weniger Blicke und Kommentare. Was normal aussieht, ist für mich jedes Mal wieder eine große Anstrengung, die ich nur über einen bestimmten Zeitraum halten kann, um mich maximal anzupassen. Auch als Antwort auf Ableismus.«[80]

Ein paar andere Beispiele: Eine *weiße* Freundin erzählte mir kürzlich davon, wie groß der Stress für sie sei, in Konflikten mit Partnern nicht als »übermäßig emotional« zu erscheinen. Ein Freund von mir, der in einer Arbeiter*innenfamilie aufwuchs, erzählte mir von einer Beziehung zu einem Mann aus einer »besseren Familie«, die er beendete, weil er stets den innerlichen Druck verspürte, sich an dieses »Besser« anpassen zu müssen.

Ich kenne solche Momente als Schwarze und als weiblich wahrgenommene Person gut. Wenn ich in einigen Teilen Deutschlands bin, in denen ich mich weniger sicher fühle, ertappe ich mich beispielsweise dabei, dass ich besonders klar und deutlich spreche und extra freundlich auftrete. Es ist ein automatisiertes Verhalten, damit *weiße* Menschen sich sicher mit mir fühlen und mich nicht als Gefahr wahrnehmen. In meinem Körper zu sein, ist anstrengend, ist mit Stress verbunden, denn ich muss für meine eigene Sicherheit die Sicherheit der Menschen herstellen, die durch mich niemals in Gefahr waren.

Der Psychologe Resmaa Menakem schreibt in seinem Buch *My Grandmother's Hands: Racialized Trauma and the*

Pathway to Mending Our Hearts and Bodies,[*] wie normalisiert es ist, dass Menschen, die Rassismus erfahren, *weiße* Körper »schützen« und besänftigen müssen:

> »[V]iele von uns schützen und besänftigen für unsere eigene tatsächliche oder vermeintliche Sicherheit routinemäßig *weiße* Körper. Das machen wir auf unendlich viele Arten. In der Anwesenheit *weißer* Körper kleiden, sprechen und handeln viele von uns bewusst ›nicht bedrohlich‹. [...] Wenn wir mit *Weißen* sprechen, vermeiden wir möglicherweise sorgfältig Themen, von denen wir glauben, dass sie die Abwehr dieser Menschen auslösen könnten, wie zum Beispiel Ungleichheit, Unterdrückung, soziale Probleme und insbesondere Rassismus. [...] Wir versuchen, uns zu schützen, indem wir *Weiße* vor ihren eigenen Ängsten vor uns schützen. Für viele Afroamerikaner*innen wird diese geheime Absprache zur zweiten Natur, eine schützende, reflexartige Reaktion. So wie viele *weiße* Körper in Alarmbereitschaft gehen, wenn sie einen Schwarzen Körper in der Nähe wahrnehmen, gehen auch viele Schwarze Körper in Alarmbereitschaft, wenn sie sich in der Nähe eines *weißen* Körpers befinden. Aber hier gibt es einen Unterschied: Der *weiße* Körper verlagert sich tendenziell in den unmittelbaren Selbstschutz; der Schwarze Körper

* Übersetzung: *Die Hände meiner Großmutter: Durch Rassismus geschaffenes Trauma und der Weg, unsere Herzen und Körper zu heilen*

> jedoch ist daran gewöhnt, den *weißen* Körper als Selbstschutzstrategie zu beruhigen.«[81]

Die Zuschreibungen, aufgrund derer ich überhaupt in den beschriebenen Automatismus verfalle, wirken auch in Liebesbeziehungen. Ein Freund erzählte mir beispielsweise einmal von seiner irrationalen Sorge darüber, dass sein Partner, mit dem er zunächst in dessen Geburtsland zusammengelebt hatte, ihn in seiner Vorstellung nur heiraten wollte, um in Deutschland leben zu können. Eine, wie er heute selbst realisiert, rassistische Zuschreibung und ein Ausdruck seiner verinnerlichten Dominanz. Denn mit der Realität – die beiden sind seit vielen Jahren zusammen – hatte diese Angst wenig zu tun.

Dieser Stress ist eben nicht nur Stress von außen. Er findet sich, abhängig von unserer sozialen Position, auch in Liebesbeziehungen wieder. Mareice Kaiser beschreibt dieses Gefühl in ihrem Buch *Wie viel: Was wir mit Geld machen und was Geld mit uns macht* im Hinblick auf Klassismus eindrücklich:

> »Diesen Unterschied zwischen mir und anderen spüre ich oft. Und ich denke, es ist kein Zufall, dass alle Menschen, mit denen ich längere romantische Beziehungen geführt habe, nicht oder nur kurz studiert haben. Meistens hatten sie auch wenig Geld.
>
> Als das ein Mal anders war, habe ich mich ständig minderwertig gefühlt. Nicht, weil mir diese Person das Gefühl vermittelte. Aber ich fühlte mich einfach falsch. In einer Wohnung, in der teure Kunst hing. Bei

> Abendessen mit Freund*innen, die alle unglaublich gut und vermutlich teuer gekleidet waren. Bei Gesprächen über Künstler*innen, die ich gar nicht, und Urlaubsorten, die ich nur von Instagram-Fotos kannte. Zu der Zeit dieser Beziehung arbeitete ich in einem Bio-Supermarkt, um mir ein schlecht bezahltes journalistisches Praktikum leisten zu können. Die Klamotten, die ich bei der Arbeit an der Supermarktkasse trug, konnte ich nicht bei den Abendessen anziehen. Diese Beziehung war für mich der absolute Stress, ich habe sie deshalb nach kurzer Zeit beendet.«[82]

Sich falsch zu fühlen, sich anpassen zu müssen, beständig Sicherheit herstellen zu müssen, Teile der eigenen Identität und Realität unterschlagen zu müssen, damit andere Menschen sich »wohler« fühlen, ist kräftezehrend. Dieser Stress ist körperlich: Ich spüre an mir in solchen Momenten, wie meine Kehle sich zuschnürt, ich flacher atme, meine Schultern sich anspannen, manchmal das wütende Feuer in meinem Brustkorb, ab und an eine Schwere in der Magengrube und den verkrampften Kiefer. Es ist kein Zufall, dass Resmaa Menakem in *My Grandmother's Hands,* in dem er sich mit transgenerationalem Trauma im Zusammenhang mit Rassismus befasst, meist von »Schwarzen Körpern« und »*weißen* Körpern« schreibt. In seinem Buch beschäftigt er sich unter anderem auch mit der genetischen Manifestation von Rassismus und schlägt, weil Erfahrungen mit Unterdrückung sich körperlich auswirken, einen Umgang mit diesen Erlebnissen vor, der genau dort ansetzt: am Körper.

Tatsächlich bestätigt eine beständig zunehmende Zahl an Untersuchungen, dass Diskriminierungserfahrungen die physische und psychische Gesundheit betroffener Menschen negativ beeinflussen. So kommt etwa die Studie *Implications of the Association of Social Exclusion with Mental Health** aus dem Jahr 2020 zu dem Ergebnis, dass Menschen, die von Klassismus betroffen sind, unter anderem ein höheres Risiko für Depressionen haben.[83]

Die 2018 veröffentliche Untersuchung *Transphobia-Based Violence, Depression, and Anxiety in Transgender Women: The Role of Body Satisfaction*** kam zu dem Ergebnis, dass trans Frauen vor allem dann von Depressionen und Angststörungen betroffen waren, wenn sie einen erschwerten Zugang, etwa zu geschlechtsaffirmativer Hormontherapie, hatten.[84] Dieses Ergebnis ist wenig verwunderlich: Schließlich geht es hier um ein Gefühl von Sicherheit, eines, das für trans Frauen wenigstens im öffentlichen Raum dadurch hergestellt werden kann, wenn sie als cis Frauen wahrgenommen werden.

Zudem weisen Studien vermehrt nach, dass sich aus der anhaltenden Erfahrung von Unterdrückung epigenetische Modifikationen ergeben. Konkret bedeutet das, dass Stress, der durch Diskriminierungserfahrungen hervorgerufen wird, Einfluss darauf hat, wie unsere Gene sich äußern. Außerdem wird die konstante Belastung, die mit diesem Stress einhergeht, inzwischen mit einer erhöhten allostatischen Last assoziiert, sprich mit einer Überbeanspruchung des Körpers. Das heißt, der Stress, der sich etwa daraus ergibt, dass Menschen in ihrem Alltag mit Mikroaggression rechnen müssen – auch in Liebesbeziehungen –, führt zu einer schnelleren Abnutzung

* Übersetzung: *Auswirkungen des Zusammenhangs zwischen sozialer Ausgrenzung und psychischer Gesundheit*

** Übersetzung: *Transfeindliche Gewalt, Depression und Angst bei transgeschlechtlichen Frauen: Die Rolle der Körperzufriedenheit*

des Körpers. Beide Phänomene werden inzwischen oftmals bei Studien berücksichtigt, die zu »Minority Stress«, also »Minderheitenstress«, forschen.* Minority Stress – zu diesem Ergebnis kommen inzwischen einige Untersuchungen – kann potenzielle biologische Folgen wie Herz- und Krebserkrankungen mit sich bringen.[85]

Ich selbst weiß, wie sich »Race-Based Traumatic Stress«, sprich »rassismusbasierter traumatischer Stress«, anfühlt und wie sich eine solche Episode auf Liebesbeziehungen auswirken kann. Unter Race-Based Traumatic Stress – der Begriff wurde von Robert T. Carter, einem emeritierten Professor der Psychologie, geprägt – wird eine Verletzung verstanden, die eine Konsequenz aus dem Erleben von Rassismus ist. Diese Verletzung wird nicht als mentale Erkrankung betrachtet, sondern als direkte Reaktion auf Rassismuserfahrungen und kann sich etwa anhand von Panikattacken, Angstzuständen, Depressionen, Schlafstörungen oder Appetitlosigkeit äußern. Eine solche Episode zu durchleben und gleichzeitig eine intime Beziehung aufrechtzuerhalten, ist schier unmöglich. Ich erinnere mich, wie mein Gehirn in solch einer Situation einmal auf Hochtouren lief und ich mir selbst in dem Versuch, mich zu schützen, immer mehr Stress verursachte – denn als Schwarze Person weiß ich, dass es für mich keinen tatsächlichen Schutz vor Rassismus geben kann. Gleichzeitig war die Beziehung, in der ich mich damals befand, in wesentlichen Teilen von meiner emotionalen Arbeit abhängig – eine Arbeit, die zu leisten

* Anmerkung: Der Begriff »Minority Stress« wurde bereits in den 1980er-Jahren durch Winn Kelly Brooks geprägt, die zu diesem Zeitpunkt die Gesundheit lesbischer Frauen beforschte. Das zu benennen, erscheint mir deshalb wichtig, weil diese Formen des Stresses, der aktuell mehr erforscht wird, schon seit mindestens vierzig Jahren untersucht werden.

ich zu dieser Zeit nicht imstande war. Für mich bedeutete das, dass ich nicht nur für mich selbst kaum Kapazitäten hatte, sondern im Grunde auch für meine Beziehung nicht. Das Gefühl der Unsicherheit, das ich damals permanent mit mir herumtrug und das sich darin äußerte, dass ich weder schlafen noch essen konnte und Panikattacken sowie eine depressive Episode hatte, führte dazu, dass ich schließlich gar nichts mehr fühlte. »Weird« – anders kann ich diesen Zustand nicht beschreiben. Jacek Kolacz, der als Teil einer Forscher*innengruppe im Rahmen des Kinsey Institute Traumatic Stress Research Consortium die Auswirkungen von traumatischem Stress auf das Sozialverhalten, die Sexualität und intime Beziehungen untersucht, fasste im Interview mit mir zusammen, was auch ich erlebt habe:

> »Der Hauptkonflikt, der auftritt, wenn wir über Trauma im Kontext von Beziehungen sprechen, ist, dass Beziehungen ein gewisses Maß an Sicherheit und Verletzlichkeit brauchen. Menschen, die ein Trauma erlebt haben – oder es immer noch durchleben –, haben jedoch Schwierigkeiten mit der Fähigkeit, sich sicher zu fühlen und sicher mit anderen Menschen zu kommunizieren. Damit kann Trauma negative Auswirkungen auf Beziehungen haben.«

Zugegeben, nicht alle Menschen, die eine oder mehrere der vielen Formen von Diskriminierung erfahren, sind akut von den verschiedenen genannten Auswirkungen von Minderheitenstress oder traumatischem Stress betroffen. Allerdings ist die Tatsache, dass Unterdrückung physische und psychische Folgen haben kann, für uns trotzdem relevant, denn ein bedeutsamer

Aspekt, der im Rahmen von systematischer Unterdrückung immer wieder behauptet wird, ist die vermeintliche Trennung zwischen Körper, Geist und Gefühlen. Diese Fiktion – tatsächlich sind wir immer alle unsere Teile, nie nur einer – erhält Systeme der Unterdrückung aufrecht, denn sie wurde geschaffen, um jene abzuwerten, die Unterdrückung erfahren, und so die Position der privilegierten Gruppe zu stärken. *Weißen* Arbeiter*innen und Schwarzen Menschen etwa wurden in diesem Zusammenhang jegliche geistigen Fähigkeiten abgesprochen. Sie wurden auf ihre Körper reduziert, und auf diese Weise wurde ihre Ausbeutung gerechtfertigt. Gleichzeitig werteten sich *weiße* bürgerliche Menschen auf, indem sie für sich beanspruchten, was sie »den anderen« absprachen: die Seele und den Geist.

In gewisser Weise ist diese Trennung auch in unserem Umgang mit Unterdrückung präsent: Es gibt viele Angebote, die sich, ähnlich wie es in der Schule geschieht, mit den unterschiedlichen Formen von Diskriminierung befassen. In solchen Kontexten werden zum Beispiel Selbstbezeichnungen erklärt oder auch die strukturelle Wirkweise von verschiedenen Formen der Diskriminierung, etwa von Cissexismus. Allerdings wird oft noch zu wenig Raum für das körperliche und emotionale Erleben und Lernen geschaffen, das mit solchen Lernprozessen ebenfalls einhergeht.

Für Liebesbeziehungen hat das in vielerlei Hinsicht Bedeutung: In unseren engsten Beziehungen machen wir uns verletzlich und nackt, unsere Intimität baut auf Nähe auf. Hier leben wir die vielen möglichen Formen von Emotionalität und Körperlichkeit auf Arten aus, wie wir es im öffentlichen Raum nicht tun. In gewisser Weise steigt dadurch unser Verletzungsrisiko. Es macht etwas anderes mit mir, auf offener

Straße beleidigt zu werden oder eine Mikroaggression zu erfahren, als wenn das in einem von mir selbst gewählten Raum geschieht. Wie sich die Normalität von Unterdrückung, etwa die unbedachte Abwertung des Erlebens von Diskriminierung, in Liebesbeziehungen anfühlt? Ich spreche aus eigener Erfahrung: Wenn es zu so einem Vorfall kommt, ist es für mich, als würde ich im Beisein meiner Beziehungsperson ein Glas Säure trinken – und zwar ohne deren Wissen. Von außen betrachtet ist es nur eine klare, unverdächtige Flüssigkeit, in meinem Inneren frisst sich das Gift jedoch brennend wie Feuer durch meine Speiseröhre. Neben der ursprünglichen Diskriminierungserfahrung, die ich hatte teilen wollen, entsteht in solchen Situationen zusätzlicher Stress dadurch, dass ich einen Weg finden muss, um meinem Gegenüber zu erklären, was genau an dieser Erfahrung nun diskriminierend war. Manchmal fühle ich in solchen Momenten dumpfe Ermüdung über die Last, die ein Machtgefälle in einer Beziehung mit sich bringen kann. Manchmal auch Desillusionierung: Denn solche Erfahrungen beweisen schließlich, dass Sicherheit nirgendwo existiert. Letzteres beschreibt auch die Fachärztin für Psychiatrie und Psychotherapie Amma Yeboah. Sie veranschaulicht die Effekte von Mikroaggressionen in unseren intimen Beziehungen:

> »Selbst im eigenen Zuhause werden, über Angehörige, direkte und indirekte Zurückweisung und soziale Tötung erlebt. Auch bei psychischer Stabilität bedeutet dieser Umstand Unberechenbarkeit und Gefahr.«[86]

So, wie ich meine Erfahrung oben beschreibe, mag es wie eine Allegorie erscheinen, ein Sinnbild für mein körperliches

Erleben. Das ist es jedoch nicht. Ich beschreibe mein tatsächliches körperliches und emotionales Empfinden. Was in diesen Momenten in meinem Körper seinen Ausdruck findet, ist das Wissen, dass Machtdifferenzen in Beziehungen, die zu meinen Ungunsten ausfallen, nur die Verletzung meiner Person zur Folge haben können, nie die der anderen Person. Es ist, wie Yeboah beschreibt, bleibende Unsicherheit in einem Raum, der sich doch gerade durch Sicherheit auszeichnen sollte.

Und es ist nicht nur Unsicherheit, sondern auch unsichtbare Arbeit. Ich möchte hier noch einmal den Fokus auf den letzten Satz des Zitats von Resmaa Menakem richten, denn für Beziehungen, in denen eine Machtdifferenz vorliegt, ist er wesentlich: »Der *weiße* Körper verlagert sich tendenziell in den unmittelbaren Selbstschutz; der Schwarze Körper jedoch ist daran gewöhnt, den *weißen* Körper als Selbstschutzstrategie zu beruhigen.«[87] Während privilegierte Menschen also sich selbst verteidigen, versuchen Menschen, die benachteiligt werden, Sicherheit dadurch herzustellen, dass sie privilegierte Menschen vor einer Auseinandersetzung mit ihrem eigenen Selbst- und Weltbild beziehungsweise ihren Privilegien bewahren. Beides sind selten bewusste Prozesse, sondern Affekte, die automatisch ablaufen.

Ich muss dabei spontan an eine Anekdote denken, die mir eine Freundin erzählt hat: Sie und ihr Partner hatten vereinbart, dass er die Wäsche abhängen würde. Er hatte es vergessen, und sie wies ihn indirekt mit folgenden Worten darauf hin: »Du hast sicherlich noch nicht bemerkt, dass die Wäsche trocken ist. Ich habe auch vergessen, dich daran zu erinnern, dass du die Wäsche abnehmen kannst.« Tatsächlich hatte sie es nicht vergessen, sondern er hatte seine Aufgabe vergessen. Trotzdem wollte sie ihm das nicht so sagen und übernahm lieber einen Teil der Verantwortung selbst. Das ist emotionale Arbeit, die neben einem Umgang mit den eigenen Diskriminierungserfahrungen im Alltag oftmals unsichtbare Beziehungsarbeit ist. Meine Freundin weiß, dass mit dem Herstellen von Harmonie eine Verschiebung stattfindet, die ihren Partner vor einer Konfrontation schützt. Sie weiß auch, dass sie in solchen Momenten zwischen der Aufrechterhaltung der Verhältnisse oder einer – meist unproduktiven – Auseinandersetzung wählen muss.

Diese Beziehungsarbeit ist auch ein Resultat dessen, was der Philosoph und Soziologe W. E. B. Du Bois in seinem Werk *The Souls of Black Folk** 1903 erstmals unter dem Begriff »Double Consciousness«, also »doppeltes Bewusstsein«, fasste:[88] Mit der Wortpaarung beschrieb er das Bewusstsein Schwarzer Menschen in den USA, die sich nicht nur als Agierende, sondern gleichzeitig aus der mit rassistischen Zuschreibungen verknüpften Perspektive *weißer* Menschen wahrnehmen. Eine Überlebensstrategie, die an das anknüpft, was Resmaa Menakem im Hinblick auf die Besänftigung *weißer* Körper beschreibt. Amy C. Steinbugler, die eine qualitative Untersuchung von lesbischen, schwulen und heterosexuellen Paaren durchführte, die jeweils aus einer Schwarzen und einer *weißen* Person bestanden, bemerkt dazu: »[Diese Strategie] ist sowohl eine Last als auch ein Geschenk. Sie schafft eine schmerzhafte psychologische Dualität, aber sie stellt auch eine Form von Macht dar – die Macht, die daraus entsteht, sich selbst so sehen zu können, wie man für andere erscheint.«[89] Für Liebesbeziehungen, in denen Menschen unterschiedliche Zugänge zu gesellschaftlicher Macht haben, bedeutet das, dass eine Person

* Deutsche Fassung erschienen unter dem Titel: *Die Seelen der Schwarzen*

sich und die Beziehung aus mehreren Perspektiven gleichzeitig betrachtet und reflektiert, während die andere Person, die privilegiert ist, das entweder nicht tut oder nur punktuell dort, wo sie sich dieses Umstandes bewusst ist.

In meinem Fall hieß das manchmal, dass meine Sicherheit, etwa wenn es um die Planung eines Urlaubs ging, ausgeblendet wurde, so als könnte ich mich genauso durch die Welt bewegen wie ein weißer hetero-cis Mann. Andere Male wurde der Umstand, dass ich während des Studiums einem meiner vielen Jobs nachgehen musste und deshalb abends nicht mit in eine Bar kommen konnte, als persönlicher Boykott allem gegenüber ausgelegt, was Spaß machte. Der Unterschied liegt in der Perspektive: Weil Privilegien als »normal« wahrgenommen werden, werden sie meist als Realität für *alle* Menschen generalisiert – das hat, wie in meinem Fall, manchmal wenig mit den tatsächlichen Lebensumständen einer Person zu tun. Die eigene privilegierte Perspektive auf die Welt, selbst wenn sie hinterfragt wird – ich denke hier auch an die Untersuchung von Ann-Madeleine Tietge zur Reproduktion von Männlichkeit –, bleibt erhalten.

Mir kommt in diesem Zusammenhang etwas in den Sinn, das der Aktivist und Autor Raúl Aguayo-Krauthausen im Gespräch über seine aktuelle Beziehung sagte:

> »Ich habe sehr lange geglaubt, dass der heilige Gral der Inklusion eine interabled Beziehung* ist. Gleichzeitig war mir klar, dass immer was fehlen würde,

* Der Begriff »interabled Beziehung« meint eine Beziehung zwischen einer be_hinderten Person und einer ohne Be_hinderung.

> also es immer eine Art Ungleichheit geben würde. Und bei meinen Beziehungen war es oft so.
>
> Erst seit zwei oder drei Jahren realisiere ich, was für ein Wert das überhaupt ist, mit einer Person zusammen zu sein, die die gleichen Anforderungen an den Alltag hat. Ganz banal Barrierefreiheit: Alles, was wir machen, von A nach B, muss barrierefrei sein. Und ich bin nicht der Grund, weswegen umgeplant werden muss.«

Das, was Aguayo-Krauthausen beschreibt und was für ihn im Alltag eine Erleichterung darstellt, ist die Tatsache, dass er nicht allein einen Umgang mit seiner Realität, die eben auch von der Erfahrung mit Ableismus beeinflusst wird, finden muss. Ich verstehe das gut und kenne den Wunsch nach Solidarität in der eigenen Liebesbeziehung von mir selbst wie auch von anderen. Dieser Wunsch ist deshalb für viele Menschen von so großer Bedeutung, weil sie die Erfahrung machen, dass ihre Unterdrückung mitsamt ihren Auswirkungen in Liebesbeziehungen nicht genügend berücksichtigt wird. Schließlich ist es mehrfach ermüdend – und ich meine hier auch eine physische und psychische Erschöpfung –, die vielfachen Konsequenzen von Unterdrückung auch innerhalb einer Beziehung tragen zu müssen. Deshalb möchte ich hier die Frage in den Raum stellen – ohne sie beantworten zu können oder zu wollen: Was würde es für unsere Beziehungen bedeuten, wenn wir eine intersektionale Perspektive auf Gleichberechtigung, eine, die jene in den Fokus rückt, die am stärksten von Ausgrenzung betroffen sind, zur Grundlage unseres Handelns machen würden? Was würde geschehen, wenn wir uns an den Möglichkeiten derer orientieren würden, die am wenigsten privilegiert sind – und zwar nicht beruhend auf unserer Annahme davon, wie das aussehen sollte, sondern beruhend auf *deren* eigenen Ansichten?

Wer wir in der Liebe sind und sein können, wie uns begegnet wird, wie wir Partner*innen begegnen, welche Optionen wir haben, Interessen zu vertreten, oder mit welchen alltäglichen Sorgen wir umgehen müssen, hängt ganz wesentlich davon ab, wie wir im Hinblick auf die verschiedenen Formen von Diskriminierung positioniert sind. Dieser Umstand und die Tatsache, dass unser gesamtes Erleben so maßgeblich von sozialer Ungleichheit strukturiert wird, müssen in die Art und Weise, wie wir Beziehungen führen, einfließen.

Weil alle Teile von uns so untrennbar mit Unterdrückung verbunden sind, brauchen wir dringend Ansätze, die über eine formale Bildung zu Diskriminierung hinweg auch unsere Körper und unsere Gefühle mitdenken. Anders ausgedrückt: Ein Eintreten gegen Diskriminierung in unseren Liebesbeziehungen ist immer auch emotionale Bildung – aktives Sich-Bilden –, ist immer auch emotionales Verstehen, ist immer auch Achtsamkeit für unser physisches Erleben. Wenn wir mit jeder Pore unseres Seins in strukturelle Ungleichberechtigung eingebettet sind, wird ein Umgang mit dieser, der ausschließlich auf der intellektuellen Ebene stattfindet, zum Beispiel dadurch, dass wir aus Büchern über Diskriminierung lernen, nicht nachhaltig zu einer Veränderung unseres Handelns beitragen. Denn dieser einseitige Fokus, der die künstliche Spaltung unseres Seins nicht hinterfragt, sondern wiederholt, kann dem Ausmaß unseres Erlebens von Machtverhältnissen niemals gerecht werden. Was wir wirklich brauchen, sind Wege, um mit dem emotionalen wie körperlichen Erleben von Unterdrückung in all seinen denkbaren Facetten umzugehen – auch in Liebesbeziehungen. Wir müssen lernen, etwa mit Blick auf die Teile von uns, anhand derer wir unterdrückt werden, mehr Raum einzunehmen oder hinsichtlich unserer Privilegien einen Umgang mit unseren Affekten zu finden, der nicht der Trennung, sondern der Verbundenheit verpflichtet ist.

Fürsorge

Unsere innere Arbeit kann in Anbetracht der ganzheitlichen Vereinnahmung, die wir als Menschen durch Diskriminierung erfahren, kein bloßes intellektuelles Lernen über Diskriminierung sein. Die Grenzen unseres kognitiven Lernens sind, wenn wir uns mit Unterdrückung befassen, recht schnell erreicht. Zugegeben ist das Wissen darum, wie Diskriminierung in den verschiedensten Situationen funktioniert – auch durch uns –, grundlegend, aber wir müssen alle anderen Teile von uns ebenfalls mitdenken. Wie können wir also unsere Gefühle und unser körperliches Erleben als wesentliche Bestandteile in diesem Prozess berücksichtigen?

Es ist wohl nicht notwendig, dass ich darauf verweise, dass es auf derart komplexe Fragen keine simplen Antworten geben kann. Allerdings möchte ich trotzdem zwei Aspekte aufwerfen. Das sind zum einen die Bedeutung von Disability Justice und zum anderen eine persönliche wie geteilte Praxis der Reflexion und des Austausches.

Ersteres finde ich für unsere Überlegungen zu Gerechtigkeit und Liebe sehr wichtig, denn bei Disability Justice geht es unter anderem darum, Fürsorge und den Zugang dazu zu normalisieren. Aus dieser intersektionalen Perspektive betrachtet orientiert sich Fürsorge an jenen, die in vielfacher

Weise marginalisiert werden. Wenn wir erkennen können, dass unser Erfahren von Unterdrückung auch ein körperliches und emotionales Erleben beinhaltet, das Folgen für die mentale und körperliche Gesundheit haben kann, dann erscheint es mir einleuchtend, diese Prämisse von Disability Justice auch auf den hier untersuchten Kontext anzuwenden.

Die Autorin und Aktivistin Imani Barbarin, die sich auf ihrem Blog und ihrem Instagram-Kanal mit verschiedenen Facetten von Ableismus befasst, verdeutlicht in einem Sketch, wie vielfältig die Belange von Disability Justice sind. In ihrem Video geht sie auf eine imaginäre Person ein, die sagt, dass sie keine Beziehung mit Menschen mit Be_hinderung eingehen wolle. Barbarin, die beide Seiten der Konversation mimt, erläutert daraufhin, warum das sehr einsam werden könnte:

> »Denken Sie darüber nach, dass 20 bis 25 Prozent der Bevölkerung eine Behinderung haben. Die Hälfte der Haushalte hat eine bereits bestehende Erkrankung. Dazu kommt noch die Polizeigewalt, die zwar nicht alle tot, aber auch viele Menschen be_hindert zurücklässt. Dann ist da noch COVID, wir durchleben COVID, Herztransplantationen, Nierenversagen, Amputationen. [...] Wenn du eine Person findest, fragst du dich, ob sie dich für den Rest ihres Lebens anlügen wird, weil sie dir ihre Diagnose nicht anvertraut.«[90]

Damit veranschaulicht Barbarin, dass für Disability Justice nicht ausschließlich sichtbare Be_hinderungen bedeutsam sind. Das Spektrum ist deutlich größer und umfasst etwa auch Menschen mit chronischen oder psychische Krankheiten sowie Personen, die neurodivers sind. Patty Berne schreibt dazu passend: »Be_hindertengerechtigkeit als Konzept versteht, dass alle Körper einzigartig und unverzichtbar sind, dass alle Körper Stärken und Bedürfnisse haben, die erfüllt werden müssen.«[91] Dabei steht nicht nur im Fokus, dass Körper und körperliches Erleben individuell sind, sondern auch, dass wir alle unterschiedliche Bedürfnisse haben. Stan Tatkin, der aus bindungstheoretischer Perspektive auf Liebesbeziehungen blickt, bemerkt dazu in seinem Buch *Wired for Love: How Understanding Your Partner's Brain and Attachment Style Can Help You Defuse Conflict and Build a Secure Relationship:*[*]

> »Verpflichte dich dem Sicherheitsgefühl der Person, mit der du zusammen bist, und nicht nur deiner Vorstellung davon, wie dieses aussehen sollte. Was dir ein Gefühl von Sicherheit und Geborgenheit gibt, ist vielleicht nicht das, was diese Person von dir erwartet.«[92]

Diese Beobachtung ist grundlegend für uns, wenn wir innerhalb unserer Partner*innenschaften einen Raum kreieren wollen, der die unterschiedliche Betroffenheit von Diskriminierung mit ihren verschiedenen Konsequenzen für unser Sein anerkennt. Schließlich hängen unsere Bedürfnisse auch davon ab, wie und welche Formen von Unterdrückung wir in unserem Leben erfahren.

Mit radikaler Fürsorge als machtkritische Praxis der Liebe geht gezwungenermaßen einher, dass wir uns als voneinander abhängige Wesen betrachten, und zwar nicht nur in

---

* Übersetzung: *Für die Liebe gemacht: Wie du Konflikte lösen und sichere Beziehungen aufbauen kannst, indem du das Gehirn und den Bindungstyp deiner Beziehungsperson verstehst*

Liebesbeziehungen. Das bedeutet auch, dass wir, wenn wir uns der Fürsorge verpflichten, eine kollektive Verantwortung wahrnehmen, die so, wie etwa Erich Fromm es im Hinblick auf Liebe schreibt, nicht nur für eine einzelne Person bestimmt sein kann. Diese kollektive Verantwortung umfasst ein grundsätzliches solidarisches Handeln und Achtsamkeit gegenüber den unterschiedlichen körperlichen, geistigen und emotionalen Auswirkungen, die Privilegierung und Deprivilegierung mit sich bringen. Ein solches Handeln ist dabei nicht entgrenzt oder ziellos oder bedeutet in alle Richtungen das Gleiche. Das kann es nicht, denn ein Handeln gegen Unterdrückung kann nicht unterdrückerische Interessen ins Zentrum stellen oder sie tolerieren, sondern muss sie grundsätzlich hinterfragen – in Liebesbeziehungen müssen wir das entsprechend auch an uns selbst tun.

Reflexionsfragen

Wie im Kapitel zuvor habe ich an dieser Stelle einige Fragen zur Reflexion für dich gesammelt. Sie greifen die inhaltlichen Aspekte dieses Kapitels auf und sind hinsichtlich der möglichen unterschiedlichen Anteile von Identität, sprich Marginalisierung und Privilegien, gegliedert. Die Fragen des ersten Teiles kannst du unabhängig von deiner sozialen Position für dich beantworten.

Fragen zur Reflexion:

- Was bedeutet »Fürsorge« für dich? Wie ist dein Verständnis von Fürsorge durch deine Sozialisierung geprägt?
- Wann und wie kannst du mit den Anforderungen brechen, die deine soziale Position mit sich bringen? Welche Bedeutung hat das für eine Praxis der Fürsorge?

- Wie kann eine Praxis der Fürsorge, die die unterschiedlichen – körperlichen und emotionalen – Bedürfnisse mitdenkt, aussehen? Was könnten die Ziele dieser Praxis sein?
- Wie könnte Fürsorge Teil des Alltags werden? Wo ist sie es vielleicht schon?
- Wie kannst du dazu beitragen, nicht in unterdrückerische Muster* zu verfallen?
- Was braucht es dafür, dass du fürsorglich sein kannst und Fürsorge annehmen kannst?
- Wie kann Fürsorge Spaß machen?

Fragen mit Blick auf Marginalisierung:

- Welche Muster im Hinblick auf Unterdrückung nimmst du an dir mit Blick auf Fürsorge in Liebesbeziehungen wahr? Wann kannst du sie unterbrechen? Was bestärkt dich dabei?
- Welche Muster im Hinblick auf Unterdrückung nimmst du an dir mit Blick auf Beziehungsarbeit in Liebesbeziehungen wahr? Wann kannst du sie unterbrechen? Was bestärkt dich dabei?
- Welchen Einfluss hat deine Erfahrung mit Ausgrenzung darauf, wie viel Raum du anderen in Beziehungen zugestehst? Achtest du dabei auch auf dich?

---

* Anmerkung: Hier geht es darum, Machtdynamiken im Blick zu behalten, etwa dass Frauen und Femmes mehr Fürsorge leisten, als sie erhalten, dass angenommen wird, dass be_hinderte Menschen keine Fürsorge anbieten können, oder dass die Vorstellungen *weißer* Menschen hinsichtlich Fürsorge verallgemeinert werden.

- Wie äußert sich die Erfahrung mit Diskriminierung körperlich? Wann und wie spürst du sie? Was hilft dir, in einen ausgeglichenen Zustand zu gelangen?
- Wann fühlst du dich emotional und körperlich sicher in Liebesbeziehungen? Was trägt dazu bei, dass du dich sicher fühlst? Teilst du das mit?

Fragen mit Blick auf Privilegien:
- Welche Muster hinsichtlich deiner Privilegien nimmst du an dir mit Blick auf Fürsorge in Liebesbeziehungen wahr? Wann kannst du sie unterbrechen? Was bestärkt dich dabei?
- Welche Muster hinsichtlich deiner Privilegien nimmst du an dir mit Blick auf Beziehungsarbeit in Liebesbeziehungen wahr? Wann kannst du sie unterbrechen? Was bestärkt dich dabei?
- Welchen Einfluss haben deine Privilegien darauf, wie viel Raum du anderen in Beziehungen zugestehst? Wann und wie kannst du mehr Raum schaffen?
- Wie äußern sich deine Privilegien körperlich? Wann und wie spürst du sie? Wie kannst du dich selbst regulieren?
- Wann fühlt sich deine Beziehungsperson emotional und körperlich sicher? Wie kannst du dazu beitragen, dass sie sich sicher fühlt? Fragst du nach?

Konflikt

Round one: Fight!

Ich kenne sie von mir selbst, diese Konflikte, von denen wie bei einem frischen Mückenstich ein Juckreiz ausgeht, der es schier unmöglich macht, nicht wieder und wieder daran zu kratzen. Solche Streitsituationen können durch alles Mögliche ausgelöst werden. Streit – das bestätigen die Forscher*innen des Gottman Institute, die über Jahrzehnte hinweg Liebesbeziehungen untersucht haben – ist unausweichlich. Tatsächlich – das ist eines ihrer Forschungsergebnisse – sind 69 Prozent aller Beziehungskonflikte solche, die nicht nachhaltig lösbar sind, sondern unsere Beziehung dauerhaft begleiten. Sie werden unterschieden von Konflikten, die lösbar sind und auf lange Sicht keine tiefere Bedeutung für die Beziehung haben. Konflikte der letzteren Kategorie machen sich oft an einem bestimmten Thema fest, dabei kann es etwa um Sorgearbeit, den Umgang im Freund*innenkreis oder Freizeitgestaltung gehen. Im Kontext von Liebesbeziehungen kann für solche Probleme eine Lösung gefunden werden – wird diese beibehalten, ist der Konflikt gelöst. Probleme, die Bestand haben, sind hingegen solche, die auf Unterschieden in der Persönlichkeitsstruktur, den eigenen Wertvorstellungen und Ansichten der Beziehungspersonen beruhen – und ich füge hinzu: auch unterschiedlichen Zugängen zu gesellschaftlicher Macht. Letztere Unterschiede – für uns im Zentrum stehen vor allem Fragen zu struktureller Diskriminierung – können in lösbaren Konflikten ausagiert werden beziehungsweise treten oft anhand scheinbar lösbarer Konflikte in Erscheinung. Einem solchen vermeintlich lösbaren Konflikt kann allerdings ein tiefer liegendes Problem zugrunde liegen, das im Laufe der Beziehung immer wieder in Form verschiedener Streitsituationen zutage tritt. Außerdem: Was in der einen Beziehung ein lösbarer Konflikt ist, bleibt in einer anderen Partner*innenschaft ein beständiger Streit.[93]

Der Hauptunterschied zwischen Partner*innenschaften, die glücklich sind, und denen, die es nicht sind, besteht nach den Studien des Instituts nicht darin, dass Menschen in glücklichen Beziehungen keinen Streit haben. Auch Menschen in erfüllenden Liebesbeziehungen haben Konflikte, schreien sich an, ziehen sich voneinander zurück, nehmen eine verteidigende Haltung gegeneinander ein und gehen zwischenzeitlich alles andere als wohlwollend miteinander um. Was sie allerdings von weniger zufriedenen Partner*innenschaften unterscheidet, ist, dass die Menschen innerhalb der Beziehung bereit sind, Verantwortung für ihren Anteil am Konflikt zu übernehmen – das greife ich später noch einmal auf. Die Motivation, sich für die Beziehung einzusetzen, ist damit höher als der Drang, einen Streit »gewinnen« zu wollen. Hinzu kommt, dass der Fokus bei glücklicheren Beziehungen auf der Reparatur der Beziehung und weniger stark auf dem Problem liegt, das den Konflikt ausgelöst hat. Das Gottman Institute fand zudem heraus, dass ein Reparaturversuch nach einem Streit dann erfolgreich ist, wenn dieser aufrichtig ist – es geht in diesem Zusammenhang also weniger darum, besonders geschickt zu sein, noch darum, einen »perfekten« Reparaturversuch auszuführen.[94]

Diese Ergebnisse sind auch für uns bedeutsam, denn sie verdeutlichen: Es hilft uns nicht, lediglich unsere Privilegien zu »checken«. Wir müssen auch darüber hinaus in der Lage dazu sein zu erkennen, dass die aus diesen Privilegien resultierende Haltung – etwa wenn wir darauf beharren, »recht zu haben« – ein Symptom verinnerlichter Dominanz sein kann. Damit meine ich keineswegs jegliches Verhalten, das als gesellschaftlich dominant wahrgenommen wird, etwa wenn eine Person klar gegen die eigene Diskriminierung eintritt. Ich meine ein Verhalten, das uns überhaupt erst durch unsere sozial machtvolle Position möglich wird. Verinnerlichte Dominanz kann sich darin äußern, dass eine Person in Konflikten mehr Raum einnimmt, mehr spricht oder denkt, die eigenen Entscheidungen seien automatisch die »richtigen«. Wie gesagt: Unsere Privilegien erscheinen uns als »normal«, wir generalisieren sie und nehmen an, dass die Realität der Menschen um uns herum genauso aussieht wie unsere eigene. Darüber verpassen wir jedoch die Gelegenheit, empathisch und achtsam zu sein, wir verpassen die Gelegenheit, uns miteinander zu verbinden. Auf der anderen Seite trägt internalisierte Marginalisierung dazu bei, dass wir – dazu gleich mehr – in Konfliktsituationen nicht für unsere Interessen und Bedürfnisse eintreten, unsere Grenzen nicht wahren. Im Grunde ist auch das – wenn auch aus völlig anderen Gründen und mit grundlegend anderen Konsequenzen – der Abbruch tatsächlicher Verbundenheit. Denn Verbundenheit setzt voraus, dass wir uns als Menschen authentisch begegnen. Was ich bemerkenswert finde, ist, dass – soweit ich das anhand meiner Recherche nachvollziehen kann – es kaum Fachliteratur über die Bedeutung von struktureller Ungleichberechtigung für Konflikte in Liebesbeziehungen gibt. Dabei scheint es mir so, als seien viele zentrale Streitthemen – sei es Geld, Arbeit oder auch Beziehungsarbeit – durchzogen von »Macht über«-Dynamiken. Wie gesagt: Die Anteile unserer Position, die mit Macht ausgestattet sind, stehen Verbundenheit stärker im Weg als jene, die es nicht sind.

Ich persönlich habe Konflikte in Beziehungen selten als schön, grundsätzlich aber als wichtig empfunden. Konflikte sind, wenigstens für mich, die Momente in einer Partner*innenschaft, in denen ich das »Ich« und das »Du« im »Wir« klar unterscheiden kann und wahrnehme, dass es irgendwo hakt. Gleichzeitig bieten Auseinandersetzungen das Potenzial, in Liebesbeziehungen miteinander zu wachsen und damit gestärkt aus den Konflikten hervorzugehen. Allerdings nehme ich auch wahr, dass vieles von dem, was ich in den beiden vorherigen Kapiteln aufgegriffen habe, auch im Zusammenhang mit Konflikten eine Rolle spielt: Wie viel Raum gestehen wir unserem emotionalen Erleben zu beziehungsweise wie viel Raum wird ihm zugestanden? Welche Emotionen werden uns je nach eigener gesellschaftlicher Positionierung regelhaft zugeschrieben, und auf welche wird reagiert? Welchen Umgang haben wir für uns mit Blick auf unsere soziale Position in der Gesellschaft gefunden? Übernehmen wir unsichtbare Beziehungsarbeit, etwa weil wir gelernt haben, dass es Teile an uns gibt, Emotionen, die wir fühlen, die vermeintlich inakzeptabel sind? Haben wir gelernt, dass wir uns in alltäglichen Interaktionen bemühen müssen, damit andere Menschen sich mit uns »sicher« fühlen? All das sind Aspekte, die auch im Rahmen von Auseinandersetzungen in Liebesbeziehungen relevant sind und die uns in unseren Beziehungen begleiten und sie beeinflussen.

Konflikte, die uns begleiten

Ich lehne mich mal extraweit aus dem Fenster und behaupte, dass bei einem beachtlichen Teil der Konflikte in Liebesbeziehungen Unterdrückungsdynamiken eine Rolle spielen. Werfen wir also einen Blick auf die Auseinandersetzungen, die wir scheinbar immer und immer wieder führen, und die

Muster, die an ihnen deutlich werden: Wenn wir uns streiten, dann ist die Gesellschaft, dann sind gesellschaftliche Verhältnisse immer mit von der Partie. In Konfliktsituationen nutzen wir mal mehr, mal weniger bewusst die Teile unserer Identität, die mit mehr Macht ausgestattet sind, und richten sie wie Speerspitzen gegen unsere Lieblingsmenschen. Unschön, ich weiß.

»Macht über« – darauf haben wir hinsichtlich unserer Sozialisierung und unseres emotionalen und körperlichen Erlebens einen Blick geworfen – findet sich in vielerlei Hinsicht auch in Streitsituationen wieder. Ich schreibe absichtlich *auch*, weil ich, etwa in Diskussionen, oft den Eindruck habe, dass davon ausgegangen wird, dass sie sich vor allem dort zeigt. Das ist – das zeigen die vorangegangenen Kapitel – jedoch nicht der Fall. Diskriminierung ist strukturell, eben weil sie normalisiert ist, weil sie alles durchzieht – auch uns, bis in unseren Kern.

Unsere Anpassung an die gesellschaftliche Normalität von »Macht über«-Beziehungen äußert sich in Konfliktsituationen auf vielfältige Weise: Sie zeigt sich darin, dass Unterdrückung Gegenstand des Streites ist, häufiger – das ist meine Erfahrung – ist sie jedoch nicht Thema des Konfliktes, sondern begleitet die gesamte Beziehung von Grund auf. Die Autorin und Aktivistin Emilia Roig veranschaulicht in ihrem Buch *Why We Matter*, dass patriarchale Strukturen in heterosexuellen Liebesbeziehungen zwar normal sind, allerdings oft nicht aus einer machtkritischen Perspektive betrachtet werden:

> »Liebesgefühle, emotionale Verbundenheit und Abhängigkeit vermischen sich mit Machtdynamiken und machen sie unsichtbar. Ich würde sogar behaupten,

> dass die überwiegende Mehrheit der Frauen, die täglich in patriarchalen Beziehungen unterdrückt werden, sich dessen nicht bewusst ist. Eher wird von ›Beziehungsschwierigkeiten‹ gesprochen und dabei ignoriert, dass diesen ein gesellschaftliches System zugrunde liegt.«[95]

Mich erinnert das an meine ersten Beziehungen mit hetero-cis Männern, in denen ich durchaus wahrnehmen konnte, dass die Punkte, die meine Freundinnen und mich beschäftigten – und ehrlich gesagt auch total nervten –, nicht nur zufällige Gemeinsamkeiten waren. Dazu gehörte, dass wir früh erkannten, dass wir mehr Beziehungsarbeit leisteten als unsere Partner, etwa indem wir ihnen emotionalen Beistand leisteten, den wir selbst nicht bekamen. Dazu gehörte auch, dass es für unsere Partner selbstverständlich war, sich Freiheiten zu nehmen – auch ohne das zu kommunizieren –, die sie uns nicht oder nur nach unermüdlicher Diskussion zugestanden. All diese Dinge, die wohl unter die vom Gottman Institute beschriebenen 69 Prozent der unauflösbaren Konflikte fielen, hatten in der Regel zur Konsequenz, dass sich unsere Beziehungen oft und über lange Zeiträume hinweg wie unnötige Kämpfe anfühlten, in denen zeitweise wenig Verbundenheit möglich war. In meinem Fall wie auch bei meinen Freundinnen wiederholten sich diese Konflikte wieder und wieder mit dem gleichen Ergebnis: Nichts veränderte sich zwischen uns und unseren Partnern.

Benennen konnte ich die wohl größte Gemeinsamkeit zwischen unseren Erfahrungen nicht, nämlich den Umstand, dass wir alle mit Menschen zusammen waren, denen von jungen Jahren an suggeriert wurde, dass sie eigentlich keine Beziehungen, sondern grenzenlose Freiheit wollten, und sie auf diese wie auch auf die Fürsorge von den Frauen in ihrem Leben und jenen, denen zugeschrieben wird, Frauen zu sein, qua Geburt ein Anrecht hatten. Dass eine solche Anspruchshaltung nicht ohne Konflikte auskommt, vor allem nicht in Beziehungen zu Menschen, deren unfreiwilliger Auftrag es sein soll, diesen *abyss* mit der Aufopferung ihres Selbst zu füllen, wundert mich inzwischen wenig. Terrence Real, ein Familientherapeut und Autor, der in seiner Arbeit ähnlich wie Ronald F. Levant eine kritische Perspektive auf Männlichkeit einnimmt, skizziert in seinem Buch *How Can I Get Through to You? Closing the Intimacy Gap Between Men and Woman** die Botschaften, deren Konsequenzen meine Freundinnen und ich damals in unseren Beziehungen spürten:

> »Unsere Söhne lernen den Code früh und genau: Weine nicht, sei nicht verletzlich, zeige keine Schwäche – und letztlich zeige nicht, dass du dich kümmerst. Als Gesellschaft haben wir vielleicht die Vorstellung, dass es eine gute Idee ist, Jungen und Mädchen gleichberechtigt zu erziehen, aber das bedeutet nicht, dass wir es auch tatsächlich tun. Auch wenn du oder ich uns dafür einsetzen, Kinder außerhalb der Zwangsjacke aufzuziehen, verändert sich unsere Kultur zwar, aber sie ist noch lange keine andere.«[96]

Diese Sozialisierung äußert sich auch in Beziehungskonflikten. So zeigen etwa die Ergebnisse einer Langzeitstudie, die John M. Gottman, einer der Gründer des Gottman Institute, in

---

* Deutsche Fassung erschienen unter dem Titel: *Was kann ich tun, dass du mich hörst? Wie Männer und Frauen sich wieder nahekommen*

seinem Buch *The Seven Principles for Making Marriage Work: A Practical Guide from the Country's Foremost Relationship Expert** vorstellt, dass von den in der Studie untersuchten Paaren viele heterosexuelle Männer Schwierigkeiten damit hatten, in Konflikten die Gefühle und Meinungen ihrer Partnerinnen als wichtig wahrzunehmen. Zudem trugen 65 Prozent der heterosexuellen Männer in Konflikten dazu bei, diese zu verstärken, anstatt sie beizulegen. Frauen hingegen, selbst wenn sie in ihren Beziehungen unglücklich waren, nahmen die Emotionen und Haltungen ihrer Partner ernst und versuchten, an der Lösung eines Streites zu arbeiten.[97] Gleiches galt nicht für Männer in gleichgeschlechtlichen Beziehungen: Insgesamt praktizierten gleichgeschlechtliche Paare – die genauso wie heterosexuelle Paare durch die Höhen und Tiefen des Alltags gingen – während und nach Konflikten deutlich mehr Verhaltensweisen, die dazu beitrugen, dass sie ihre Beziehung als positiv wahrnahmen. Im Streit selbst neigten sie weniger dazu, Auseinandersetzungen zu eskalieren, sich gegenseitig zu dominieren oder Szenarien zu kreieren, die ihre Partner*innen mit Angst erfüllten.[98] Ich finde die Ergebnisse der Studie, die nicht im Zusammenhang mit Diskriminierung reflektiert werden, deshalb interessant, weil sie verdeutlichen, wie sehr Männlichkeit in heterosexuellen Liebesbeziehungen zu »Macht über«-Dynamiken beiträgt. Das bedeutet nicht, dass andere Formen von Diskriminierung, etwa Cissexismus, Klassismus, Rassismus oder Ableismus, in homosexuellen Beziehungen nicht von Bedeutung sind. Vielmehr meine ich, dass Männlichkeit, die ja ideologisch mit Heteronormativität verbunden ist, sich in

---

* Übersetzung: *Die sieben Prinzipien für eine funktionierende Ehe: Ein praktischer Ratgeber von einem der führenden Beziehungsexperten dieses Landes*

homosexuellen Beziehungen zwischen Männern nicht auf die gleiche Art äußert wie in hetero Beziehungen.

Was sich in meinem Umfeld verändert hat, ist neben den Konflikten – viele meiner Freundinnen haben inzwischen Kinder, und die Konflikte um die Aufteilung von Haushalt und Kinderbetreuung sind noch intensiver geworden – die Perspektive auf sie. Inzwischen ist sie geprägt von dem Bewusstsein, dass diese kleinen Momente der Unterdrückung den Alltag unserer Beziehungen prägen: Ich weiß nicht, wie oft mir Freundinnen schon erzählt haben, dass ihre Partner ihnen im Streit gesagt haben, dass sie dermaßen irrational seien, dass sie dringend eine Therapie brauchen. Eine Freundin erzählte mir mal von einer Situation, in der ihr Partner das gemeinsame Baby hatte anziehen wollen und nicht wusste, wo die Socken untergebracht sind. Ihre Reaktion – sie war eine Mischung aus Frustration, Erschöpfung und Enttäuschung – war kurz: »An derselben Stelle, wo sie schon seit Monaten sind.« Bei einem Tee erzählte mir dieselbe Freundin auch, dass sie nicht erwartet habe, von ihrem Partner so alleingelassen zu werden.

Zwischen *weißen* Freund*innen und mir nehme ich dennoch einen Unterschied wahr: *Weiße* Partner*innen hegten mir gegenüber manchmal offen, manchmal eher verdeckt die Vorstellung, dass es etwas gäbe, was ich von ihnen wollen würde. Etwas, was ich sonst nicht hätte haben können, etwas, was ich nur durch sie erlangen könnte. Eine diffuse Mischung aus Geld und Status. So erinnere ich mich an Auseinandersetzungen, in denen es etwa um die Aufteilung der Haushaltskosten ging und in denen Untertöne hörbar wurden, die darauf hindeuteten, dass eine Fünfzig-fünfzig-Aufteilung insgeheim zu meinem Vorteil wäre. Diese Erfahrung teile ich nicht selten mit anderen Schwarzen Menschen, Indigenous Menschen und

Menschen of Color. Sie entspringt der Zuschreibung unserer – auch finanziellen – Unterlegenheit.

Ein Freund von mir – auch er erfährt Rassismus – beschreibt eine ähnliche Erfahrung mit *weißen* Partnerinnen. Das Narrativ, dem er als cis Mann begegnet, funktioniert in Teilen anders: Er ist der sexistische Macho, der durch eine *weiße* Frau an feministische Werte herangeführt wird. Seine jeweilige Partnerin und er – so nimmt er es wahr – bewegen sich beständig zwischen der Tatsache, dass er normative Männlichkeit reproduziert und sie in kolonialer Manier als *weiße* Frau die Bringerin *weißer* »Werte« und »Tugenden« ist. Diese oder ähnliche Dynamiken, darunter das unbewusste Ausspielen der eigenen Privilegien, bekomme ich oft von Beziehungen mit, in denen die Personen zwar unterschiedliche Diskriminierungserfahrungen machen, aber insgesamt ähnlich viele marginalisierte und benachteiligte Anteile haben.

Heute mache ich, machen meine Freund*innen diese Konflikte zu Konflikten über Unterdrückung. Wir sprechen die nicht hinterfragten Normalitäten an, die den Konflikt durchziehen und seine Basis bilden. Denn das Problem ist ja, dass soziale Machtdifferenzen sich wie ein für die eine Seite unsichtbares Netz über bestehende Konflikte, die vielleicht sogar lösbar sind, legen und eine weitere Eskalationsstufe darstellen. Eine, die nur in eine Richtung weist und auf Kosten der Person geht, mit der wir in einer Beziehung sind und deren Wohl uns eigentlich am Herzen liegen sollte. Das erinnert mich an eine Textstelle in dem Buch *Was weiße Menschen nicht über Rassismus hören wollen, aber wissen sollten* von Alice Hasters. Sie beschreibt darin den Augenblick in einer Beziehung, in den all die scheinbar nichtigen Situationen münden, und die Wut über die Ignoranz, die auch deshalb besteht und Bestand haben kann, weil es das Privileg der einen Seite ist, sich aussuchen zu können, ob eine Beschäftigung mit einer bestimmten Form von Unterdrückung wichtig ist oder nicht.

> »Nachdem das ein paarmal so gelaufen sein wird, wird mir bei der nächsten ›Kleinigkeit‹ der Kragen platzen. Ich werde nicht mehr geduldig sein, ich werde auch nicht mehr lieb sein. Ich werde keine Angst mehr davor haben, dem Stereotyp der irrationalen, überemotionalen Schwarzen Frau zu entsprechen. Ich werde bereit sein, unsere Beziehung wegen dieser ›Kleinigkeit‹ an den Rand der Schlucht zu fahren, und meinen Fuß über dem Gaspedal halten. Ich werde verlangen, dass du endlich aufhörst, diesen Dingen gegenüber so gleichgültig zu sein. Du wirst erstaunt sein, über meine Wut und über mein Gedächtnis, weil ich jetzt die ganzen Diskussionen und Situationen wieder hervorkramen werde, die du schon wieder vergessen haben wirst. Wenn du in dem Moment stur bleibst, wird das der Anfang vom Ende sein.«[99]

Ein Gesichtspunkt, den ich im Zusammenhang mit Macht und Konflikten in Liebesbeziehungen auch wichtig finde, ist der Blick von außen. Denn wo wir eine Auseinandersetzung haben und mit wem wir sie besprechen, kann die Dynamiken beeinflussen: Ich denke an einen Workshop, in dem ein cis Mann, der antimuslimischen Rassismus erfährt, davon berichtete, dass er und seine *weiße* Freundin einen Streit gehabt hatten und sie wütend auf der Straße vor ihm hergelaufen war. Ihn – das beschrieb er – stresste diese Situation, weil er Angst hatte, dass die ebenfalls *weißen* Passant*innen um sie herum die Polizei rufen könnten. Eine andere Teilnehmerin, eine *weiße* Frau, die ein Kind mit einem Schwarzen Mann hat, sagte, dass sie sich kaum mit *weißen* Freund*innen und der Familie über Streit in ihrer Beziehung austauschen könne, weil ihren Erzählungen oft mit rassistischen Zuschreibungen über ihren Partner begegnet wird. Sie sprach auch an, dass sie diese Haltung anderer manchmal in Konflikten unbewusst genutzt und Themen, die in der Beziehung zu Streit führten, vor anderen *weißen* Menschen angesprochen hatte, um von diesen in ihrer Position gestärkt zu werden.

Grenzen und Selbstliebe

Liebe ist die Abwesenheit von Gewalt – so weit, so simpel. In diesem Buch liegt der Fokus auf struktureller Gewalt, sprich Diskriminierung, und damit gehen mit unserer Definition von Liebe automatisch Grenzen einher. Grenzen gegen Dinge, die für uns in Beziehungen nicht funktionieren, denen unsere Verbundenheit zum Opfer fällt und die Unterdrückung aufrechterhalten. Das ist eine gute Sache, ein Umstand, den wir uns bewusst machen und nutzen können: Wenn Liebe für uns X bedeutet, dann ist Y nicht okay. Wenn wir sozialer Ungleichheit in unseren Beziehungen kritisch begegnen wollen, dann ist es wichtig, dass wir für uns klar benennen, wo unsere Grenzen liegen: Mit welchem Verhalten sind wir bereit umzugehen, welches Verhalten tolerieren wir nicht, und welche Konsequenzen hat das?

Aber unsere Grenzen in Liebesbeziehungen sind mehr als eine Mauer, die uns voneinander trennt. Sie sind die Kontaktstellen, die – im Idealfall – fein austarierten Momente zwischen dem, was wir in uns spüren, und dem, was wir tun und sagen. Ein Akt der Balance, in dem wir bei uns bleiben und gleichzeitig in Kontakt zueinander treten können. Wir brauchen Autonomie und Verbundenheit. Unsere Grenzen sind allerdings nicht immer so ausgeglichen, sie können zu starr oder zu durchlässig sein. Etwa dann, wenn wir beginnen, uns so sehr zu schützen, dass es kaum mehr möglich ist, mit anderen verbunden zu sein. Oder dann, wenn wir uns in der Verbindung zu anderen verlieren und den eigenen Raum nicht genügend schützen.[100]

Die konstanten Zuschreibungen und das Erfahren von Benachteiligung – das ist nicht nur meine persönliche Erfahrung, sondern war insbesondere in meinen Gesprächen mit jenen, die als Psychotherapeut*innen tätigen waren und sind, ein zentrales Motiv – erschweren das Setzen und Wahren der eigenen Grenzen. Menschen – das kommt in meinen Interviews mit Personen zur Sprache, die etwa Cissexismus, Rassismus oder Ableismus erfahren – lernen von Kindheit an, einen gesellschaftlichen Blick auf sich selbst einzunehmen, der abwertend ist. Das hat Konsequenzen dafür, wie wir für uns selbst einstehen. In unserem Gespräch bringt Sozialwissenschaftlerin Sarah Adeyinka-Skold etwas zum Ausdruck, was im Kontext von Konflikten wie auch dem Wahren der eigenen Grenzen wesentlich ist – Selbstfürsorge:

> »Selbstliebe ist für Schwarze Menschen radikal. Sie bedeutet nicht, ins Spa zu gehen. Sie bedeutet nicht, sich die Nägel machen zu lassen. Wir haben sie zu all diesen Dingen gemacht. In Wirklichkeit aber geht es bei Selbstliebe darum, die Unterdrückung zu überwinden, die dir vermittelt hat, dass du nicht gut genug bist. Es geht darum, deinen Verstand von

> einem System zu entkoppeln, das dir sagt, dass du keine Liebe verdienst – nicht einmal von dir selbst.«

Für mich macht das die Frage nach Selbstfürsorge und Selbstliebe, besonders mit Blick auf diejenigen von uns, die Diskriminierung oder gar intersektionale Diskriminierung erfahren, bedeutsam. Und ich meine Selbstliebe hier keinesfalls im Sinne von »inspirierenden Zitaten« oder dem Kauf eines neuen Kleidungsstückes, damit wir uns »endlich wohlfühlen«. Denn noch immer wird die Floskel »Du musst erst dich selbst lieben, damit du andere lieben kannst« umhergeworfen, als sei sie eine festgeschriebene Wahrheit, dabei macht sie bei näherer Betrachtung und ohne einen konkreten Kontext wenig Sinn. Stan Tatkin, der als Paartherapeut Ansätze der Neurowissenschaften und der Bindungstheorie in seine Arbeit integriert, hinterfragt die verbreitete Aussage:

> »›Du musst dich selbst lieben, bevor dich jemand lieben kann.‹ Ist irgendetwas davon wahr? Ist es wirklich möglich, sich selbst zu lieben, bevor dich eine andere Person liebt? Denk darüber nach: Wie kann das wahr sein? Wenn es wahr wäre, kämen Babys auf die Welt, die sich bereits selbst lieben oder hassen. Wir wissen, dass sie das nicht tun. Tatsächlich denken Menschen zu Beginn nichts über sich selbst, weder Gutes noch Schlechtes. Wir lernen, uns selbst zu lieben, gerade weil wir die Erfahrung gemacht haben, geliebt zu werden.«[101]

Den Punkt, den Stan Tatkin macht, finde ich hinsichtlich unserer Anpassung an gesellschaftliche Machtverhältnisse bemerkenswert: Wenn wir durch unser Umfeld lernen zu lieben und uns fürsorglich zu verhalten, und das nicht nur uns selbst, sondern auch anderen gegenüber, welche Auswirkungen haben dann Diskriminierungserfahrungen auf Selbstliebe? »Negative«, erklärt Dwight Turner. Immerhin besteht ein wesentlicher Teil seiner therapeutischen Arbeit mit Menschen, die unterschiedliche Diskriminierungsformen erfahren, darin, sie dabei zu unterstützen, sich selbst als liebenswert wahrzunehmen und positive Bezüge zu den Teilen zu knüpfen, die von der Gesellschaft abgewertet werden. Kurz: Selbstliebe. Im Gespräch beschreibt Turner den Selbsthass, mit dem nicht nur seine Klient*innen einen Umgang finden müssen, sondern generell Menschen, die marginalisiert werden:

> »Die Unfähigkeit zur Selbstliebe kann eine Folge der Erfahrung von Unterdrückung sein, etwa durch die Verinnerlichung *weißer* Vorherrschaft oder des Patriarchats. Diese Wertesysteme können durch Kindheitserfahrungen so internalisiert werden, dass wir uns selbst nicht mehr lieben können. Was wir stattdessen übernehmen, ist ein hohes Maß an Selbsthass, eine Art von Selbsthass, die in postkolonialen Gesellschaften immer noch vorhanden sein kann. [...] Ich denke, bell hooks hat recht, wenn sie sagt, dass die Liebe zu einem politischen Akt wird, zu einer Rückverbindung mit unserer eigenen Kultur oder unserem Geschlecht.«

Auf dieser Grundlage – diesem gelernten Selbsthass, wie Turner es beschreibt – wird das Überschreiten der eigenen Grenzen, um »überhaupt« in einer Liebesbeziehung sein zu können, um »überhaupt« als liebenswerter Mensch wahrgenommen zu werden, zu etwas Normalem. Es resultiert aus einer Gefangenschaft in dem Paradox, »zu viel« und gleichzeitig »zu wenig« zu sein. Dabei bilden unsere Grenzen – so nehme ich es wahr – den Raum, in dem wir einander aufrichtig und verletzlich begegnen können. Den Raum, in dem wir uns wohlfühlen, in dem Verbundenheit möglich ist. Denn Grenzen, wenn sie gesetzt und gewahrt werden, ermöglichen mehr Verbundenheit.

Wenn wir bedenken, dass es die gesellschaftlich zugewiesene Aufgabe von marginalisierten Menschen ist, jene zu schützen und zu besänftigen, die im Kontext der eigenen Unterdrückung privilegiert werden, dann ist nachvollziehbar, dass das Setzen von Grenzen dadurch erschwert werden kann. Denn eine Grenze zu ziehen und diese Grenze anderen wie sich selbst gegenüber einzuhalten, ist das Gegenteil dessen, was die Gesellschaft von uns erwartet. Kaley Roosen, die sich selbst als intersektional diskriminierungskritische Psychologin beschreibt, erklärt dazu im Interview mit Blick auf be_hinderte Menschen:

> »Viele Menschen mit Be_hinderungen oder chronischen Krankheiten wachsen mit dem Gefühl auf: ›Ich bin als Partner*in nicht wertvoll, weder sexuell noch romantisch.‹ Ein anderer Aspekt ist die Sozialisierung, es mangelt an Übung im Grenzensetzen: Manche wachsen vielleicht damit auf, dass sie sich auf andere Menschen verlassen müssen, wenn sie Hilfe brauchen. Zum Beispiel bei grundlegenden Dingen wie dem Gang zur Toilette oder dem Verlassen des Hauses. Eine Person mit einer kognitiven Be_hinderung könnte etwa finanziell von einer anderen Person abhängig sein. Das ist meist mit einer konstanten Überschreitung der eigenen Grenzen verbunden:

›Du darfst keine Grenzen haben, weil du auf die Hilfe anderer angewiesen bist.‹ Wenn es dann zu einer Beziehung kommt, herrscht der Glaube vor: ›Ich muss akzeptieren, was ich in dieser Situation bekommen kann.‹ Folglich wissen viele nicht, wie sie Grenzen setzen können, und sie wollen der anderen Person keine weiteren Erwartungen oder Beschränkungen zumuten, weil sie Angst haben, sie zu verlieren.«

Teil der inneren Arbeit von Menschen, die Unterdrückung erfahren – und das gilt für Frauen und Femmes noch mal stärker –, ist, entgegen der eigenen Sozialisierung zu lernen, Grenzen zu setzen. Grenzen sind aus einer diskriminierungskritischen Perspektive ein wichtiger Aspekt von Selbstfürsorge. Wir setzen sie nicht nur anderen, sondern auch uns selbst. Mich zum Beispiel beschäftigt die Frage, wann ich wen beruhigen, wann ich für wen da sein möchte und was das mit Blick auf meine Sozialisierung bedeutet.

Mit Blick auf Liebesbeziehungen ist das eine große Herausforderung. Sie besteht darin, eine Grenze, etwa hinsichtlich der eigenen Kapazitäten als chronisch kranke Person, zu setzen und dabei in Kontakt mit unserem Gegenüber zu bleiben. Denn die eigenen Grenzen zu etablieren, ist – wie alles in diesem Buch – ein Werkzeug für Liebe als machtkritische Praxis und damit auch für mehr Gegenseitigkeit.

Gleichzeitig besteht die Herausforderung darin, eingeschliffene Dynamiken zu unterbrechen. Harriet Lerner etwa beschreibt, dass insbesondere solche Verhaltensmuster, die wir in der Vergangenheit oft wiederholt haben, dazu führen, dass unser Gegenüber Anstrengungen unternimmt, um zum alten Tanz, zur eingeschliffenen Dynamik zurückzukehren. Solche

Muster müssen erkannt, sie müssen thematisiert und durchbrochen werden, um neue Dynamiken zu kreieren.

Grenzen sind Selbstfürsorge und ein Teil der Freiheit, die wir haben, um Benachteiligung zu begegnen. Mir ist dieser Aspekt so wichtig, weil die Beschäftigung mit Machtstrukturen dazu verleiten kann anzunehmen, dass Menschen, die benachteiligt werden, machtlos sind. Das sind sie – wir – natürlich nicht. Allerdings denke ich, dass keine Veränderung stattfinden kann, solang wir uns überwiegend an einem inneren Ort des Selbstzweifels befinden und der leisen Stimme Gehör schenken, die uns einredet, wir hätten nicht mehr als das Minimum verdient. Harriet Lerner beschreibt das in ihrem Buch *The Dance of Anger: A Woman's Guide to Changing the Patterns of Intimate Relationships,*[*] in dem sie weibliche Wut betrachtet und sich damit beschäftigt, wie diese zur Veränderung von intimen Beziehungen kanalisiert werden kann:

> »Wenn wir uns schuldig fühlen, deprimiert sind oder Selbstzweifel haben, bleiben wir an Ort und Stelle. Wir unternehmen nichts, außer gegen uns selbst, und es ist unwahrscheinlich, dass wir den persönlichen und gesellschaftlichen Wandel vorantreiben. [...] Veränderung ist eine beängstigende und schwierige Angelegenheit für alle, auch für diejenigen von uns, die sich aktiv dafür einsetzen.«[102]

* Deutsche Fassung erschienen unter dem Titel: *Wohin mit meiner Wut? Neue Beziehungsmuster für Frauen*

Das ist es, was ich an dem sprachlichen Bild des Tanzes, das Harriet Lerner in ihren Büchern häufig verwendet, mag: Wir können den Tanz dadurch verändern, dass wir neue Schritte versuchen. Es bedarf hinsichtlich unserer benachteiligten Anteile einer Veränderung unseres Verhaltens. Ich will damit nicht behaupten, dass eine Veränderung aller unterdrückerischen Dynamiken in Liebesbeziehungen in den Händen benachteiligter Menschen allein liegt. Aber es erscheint mir wichtig, immer wieder zu überprüfen, welche Möglichkeiten wir haben, um jene Räume für uns zu gestalten, in denen wir authentisch sein können. Mona ElOmari, die als systemische Beraterin ebenfalls Menschen in Liebesbeziehungen begleitet, erklärt, dass die Muster, denen wir etwa in Konflikten folgen, davon leben, dass wir sie immer und immer wieder wiederholen:

> »Das Statische, das Verkrustete, das sind Muster, die wir immer wiederholen. So lange, bis wir das Gefühl haben, es gibt nichts anderes. Und das, was es gibt, gefällt uns nicht, engt uns ein oder beschränkt uns. Alles, was ein Muster ist, muss wiederholt werden. Und daraus ergibt sich eine Dynamik: Wer wiederholt was?«

Den Mut zu haben, Grenzen zu setzen, bedeutet, den Mut zu haben, sich entgegen gesellschaftlicher Botschaften selbst zu lieben und das eigene Verhalten in Beziehungen zu reflektieren. Nicht für andere, nicht um andere zu besänftigen, sondern um für das einzustehen, was wir brauchen, was wir wollen und was für uns in Beziehungen funktioniert.

Reflexionsfragen mit Blick auf Marginalisierung

Ich habe an dieser Stelle einige Fragen zum vorherigen Unterkapitel gesammelt. Sie greifen die Erfahrung von Ausgrenzung auf und beleuchten, welche Bedeutung diese Erfahrung für die eigenen Grenzen haben kann.

- Wie wirkt sich deine Erfahrung mit Diskriminierung auf deine Grenzen aus? Wie funktionieren deine Grenzen für dich?
- Wann und wie kannst du deine Grenzen hinsichtlich deiner Sozialisierung reflektieren und alternative Verhaltensweisen versuchen?
- Wie kannst du damit umgehen, wenn dein Gegenüber unter Umständen versucht, alte Muster beizubehalten?
- Wann ist es dir möglich, Grenzen zu setzen und zu wahren, die Autonomie und Verbundenheit zulassen? Wann ist dir das nicht möglich?
- Wie kannst du Grenzen dann setzen, wenn du sie zu deinem Schutz brauchst, und nicht erst dann, wenn sie schon weit überschritten sind?
- Wie könnte eine Praxis der Selbstliebe im Alltag für dich aussehen? Was davon machst du vielleicht schon?
- Wie könnte Selbstliebe in einer Liebesbeziehung für dich aussehen?

Szenen einer Beziehung: Paartherapie

»Kannst du mal stehen bleiben!«, ruft Yunus mir hinterher. Ich bleibe abrupt stehen und drehe mich zu ihm um.

»Yunus«, sage ich scharf, »ich möchte das jetzt nicht mehr weiter mit dir diskutieren. Wir können das gleich bei Frau Baumann-Addai besprechen. Den Termin verpassen wir übrigens, wenn du hier jetzt so weitermachst!« In seinen Augen nehme ich ein wütendes Funkeln wahr.

»Weißt du« – der Hinweis auf unsere Verspätung beeindruckt ihn offenbar nicht im Geringsten – »ich habe dir einfach nur eine Frage gestellt, und du bist so feindselig mir gegenüber. Du hättest auch einfach antworten können. Mehr will ich gar nicht, nur eine Antwort.«

Für einen kurzen Moment stelle ich mir vor, wie befriedigend es wäre, völlig loszulassen und ihn aus voller Kehle hier mitten auf der Straße anzuschreien. Ich tue es nicht. »Das, was du von mir willst, ist keine Antwort auf eine Frage. Du willst von mir ein Versprechen, das nicht realistisch ist.«

»Das stimmt doch gar nicht«, fällt er mir ins Wort. »Ich bin einfach besorgt um unsere Beziehung. Was ist, wenn du dich in eine andere Person verliebst?«

Ich antworte, vor Ernüchterung ruhiger geworden: »Findest du es nicht absurd, dass du eine offene Beziehung wolltest und dass es dir jetzt nicht passt, dass ich mich zu einer anderen Person hingezogen fühle?« Ich gehe weiter, er zögert einen Moment. »Kommst du?«, sage ich ungeduldig, während ich einen Fuß auf die Straße setze.

Schnellen Schrittes gehen wir über die Straße zu einem roten Backsteingebäude, in dessen erster Etage der in hellen Tönen gehaltene Raum liegt, in dem es bis auf ein Bild und eine üppige Orchidee mit kleinen gelben Blüten wenig gibt, das den Gedanken eine kurze Ablenkung liefern könnte. Immer wenn ich dort bin, frage ich mich, ob die spärliche Innendekoration einem geheimen Handbuch folgt, in dem die optimale Gestaltung eines Therapieraums beschrieben wird.

*Yunus drückt den kleinen goldenen Klingelknopf. In der Reflexion auf dem goldenen Schild, auf dem die Nachnamen aller Bewohner*innen des Mietshauses stehen, erhasche ich einen kurzen Blick auf uns beide, wie wir dort stehen. Wir sehen müde aus, denke ich – nicht wie Menschen, die zu wenig geschlafen haben, eher ein bisschen gestresst und erschöpft.*

Wir sitzen auf dem grau-beigen Sofa, Yunus in der Ecke, in der er schon seit unserem ersten Termin sitzt, ich in der anderen. Unsere Therapeutin schaut uns freundlich an: »Wie geht es euch beiden heute?«

Yunus und ich blicken uns an, um ohne Worte zu entscheiden, wer von uns den Anfang macht. Es funktioniert nicht, und ich sage: »Fang du an.«

Er beginnt, sich sichtbar unwohl fühlend. »Also, ja, mir geht es eigentlich gut. Ich habe arbeitsmäßig gerade nicht so viel Stress wie beim letzten Mal, als wir hier waren. Aber bei uns beiden ist es gerade nicht so einfach, deshalb bin ich froh, dass wir hier sind.«

Ich schaue zu Yunus, um zu sehen, ob er fertig ist. Er nickt mir zu, als würde er sagen »Du kannst«, und ich beginne: »Bei mir ist es genau anders. Ich hab gerade voll viel zu tun, und es überfordert mich, dass wir mit unserem Konflikt nicht weiterkommen.«

Unsere Therapeutin – sie ist eine weiße *Frau, die ich auf Mitte vierzig schätze – nickt verständnisvoll. »Wollen wir über den Konflikt sprechen? Er scheint euch beide zu beschäftigen. Erzählt mir etwas davon, wo ihr gerade seid. Yunus, magst du beginnen?«*

Yunus nickt und wendet sich mir zu. »Seit ich vorgeschlagen habe, dass wir unsere Beziehung öffnen könnten, haben wir diesen einen Punkt, über den wir nicht hinwegkommen. Wir hatten ja beim letzten Mal darüber gesprochen, dass du dir für dich andere Beziehungen wünschst als ich mir für mich. Ich glaube einfach, dass es uns unsere Beziehung kosten könnte, wenn wir uns auf andere auch emotional einlassen. Es macht mich betroffen, dass du mich deswegen sexistisch findest.«

Ich versuche angestrengt, dem Drang, meine Augen zu rollen, nicht nachzugeben: »Na ja«, sage ich und mache eine kurze Pause, um zu überlegen, was genau es ist, das ich sagen will. »Die Sache ist, dass ich durchaus verstehen kann, dass du dich um unsere Beziehung sorgst. Das tue ich auch – auch unabhängig davon, ob sie offen ist oder nicht. Was ich allerdings problematisch finde, ist, dass du dir eine offene Beziehung wünschst und das aber nach deinen Vorstellungen und Bedürfnissen laufen soll. Emotionale Verbundenheit ist wichtig für mich, ich brauche sie, um Beziehungen zu führen, egal welcher Art. Und ich bin nicht bereit, darauf zu verzichten, nur weil du meinst, dass du dich dann sicherer fühlst.« Dem letzten Satz merke ich eine ruhige Feindseligkeit an, von der ich hoffe, dass sie den beiden anderen entgangen ist.

»Ich kann sehen, dass ihr beide an dem Punkt seid, an dem ihr auch schon vor zwei Wochen wart. Wie hat sich der Konflikt festgefahren?«

Yunus schaut mich an. »Du kannst«, beantworte ich seinen fragenden Blick. Er wendet sich wieder zu mir, und es erscheint mir so eingeübt, dass es mich sauer macht. »Ich habe einfach die Sorge, dass du dich verliebst und ich dir unwichtig werde.«

»Das verstehe ich, aber Liebesbeziehungen haben dieses Risiko doch eigentlich immer. Und nur weil du für dich behauptest, dich nicht verlieben zu wollen, heißt das nicht, dass es nicht trotzdem passiert.«

»Eure Beziehung ist das, was ihr gemeinsam kreiert. Ihr habt beide Anteil daran, was zwischen euch geschieht.«

Bevor Frau Baumann-Addai weiterreden kann, interveniere ich: »Damit habe ich Schwierigkeiten«, entgegne ich ihr. »Es geht hier um soziale Macht, und die ist zwischen uns nicht gleich verteilt. Von daher nein, meine sexistische Unterdrückung kreiere ich nicht mit.«

»Möchtest du mit Yunus teilen, wie sich das für dich anfühlt?«

»Nein«, sage ich und fühle mich dabei stur und finde es auch richtig so. »Er weiß, dass Unterdrückung nicht nur ein ›Gefühl‹ ist, und er weiß, dass sich das scheiße anfühlt.«

»Ich finde es einfach hart, dass das sexistisch von mir sein soll.« Ohne Umschweife kommt er direkt zum Punkt, und ich fühle, dass wir wieder mittendrin sind.

»Sag mal« – ich bin selbst verwundert darüber, wie entspannt und entschlossen ich klinge – »worum geht es dir eigentlich? Darum, dass ich es tatsächlich sexistisch finde, wenn du mir unterstellst, ich sei so irrational emotional, dass ich mich sofort in die nächstbeste Person verliebe? Oder darum, dass du Angst hast, mich zu verlieren?«

»Beides!«, sagt Yunus herausfordernd neckisch, und ich muss lachen, weil ich ihn kenne und weiß, dass er mich gerade ätzend findet und trotzdem die Anspannung zwischen uns lösen will.

Die Therapeutin merkt es auch: »Er hat dir ein Angebot gemacht und reicht dir die Hand, kannst du das wahrnehmen?«

»Ja«, sage ich, wende mich ihm zu und ergänze: »Es ist nicht so, dass ich dich gar nicht verstehen kann. Das kann ich. Aber ich will mit dir zusammen sein, und ich liebe dich, und mein Eindruck ist, dass du versuchst, etwas zu kontrollieren, was außerhalb deiner Kontrolle liegt.«

Er schaut mich nachdenklich an. Die Therapeutin gibt uns einen Moment lang Raum, dann sagt sie: »Unsere Zeit für heute ist zu Ende, aber ich möchte euch dazu einladen zu überlegen, in welchen Momenten es euch möglich ist, über eure Ängste in Bezug auf die Öffnung eurer Beziehung zu sprechen, ohne dass sich die Fronten zwischen euch verhärten. Außerdem möchte ich euch bitten, unabhängig voneinander eine Liste anzufertigen, was Dinge im Hinblick auf eure offene Beziehung sind, die ihr euch wünscht, und eine weitere, auf der eure Dealbreaker stehen. Das greifen wir dann in der nächsten Sitzung auf.«

Nachdem Yunus und ich uns einige Meter von der Praxis entfernt haben, sagt er: »Hey, du.« Ich halte an, er legt seine Hände auf meine Schultern und dreht mich zu sich. »Wollen wir zusammen was essen? Ich würde wirklich gern den Tag mit dir verbringen. Vielleicht setzen wir uns an den Kanal?« Ich bin dankbar, dass er die Pause vom Streit einleitet, die ich gerade nicht einleiten konnte.

»Gern«, sage ich.

»Und wenn du wirklich dringend willst, können wir uns auch noch heute Abend und die ganze Nacht streiten«, sagt er halb ernst.

»Please, no«, sage ich. »Ich brauche mal ein paar Stunden ohne Streit.«

Gegenseitigkeit im Konflikt

Ich bin überzeugt, dass es wichtig ist, die Momente und Anteile in Konflikten benennen zu können, an denen sich »Macht über«-Strukturen äußern. Zugegeben, das allein wird diese

Momente und die Strukturen, mit denen sie verknüpft sind, nicht auflösen. Aber es ermöglicht uns, sie als gemeinsame Herausforderung zu betrachten. Die Psychologin Kaley Roosen spricht etwa im Interview darüber, wie schwer es in Paartherapiesitzungen ist, wenn Partner*innen sich in Konflikten befinden und beide oder die vergleichsweise privilegiertere Person nicht wahrnehmen können, welchen Einfluss Unterdrückung auf das Erleben in Beziehungen haben kann. Sie beschreibt endlose Konflikte, die auf einer persönlichen Ebene geführt werden, obwohl das, was mit ihnen oft auch verhandelt wird, im Grunde die unterschiedliche Eingebundenheit in Diskriminierung ist. Das mag bei einer der involvierten Personen eine von Ableismus geprägte Erfahrung sein, etwa dass die eigenen Bedürfnisse als Last wahrgenommen werden, während die andere Person von dieser inneren Belastung nichts weiß und sie deshalb nicht berücksichtigt oder sie abtut und als Ausflucht betrachtet.

Sofia Mojica, die gemeinsam mit ihrem Partner Kabir Brown mit Menschen in Beziehungen arbeitet und das insbesondere mit Blick auf verschiedene Formen von Unterdrückung, verweist in unserem Gespräch ergänzend darauf, wie wichtig es ist, sich deshalb der Lebensrealität unserer Partner*innen anzunehmen, in der Benachteiligung in Erscheinung tritt:

> »Es ist wichtig, im täglichen Leben mehr Verantwortung zu übernehmen. Vielleicht sieht das so aus, dass wir ein Verständnis dafür entwickeln, dass andere Menschen anders sind als wir selbst. […] Vor allem in intimen Beziehungen geht es darum, neugierig zu sein und sich auf die Lebensrealität der anderen Person einzulassen. Wir müssen akzeptieren, dass wir

nicht alles verstehen, was die andere Person erlebt, und wir müssen dafür Raum schaffen wollen, auch wenn wir nie in der Lage sein werden zu verstehen, was die andere Person durchmacht.«

Ein Fokus auf Diskriminierung als geteilte Herausforderung, das erklärt Kaley Roosen ebenfalls, ist deshalb bedeutsam, weil er uns ermöglicht, die »Schuld« nicht beieinander, sondern bei dem tatsächlichen Problem – der Unterdrückung – zu suchen. Schließlich beeinflusst sie unsere Vergangenheit, unsere Gegenwart und letztlich unser Handeln. Diese Perspektive ermöglicht uns, das Strukturelle im Individuellen zu erkennen. Daraus ergibt sich auch, dass sich für uns je nach sozialer Position gemeinsame wie geteilte Handlungsfelder auftun können und wir eine direkte Kommunikation benötigen, in der dieser Umstand thematisiert wird.

Ich muss im Zusammenhang mit Konflikten und der Art, wie Ungleichberechtigung durch sie zum Ausdruck kommt, oft an eine Aussage des Paartherapeuten Stan Tatkin denken. Einer seiner bekanntesten Sätze, mit dem ich persönlich viel anfangen kann, lautet: »Wenn es für dich nicht gut ist, ist es für uns nicht gut.«[103] Die Erkenntnis, dass wir unserer Beziehung schaden, wenn wir die Interessen und Bedürfnisse unseres Gegenübers nicht genügend berücksichtigen, ist eine, die ich besonders mit Blick auf Privilegien bedeutsam finde. Denn – und das veranschaulichen die unterschiedlichen wissenschaftlichen Perspektiven, die ich bisher eingebracht habe – es sind besonders unsere privilegierten Anteile, die Affekte in uns auslösen, die letztlich unsere Privilegien schützen und damit dem Erhalt von Machtstrukturen dienen. Diese Affekte zeigen sich gezwungenermaßen auch in Konflikten. Aus einer machtkritischen Haltung heraus gilt es auch an dieser Stelle, das eigene Verhalten hinsichtlich unserer privilegierten Anteile in Konflikten immer wieder daraufhin zu untersuchen, wie wir mit ihnen unserer Verbundenheit entgegenarbeiten.

Der Paartherapeut Terrence Real, den ich im Zusammenhang mit Männlichkeit bereits zitiert habe, bringt in Paartherapiesitzungen seine eigene soziale Position strategisch ein, um Männer – ich behaupte, dass es vor allem cis Männer sind – auf ihr »Macht über«-Verhalten hinzuweisen. Wenn er Männer, die mit ihren Partner*innen im Konflikt sind, anspricht und ihnen aufzeigt, dass ihr sexistisches Verhalten Gegenseitigkeit und Verbundenheit erodiert, durchbricht er damit bewusst Vorstellungen von vermeintlicher Neutralität. Und er schafft eine Verbindung zu der Person, dem Mann, dessen Verhalten der Beziehung schadet, indem er ausdrückt, dass er solches Handeln von sich selbst kennt. Kaley Roosen nutzt ihre soziale Position als Person, die Ableismus erfährt, ebenfalls. Allerdings insbesondere, um in ihrer Praxis Menschen darin zu bestärken, den Ableismus wie auch andere Formen der Diskriminierung, die sie erleben, konkret zu benennen.

> »Ich glaube nicht, dass es Neutralität gibt. Ich denke, selbst wenn wir versuchen, ›neutral‹ zu sein, bringen wir diskriminierende Vorstellungen mit uns, derer wir uns nicht bewusst sind. Die Vorstellung, ›professionell‹ zu sein, bedeutet, Ideen der *weißen* Vorherrschaft oder Ableismus zu unterstützen. Das ist nicht neutral. Als Therapeutin sehe ich es also als meine Aufgabe an, diese Unterdrückung aufzudecken. Wenn eine Person eine Sitzung hat und sagt: ›Es ist alles meine Schuld‹ oder ›Ich bin schwer zu

lieben‹, dann sage ich: ›Moment mal, lass uns das betrachten.‹ Woher kommt diese Idee? Nun, weil wir in einer Gesellschaft aufgewachsen sind, die uns lehrt, dass be_hinderte Menschen es nicht wert sind, geliebt zu werden, ist es natürlich schwer, das nicht zu verinnerlichen. Es ist wichtig, das zu benennen und die Schuld dorthin zu verlagern, wo sie hingehört.«

Die Sensibilisierung für »Macht über«-Handeln, die Terrence Real beschreibt, und die Bestärkung, von der Kaley Roosen spricht, sind wichtig, auch um in Konflikten immer wieder an sich selbst wahrzunehmen, auf welche Weise Unterdrückungsmechanismen ihr Gesicht zeigen. Denn das tun sie beständig. Und zwar in Form der kritischen Stimme in unserem Kopf, die uns nicht erlaubt, Grenzen zu setzen, weil wir sie vermeintlich genauso wenig verdienen wie die Liebe selbst. In Form der verinnerlichten Haltung, dass uns vermeintlich zustehe, worauf wir eigentlich keinen Anspruch haben, und wir mehr Raum einnehmen, als wir zugestehen können. Zu letzterem Punkt bemerkt Kabir Brown im Interview, dass er immer wieder die Erfahrung macht, dass Menschen große Schwierigkeiten haben zu erkennen, wie sich ihre verinnerlichte Dominanz in Konflikten auswirkt und diese oft sogar befeuert, eben weil sie dafür keine Verantwortung übernehmen:

»Wenn du die Rückmeldung erhältst, dass du etwas tust, das an ein System der Unterdrückung anknüpft, entschuldige dich einfach. Ich glaube, dass diese direkte Kommunikation sich positiv auf Intimität auswirkt. Sie vereinfacht viele Probleme, deren Entstehen ich in Beziehungen beobachten kann, weil eine

> Person nicht anerkennen will, dass sie Schaden verursacht hat. Sich einfach zu entschuldigen, ist meiner Meinung nach das Wichtigste.«

Verantwortung für das eigene Handeln zu übernehmen, das ergänzt er, ist Übungssache, je öfter wir das machen, desto einfacher wird es. Ein Teil unserer inneren Arbeit kann also sein, hinsichtlich unserer privilegierten Anteile einzuüben, Verantwortung für die Situationen in Konflikten – und darüber hinaus – zu übernehmen, in denen unser aus dieser privilegierten Position entstandenes Handeln der Verbundenheit im Weg steht.

Ein anderer Aspekt unserer inneren Arbeit ist zu reflektieren, was uns dabei hilft, uns schneller durch die verschiedenen Stadien zu bewegen, die ja von unterschiedlichen Emotionen begleitet werden. Schließlich ist, ähnlich wie Roosen es beschreibt, eine der wesentlichen Erkenntnisse in der jeweils letzten Stufe der verschiedenen Phasenmodelle die, dass unser Erleben und unser Handeln maßgeblich von Machtstrukturen geprägt sind. Mona ElOmari erklärt dazu in unserem Gespräch mit Blick auf Racial Identity Development:

> »Ich glaube, es ist nicht realistisch, dass wir eine Person finden, mit der Diskriminierung keine Rolle spielt. Was aber realistisch ist, ist, dass wir gemeinsam üben, uns schneller durch die verschiedenen Stadien zu arbeiten, um wieder in Kontakt miteinander zu kommen.«

Ich finde ihren Punkt wichtig, denn die späteren Stadien der Racial-Identity-Development-Modelle sind jene, in denen Kontakt möglich wird und wo gleichzeitig klar ist, dass die Machtverhältnisse, die uns umgeben, Teil aller unserer zwischenmenschlichen Interaktionen sind. Diesen Machtverhältnissen kritisch zu begegnen, bedeutet, sich verantwortlich zu zeigen, und zwar dadurch, dass wir nicht die für uns von der Gesellschaft erdachten Tanzschritte wiederholen – unabhängig davon, ob wir in bestimmten Kontexten benachteiligt oder privilegiert werden.

Vielleicht fragst du dich inzwischen, ob es grundsätzlich darum geht, die beiden Seiten, die Diskriminierung schafft – Privilegierung und Marginalisierung –, in den Blick zu nehmen und im Zusammenhang der verschiedenen Momente von Liebesbeziehungen zu reflektieren? Ja, genau das ist unsere Aufgabe, der rote Faden, der sich durch unsere Selbstreflexion zieht, wenn wir mehr Gleichberechtigung in der Liebe zum Ziel unseres Handelns erklären. Und obgleich diese Aufgabe simpel erscheinen mag, ist sie das nicht. Sie ist komplex, weil sie von so vielen Dingen, etwa unseren eigenen sozialen Positionierungen, denen unserer Partner*innen und unserem Umfeld, beeinflusst wird.

Reflexionsfragen

Wie in den beiden Kapiteln zuvor habe ich hier einige Fragen gesammelt, anhand derer du deine eigene Haltung reflektieren kannst. Hier geht es, wie auch im Kapitel selbst, vor allem um Konflikte, Grenzen und die Reparatur nach Konflikten.

Fragen zur Reflexion:

- Wie möchtest du Konflikte und Differenzen beilegen?
- Wie könntest du Konflikte, etwa wenn sie zu eskalieren drohen, pausieren?

- Wie könnte dein Beitrag zur Reparatur nach einem Konflikt aussehen? Weißt du, was für dein Gegenüber funktioniert?

Fragen mit Blick auf Marginalisierung:

- Was brauchst du hinsichtlich deiner Erfahrung mit Diskriminierung, um Sicherheit in Konflikten zu erfahren? Wann kommunizierst du das? Hast du den nötigen Raum, um das zu kommunizieren?
- Hast du Personen, die verstehen, dass und wie Unterdrückung in Konflikten wirkt, mit denen du dich über Beziehungskonflikte austauschen kannst?
- Wie kannst du lernen, die unterschiedlichen Stadien in Konflikten (angelehnt an Racial Identity Development) schneller zu durchlaufen? Was hilft dir dabei?

Fragen mit Blick auf Privilegien:

- Nimmst du Momente an dir wahr, in denen du »Macht über« in Konflikten reproduzierst? Wie äußert sich das? Welche alternativen Verhaltensweisen sind für dich denkbar?
- Hast du Personen, die verstehen, dass und wie Unterdrückung in Konflikten wirkt, mit denen du dich über Beziehungskonflikte austauschen kannst?
- Wie kannst du lernen, die unterschiedlichen Stadien in Konflikten (angelehnt an Racial Identity Development) schneller zu durchlaufen? Was hilft dir dabei?
- Wie könnte eine aufrichtige Übernahme von Verantwortung für dich aussehen?

Ökosystem

Heaven is other people

> »ich will eine welt, in der freund*innenschaft als eine form der romantik geschätzt wird. ich will eine welt, in der wir, wenn wir gefragt werden, ob wir in einer beziehung sind, die namen all unserer besten freund*innen aufzählen können, ohne dass darauf mit erhobenen augenbrauen reagiert wird. ich will denkmäler und feiertage und zertifikate und zeremonien, um freund*innenschaft zu gedenken. ich will eine welt, in der wir nicht in einer sexuellen oder romantischen beziehung sein müssen, um als reif (geschweige denn vollständig) angesehen zu werden. ich will eine bewegung, die für alle formen von beziehungen kämpft, nicht nur für die sexuellen. ich will tausende von liedern und filmen und gedichten über die intimität zwischen freund*innen. ich will eine welt, in der unser wert nicht an unsere begehrlichkeit, unsere sicherheit nicht an monogamie und unsere familie nicht an biologie gebunden ist.«[104] – Alok V. Menon

Eine meiner ersten und vielleicht auch bedeutendsten Liebesgeschichten war eine Freund*innenschaft, deren Ende ich mehr als ein Jahrzehnt später noch immer ab und zu betrauere. Vielleicht ist es die ungezwungene Leichtigkeit, die ich mit meinem besten Freund während des Abis teilte, die ich heute noch immer hin und wieder vermisse. Wir waren jung, hatten kein Geld für Unternehmungen und noch weniger Lust auf Schule. Dafür hatten wir uns – für mich ein unermesslicher Reichtum. Unsere gemeinsame Zeit – sie erscheint mir heute auch besonders, weil ich mich mit diesem Freund dem Gefühl nach jenseits rigider Zuschreibungen erfahren habe – werde ich nie vergessen. Wir haben stundenlang geredet und konnten auf eine Art, die nur tiefe Vertrautheit zulässt, miteinander schweigen. Mit ihm habe ich meine erste Wohnung renoviert. Ich erinnere mich, wie wir in den letzten Wochen, bevor wir unser Abiturzeugnis erhielten, täglich nach der Schule in meine Wohnung fuhren, Schichten von Tapete abkratzten und Leimfarbe von den Wänden wuschen. Und daran, wie er mich mit einem Tanz aufheiterte, als ich merkte, dass die Arbeiten an den Zimmern deutlich länger dauern würden, als ich erwartet hatte. Für den Abiball stimmten wir die Farbe seines Hemdes auf mein – wie ich damals fand – angemessen dramatisches Kleid ab.

Wenn ich an Freund*innenschaft denke, denke ich an meine Freundin, mit der ich schon in der Grundschule – so erzählt sie es noch heute – mit dem Läuten zur großen Pause zu den Schaukeln rannte. Ich erinnere mich außerdem an Tanzeinheiten vor dem Spiegel zu *If You Had My Love,* an Fischerhüte und Caprihosen, an T-Shirts mit Fotodruck und Gel mit irisierenden Pigmenten, das wir großflächig auf unsere Augenpartie auftrugen. Fast zwanzig Jahre später treffen wir uns zufällig wieder: Wir stellen fest, dass wir nur einmal beim Späti um die Ecke müssen, um uns zu Hause zu besuchen – eine Freund*innenschaft auf fünfzig Meter Entfernung. Die Verbundenheit, die wir in der fünften Klasse teilten, ist nach wenigen Wochen wieder da. Ich mag, wie unaufgeregt es zwischen uns ist und dass wir Alltägliches miteinander machen: gemeinsam mit den Hunden rausgehen, den Wochenendeinkauf zusammen erledigen, gemeinsam Abend essen. In dieser Zeit verarbeite ich eine Trennung, die für mich auch deshalb schmerzhaft ist, weil ich mit der Person ein Jahrzehnt meines

Lebens geteilt und den größten Teil dieser Zeit mit ihr zusammengewohnt habe. Heute denke ich kaum mehr an diese Trennung oder daran, dass sich mein Sein damals angefühlt hat wie eine rohe offene Wunde. Ich erinnere mich stattdessen an die Vertrautheit zwischen meiner Freundin und mir, den schönen Sommer, den wir zusammen hatten, die kleinen Abenteuer, die sich durch unseren gemeinsamen Alltag zogen, die lustigen Momente, von denen ich hoffe, dass wir über sie noch lachen werden, wenn wir hundert sind.

Wenn ich an Freund*innenschaft denke, denke ich an die Gespräche mit einer befreundeten Person, die über einen ihrer Freunde mit so viel Zuneigung und Zärtlichkeit spricht, dass es mir das Herz erwärmt. Auch die beiden sind sich – so scheint es mir – sehr vertraut. Sie teilen ihre Höhen und Tiefen miteinander und sind füreinander da, um sich zu bestärken, die guten Zeiten im Leben miteinander zu feiern und an die jeweils andere Person zu glauben, wenn sie es gerade selbst nicht kann.

All diese Beziehungen sind, auch wenn ich sie nur an dieser Stelle im Buch näher in den Blick nehme – Freund*innenschaften verdienen eigene Bücher –, Liebesbeziehungen. Die Prämissen, auf die ich zu Beginn des Buches eingegangen bin, gelten für sie auch. Gleichzeitig werden Freund*innenschaften oft nicht als Liebesbeziehungen betrachtet, und ihnen wird gesellschaftlich weniger Bedeutung beigemessen.

Und noch eine Hierarchie

In einer kapitalistisch geprägten Gesellschaft wird uns überall suggeriert, dass die eine Sache mehr wert sei als die andere. Dieses Grundprinzip, das Teil der Basis von Unterdrückung ist, gilt auch für unsere Beziehungen: Die eine ist vermeintlich wichtiger als die andere. Verheiratet sein sticht »einfach zusammen sein«, Liebesbeziehung sticht Freund*innenschaft, und die Länge einer Partner*innenschaft gibt vermeintlich Auskunft über deren Qualität – kurz ist »schlecht«, lang ist »gut« und »echte Liebe«. Die unterschiedlichen Beziehungen, die uns durch unser Leben begleiten – das lernen wir –, sind nicht gleichwertig.

Das Problem mit dieser Hierarchisierung – wie mit allen anderen, die wir in diesem Buch bislang betrachtet haben – ist, dass sie nicht etwa neutrale Realitäten abbildet, sondern an die Machtverhältnisse in der Gesellschaft anknüpft und sie aufrechterhält. So schreibt beispielsweise die Autorin Sibel Schick in einem Kommentar für *Neues Deutschland* über die Ehe, dass sie historisch zunächst eine wirtschaftliche Vereinbarung war und die Idee, aus Liebe zu heiraten, vergleichsweise neu ist:

> »Die Liebesheirat gibt es erst seit etwa 150 Jahren. Im Zuge der Industrialisierung verlor die Ehe als wirtschaftliches Arrangement ihre gesellschaftliche Relevanz. Um die Institution weiter attraktiv und lebendig zu halten, fingen Menschen an, von Liebe zu sprechen.«[105]

Die Ehe ist nicht nur historisch betrachtet eine wirtschaftliche Vereinbarung. Das ist sie im Hinblick auf ihre rechtliche Grundlage noch immer – wie gesagt, in den Gesetzestexten, mit denen der rechtliche Status der Ehe geregelt wird, kommt das Wort »Liebe« nicht vor. Zudem verkennt die Hierarchisierung der vielen bedeutsamen Formen von Beziehungen, dass nicht alle Menschen einen gleichberechtigten Zugang zur Ehe haben und hatten. Gemessen daran wird schnell deutlich, dass mit der Wertung von Beziehungen jene, deren Zugang etwa zur Ehe im Vergleich zu hetero-cis Beziehungen erschwert ist, mit abgewertet werden.

In der Folge »A Private Life« des Podcasts *This is Love* erzählen Nino Esposito und Drew Bosee, dass sie nach 42 Jahren Beziehung die Entscheidung trafen, dass der zehn Jahre ältere Nino seinen Partner adoptieren würde.[106] Sie kamen zu diesem Entschluss, weil sie sicherstellen wollten, dass sie im Alter und bei Krankheit auf die gleiche Art füreinander da sein könnten, wie es für verheiratete hetero Paare zur selben Zeit selbstverständlich war. Als schwules Paar hatten die beiden diese Möglichkeit damals nicht – es war knapp drei Jahre, bevor in den USA auch für lesbische und schwule Menschen die Heirat erlaubt wurde.

Es ist wenig verwunderlich, dass es vor allem **queere*** Menschen waren und sind, die, auch aufgrund institutioneller Diskriminierung, vor der Notwendigkeit standen, Beziehungen

---

* **Queer**: »Queer ist ein Sammelbegriff für Personen, deren geschlechtliche Identität (wer sie in Bezug auf Geschlecht sind) und/oder sexuelle Orientierung (wen sie begehren oder wie sie lieben) nicht der zweigeschlechtlichen, cis-geschlechtlichen und/oder heterosexuellen Norm entspricht. [...] Der Begriff kommt aus dem Englischen und bezeichnet zunächst Dinge oder Personen, die meist im negativen Sinn von der Norm abweichen. Er lässt sich mit ›seltsam‹, ›eigenartig‹ oder ›sonderbar‹ übersetzen. Er wurde benutzt, um abwertend insbesondere über Homosexuelle, aber auch andere Personen zu sprechen, deren geschlechtliche Identität und/oder sexuelle Orientierung nicht der Norm entspricht. Im Zuge der Aids-Bewegung gelang es der queeren Community jedoch, sich den Begriff wieder anzueignen, ihn damit aufzuwerten und für sich zu nutzen, sodass für viele Menschen queer heute ein positiver Begriff ist und sie sich gerne queer nennen. Als Sammelbegriff ist das Wort sehr offen und bietet vielen Menschen ein Identifikationsangebot.«[107]

anders zu versuchen und die Hierarchie, in die die unterschiedlichen Formen von Beziehungen gepresst wurden und werden, zu hinterfragen. So schreibt etwa der Politikwissenschaftler Dennis Altman in seinem vor knapp vierzig Jahren erschienenen Buch *The Homosexualization of America*[*] über die Bedeutung von Freund*innenschaften unter lesbischen Frauen beziehungsweise schwulen Männern:[**]

> »Sowohl die fehlende Möglichkeit der Ehe als auch der Ausschluss aus der heterosexuellen Welt konventioneller Familien machen Freund*innenschaften für homosexuelle Menschen umso wichtiger. Soziolog*innen haben zwar in den letzten Jahren ein gewisses Interesse an homosexuellen Paaren gezeigt, sie haben die Bedeutung von Freund*innenschaften sowohl unter homosexuellen Frauen als auch Männern jedoch völlig übersehen. Im Laufe der Jahre haben mir viele Menschen erzählt, dass sie ihren Freund*innen mehr Bedeutung beimessen als ihren Liebhaber*innen, [...] sodass viele homosexuelle Menschen von einem reichhaltigen Netzwerk von Freund*innen [...] umgeben sind, das weitaus mehr Unterstützung bieten kann als die meisten Kernfamilien.«[108]

Ich denke da an ein aktuelles Beispiel zu dieser Form der Familienbildung: In der Serie *Pose,* deren Setting die

---

* Übersetzung: *Die Homosexualisierung Amerikas*

** Anmerkung: Es ist kein Zufall, dass ich mich an einigen Stellen auf ältere Quellen wie etwa die Arbeit von Jean Baker Miller oder hier Dennis Altman beziehe. Ich mache das, um indirekt aufzuzeigen, dass solche Beiträge zu Themen, die noch immer aktuell sind, nicht völlig neu sind.

Ballroom-Kultur der 1980er-Jahre in New York ist, sind es Schwarze trans Frauen, trans Frauen of Color und Indigenous trans Frauen, die im Mittelpunkt stehen und die das Zusammenleben ihrer Familien organisieren. Ihre Wahlfamilien bestehen aus Menschen, die ähnlich wie sie selbst in ihren Geburtsfamilien aufgrund ihrer sexuellen Orientierung oder Geschlechtsidentität Gewalt erfahren haben. Die Serie liefert ein anschauliches Beispiel dafür, dass Familie und Liebe nichts mit den gesellschaftlichen Normvorstellungen, die wir über sie vermittelt bekommen haben, zu tun haben müssen. Der Gedanke, der sich in mir einbrannte, als ich die Serie sah, ist folgender: Familie ist nicht, wer wir sind, sondern was wir machen.

Der Punkt, den ich anhand der Ehe verdeutliche, beschränkt sich nicht exklusiv auf diese: Gesellschaftliche Normvorstellungen, die grundsätzlich mit einer Hierarchisierung einhergehen und mit Unterdrückung verbunden sind, sind Teil dessen, was wir hinterfragen müssen. Insbesondere dann, wenn wir gleichberechtigtere Beziehungen führen wollen. Denn nichts von alldem, wie wir Beziehungen denken, sie verstehen und uns in ihnen verhalten, geschieht in einem Vakuum. Im Gegenteil, wir sind zutiefst beeinflusst von unserem Umfeld, von Vorstellungen, die nicht unsere eigenen sind. Um Beziehungen so auszuhandeln, dass sie für uns funktionieren, und sie gleichberechtigter zu gestalten, benötigen wir allerdings deutlich mehr Raum – darauf komme ich im nächsten Kapitel noch einmal zurück.

In den gesellschaftlich gängigen Hierarchien wird Freund*innenschaften – und das, obwohl sie für viele deutlich länger währen als Liebesbeziehungen – ein relativ niedriger Rang zugewiesen. Kabir Brown, der gemeinsam mit seiner Partnerin

Sofia Mojica insbesondere mit Menschen in nicht-monogamen Beziehungen arbeitet, beschreibt diese Hierarchie:

> »Romantische Beziehungen werden in unserer Gesellschaft zentriert, dann kommt vielleicht noch die Familie, je nachdem wie du zu deiner Familie stehst. Freund*innenschaften haben aus irgendeinem Grund den niedrigsten Status. Ich denke, das ist stark vom Kapitalismus beeinflusst. In dieser kapitalistischen Vorstellung besteht eine Beziehung aus zwei Menschen, die Entscheidungen auf der Grundlage von Finanzen treffen können.«

Jessica Fern, Psychotherapeutin und Autorin des Buches *Polysecure: Attachment, Trauma and Consensual Nonmonogamy,** erklärt regelmäßig in Interviews, in denen es um das Navigieren nicht-monogamer Beziehungen geht, wie wichtig es ist, andere Personen außerhalb der Liebesbeziehung zu haben, mit denen wir uns zu unseren Realitäten austauschen können.[109] In meiner Wahrnehmung brauchen wir das, wenn wir Unterdrückung und ihre Auswirkungen auf unsere Liebesbeziehungen hinterfragen wollen, erst recht. Denn insbesondere wenn es darum geht, Machtverhältnisse kritisch zu reflektieren, benötigen wir andere Perspektiven als die eigene. Wir brauchen Reflexionsräume außerhalb unserer Liebesbeziehungen, in denen wir Konflikte besprechen, Freude teilen, fürsorglich sein, uns beziehen, in denen wir Verbundenheit lernen und kritisiert werden können. Harriet

* Übersetzung: *Polysecure: Bindung, Trauma und einvernehmliche Nicht-Monogamie*

Lerner schreibt dazu in ihrem Buch *The Dance of Intimacy: A Woman's Guide to Courageous Acts of Change in Key Relationships*[*] treffend:

> »[N]ur durch unsere Verbundenheit mit anderen können wir unser Selbst wirklich kennen und verbessern. Und nur wenn wir an uns selbst arbeiten, können wir beginnen, unsere Verbundenheit mit anderen zu verbessern.«[110]

Sich auf andere Menschen zu beziehen, erfordert Übung und Anstrengung und bleibt ähnlich wie das Lernen über und das Eintreten gegen die Mechanismen von Unterdrückung ein Prozess. Einer, in dem die unterschiedlichen Beziehungen – auch die, die wir mit uns selbst führen – im Austausch miteinander stehen, und zwar darüber, dass sie sich gegenseitig beeinflussen. Was würde geschehen, wenn wir, basierend auf diesem Gedanken, nicht nur einander in Beziehungen mehr Raum zugestehen, sondern auch Beziehungen zu Menschen, die uns wichtig sind, jenseits von gängigen Wertungen wahrnehmen würden? Wie würde eine Welt aussehen, in der unsere Beziehungen zwar verschieden sein dürften, aber dennoch gleichwertig wären? Eine Welt, in der wir – wie Alok V. Menon es sich wünscht – Freund*innenschaften als Orte der Romantik und der Liebe wahrnehmen würden? In der Familie nicht an Blut geknüpft wäre?

Eine Betrachtung unserer Beziehungen als Netzwerke, als ein fein getaktetes Ökosystem, ist Liebe als radikaler

---

* Deutsche Fassung erschienen unter dem Titel: *Zärtliches Tempo: Wie Frauen ihre Beziehungen verändern, ohne sie zu zerstören*

machtkritischer Praxis zuträglich: Einerseits, weil wir Liebe jenseits kapitalistischer Vorstellungen von künstlicher Verknappung erkennen können. Schließlich können wir Liebe als ein Handeln gegen Unterdrückung überall in unserem Alltag praktizieren, sie ist nicht endlich oder weniger wert, je mehr wir sie teilen. Andererseits – hier fließt der erste Aspekt in diesen zweiten über –, weil uns diese Perspektive ermöglicht wahrzunehmen, dass unsere Beziehungen sich gegenseitig beeinflussen. Daraus ergibt sich – um hier noch mal den Gedanken von Jessica Fern aufzugreifen –, dass wir nicht lediglich Menschen um uns herum brauchen, die für uns da sind und umgekehrt. Wir brauchen freund*innenschaftliche und familiäre Beziehungen, in denen wir die Freiheit, an der und für die wir in Liebesbeziehungen arbeiten, erproben können.

… dieser Typ

Zelin lässt sich auf den Stuhl neben mir gleiten.

»Und?«, frage ich erwartungsvoll, »wie war euer Gespräch?« Wir umarmen uns innig, und sie nimmt einen Schluck von der Limettenlimonade, die ich für sie bestellt habe.

»Diese weißen *woken cis Typen rauben mir echt meine Nerven«, sagt sie und schüttelt dabei sichtlich genervt den Kopf. »Er hat mir eröffnet, dass er und seine Freundin eine offene Beziehung haben. Ich glaube, er wollte mir signalisieren, dass er an mir interessiert ist.«*

»Oh dear«, werfe ich ein, »ich habe fast Angst, den Rest der Geschichte zu hören.«

»Jedenfalls«, fährt Zelin fort, »war es ihm wichtig zu erwähnen, dass er gelesen habe, dass viele vorkoloniale

Gesellschaften nicht-monogam gewesen seien und dass Nicht-Monogamie eine dekoloniale Praxis sei.«

Als hätten wir uns abgesprochen, beginnen wir beide zu lachen. »Clown-Emoji«, sage ich.

»Ja!«, stimmt sie zu.

»Wie schamlos der ist«, sage ich, noch immer lachend.

»Die Tatsache«, sagt sie, »dass er glaubt, dass er sich eine Sache aussuchen kann – die praktischerweise seinen persönlichen Interessen dient – und dann von sich behaupten kann, dekolonial zu sein.«

»Und das«, erwidere ich, »in einer Welt, die eben keine vorkoloniale mehr ist, sondern so krass von der Kolonialzeit geprägt. Das ist echt next level Rosinen picken.«

Zelin nickt. »Ich habe ihm gesagt, dass ich eine Refugee trans Frau of Color bin und dass ich kein Interesse an einer offenen Beziehung habe. Ich bin es so gewöhnt, dass ich die heimliche Geliebte sein soll. Ich will eine monogame Beziehung, eine, von der alle wissen. Ich bin kein guilty pleasure, ich bin pleasure.«

Ich nicke. »Ich finde es so schön und so wichtig, dass du da so klar für dich bist. Das musst du dir nicht geben.«

Sie lächelt. »Wie sonst soll ich heilen? Anyway, ich gehe kurz rein und bestelle was zu essen. Du nimmst Reisbandnudelsuppe mit viel Gemüse, wie immer?«

»Ja«, sage ich entschieden.

Ich blicke mich um, die Szenerie ist friedlich: der Tag, dessen Licht gebrochen und sanft ist, weil er sich dem Ende neigt, Menschen, die mit Kaltgetränken in der Hand an mir vorbeischlendern, Kinder, die sich beim Späti von den Pfandflaschen, die sie gesammelt haben, Wassereis kaufen. Aus diesem Meer an Ruhe – blaue Stunde – taucht Yunus hervor. Er winkt mir von der anderen Seite der Straße zu. Am Ohr hält er sein Handy, er ist mitten in einem Gespräch. Nachdem er aufgelegt hat, läuft er gelassen, wie die anderen Menschen um uns herum, auf mich zu. Er kommt bei mir an, beugt sich zu mir herab und küsst mich - nicht hastig, sondern einen Moment länger, als alltägliche Küsse dauern. Seine Lippen schmecken leicht salzig.

»Stinke ich?«, fragt er. »Ich bin vom Basketball direkt zum Healing Circle gehetzt und konnte nicht richtig duschen.«

»Nein, geht schon, setz dich«, sage ich, während ich ihn betrachte und einmal mehr feststelle, wie sehr ich mich zu ihm hingezogen fühle.

»Yunus!« Zelin ist zurück. Yunus und sie umarmen sich, bevor sie sich wieder zu uns an den Tisch setzt. »Warst du eigentlich bei dem Healing Circle, von dem du letztens erzählt hast?«, fragt sie ihn.

»Ja, da komme ich gerade her. Es war krass.« Es entsteht eine kurze Pause, in der Yunus nachdenklich auf seine Hände blickt. Er schaut auf und fährt fort: »Die Atmosphäre war wirklich schön. Ich fühle mich so, als würde ich noch immer von innen leuchten.«

»Das hört sich schön an«, sagt Zelin.

»Wie läuft so was ab?«, frage ich.

»Hmm.« Er hält kurz inne und zieht, fast gedankenverloren, an meinem Strohhalm. »Wir haben zuerst eine Meditation gemacht, um gemeinsam im Raum anzukommen. Dann durfte jeder in der Gruppe etwas von sich teilen. Das war eine ungewohnte Erfahrung, weil so viel Ruhe im Raum war, so klassische Männersachen blieben aus. Ich glaube, wir haben den Raum alle sehr ernst genommen.«

»Ist das eine regelmäßige Sache?«, fragt Zelin ihn.

»Ja«, sagt er, und ich frage ihn unmittelbar:

»Gehst du wieder hin?«

»Auf jeden Fall. Es war befreiend, und die Geschichten, die die anderen geteilt haben, haben mich sehr berührt. Ich musste mich echt zusammenreißen.«

Ich muss schmunzeln und werfe ein: »Weißt du noch, als wir im Kino waren, die Leinwand war noch schwarz …«

»… und nur die Filmmusik spielte«, ergänzt er.

»Und wir beide waren schon so gerührt, dass uns die Tränen kamen«, sage ich.

»Ihr zwei!« Zelin lacht.

Ich schaue Yunus kurz verschwörerisch in die Augen. »Ich mag dich«, sage ich und küsse seine Schulter.

Mehr Liebe und mehr Raum

Was ich bei meinen Beispielen am Anfang des dritten Kapitels – ich schreibe dort über Verlangen und darüber, dass unsere Gesellschaft durch Diskriminierung so segregiert ist, dass uns einige Menschen schlicht nicht begegnen – nicht benannt habe, ist, dass mein Freund*innenkreis eigentlich vergleichsweise divers ist. Es stimmt, das mag hinsichtlich Klassismus und Ableismus weniger der Fall sein, mit Blick auf Rassismus, Cis- und Heterosexismus ist es hingegen anders. Einige meiner wichtigsten Bezugspersonen, jene, die ich anrufe, wenn ich – wie im Kapitel zuvor – einen Beziehungskonflikt habe, von meiner Arbeit frustriert bin, mit denen ich über neue Ideen spreche und alltägliche Freuden teile, sind wie ich Schwarz, sind wie ich nicht-binär oder trans, sind pan- oder homosexuell.

Dass das so ist, ist kein Zufall: Mein Freund*innenkreis ist so gewachsen, weil ich Menschen in meinem Leben haben will, die einige meiner Erfahrungen oder aber meiner Werte mit mir teilen – und Machtkritik gehört ganz wesentlich dazu. Mein Freund*innenkreis ist nicht nur ein Ventil, spendet mir Trost und gibt mir Kraft, wenn ich Diskriminierung in alltäglichen Zusammenhängen erfahre, er trägt auch maßgeblich zu meinen Liebesbeziehungen bei. Denn – und diese Perspektive möchte ich hier stark machen – wir üben uns in allen unseren Beziehungen für alle unsere Beziehungen. In gewisser Weise haben die vielen unterschiedlichen Beziehungen in unserem Leben so auch das Potenzial, sich gegenseitig zu entlasten, weil in dieser Perspektive Partner*innen nicht unser Ein und Alles sein müssen. Das kann sich daraus ergeben, dass wir ein bestimmtes Interesse mit einer Person teilen, mit der wir uns sehr verbunden fühlen. Es kann sich auch daraus ergeben – und darauf lege ich den Fokus –, dass wir für Beziehungen relevante Fähigkeiten wie das Regulieren der eigenen durch unsere Sozialisierung geprägten Emotionen mit verschiedenen Menschen einüben, uns fürsorglich ihnen gegenüber verhalten und selbst Fürsorge durch sie erfahren. Dwight Turner veranschaulicht das mit Blick auf seine eigenen Freund*innenschaften:

> »Ich zum Beispiel mache meine eigene Therapie, die mir hilft, nicht nur über psychologische Dinge zu sprechen, sondern manchmal auch über die unterschiedlichen sozialen Positionen, die meine Partnerin und ich im Kontext von Rassismus haben. Dieser Umstand kann in unserer Beziehung eine Herausforderung darstellen, und in der Therapie kann ich das zum Ausdruck bringen. Und ich habe das Glück, dass ich sehr offene Freund*innen habe, die mir sagen, wenn ich Mist baue. Ich glaube, das brauchen

> wir alle, eine gewisse Ehrlichkeit. Vor allem, wenn sie aus einer liebevollen Haltung heraus geschieht: Meine Freund*innen wollen nicht, dass ich falle, sie wollen mich unterstützen. Wir werden also tun, was immer wir können, um uns gegenseitig zu helfen.«

Ich vertrete – und es ist mir wichtig, das klarzustellen – keinesfalls den Standpunkt, dass wir ungehemmt all unsere Emotionen auf unseren Freund*innen abladen sollten, nur damit in unseren Liebesbeziehungen mehr Harmonie herrscht. Mir geht es darum, sowohl die Hierarchisierung innerhalb unserer Beziehungen als auch die Art und Weise, wie wir auf dieser Grundlage – also auf der Basis patriarchaler und kapitalistischer Mythen – unsere Beziehungen leben, zu hinterfragen. Das ist es, was ich weiter oben mit »Ökosystem« meine: In gewisser Hinsicht sind unsere Beziehungen dadurch, dass wir uns in ihnen erproben können, miteinander verbunden, sie sind interdependent.

Auch der Psychologe Dwight Turner misst den verschiedenen Formen von Beziehungen aus machtkritischer Perspektive Bedeutung bei:

> »Es ist eine dieser überstrapazierten Redewendungen, dass es ›ein Dorf braucht, um ein Kind großzuziehen‹. Ich denke, das gilt auch für Beziehungen: Es braucht eine Gemeinschaft, um die Beziehung wirklich zu unterstützen. Wo können wir über die Probleme sprechen, die sich aus Ungleichberechtigung, Rassismus, unserer Geschlechtsidentität oder unserer sexuellen Orientierung ergeben und die immer wieder aufkommen?

> Je mehr wir in der Lage sind, uns mit unseren eigenen Erfahrungen als Außenseiter*innen, als Ausgegrenzte, im Umgang mit Rassismus, im Umgang mit Familien und Freund*innen auseinanderzusetzen, desto mehr trägt das dazu bei, die persönlichen und damit auch die kollektiven Wunden zu heilen, die in uns allen sitzen. Je mehr wir alle das tun, desto besser ist es für unsere Freund*innen und Familie. Und umso besser ist es für unsere Gemeinschaften – was nicht heißt, das es einfach ist. Vieles davon ist unglaublich schmerzhaft. Aber es ist nicht unmöglich, es zu tun.«

Dieses Ökosystem der Beziehungen betrachte ich wie Turner aus einer Perspektive, die die verschiedenen Formen von Unterdrückung abbauen und letztlich überwinden möchte. Mit dieser Perspektive sind wir nicht allein: Auch im Rahmen psychologischer Forschungen werden Freund*innenschaften im Kontext von Erfahrungen mit Unterdrückung untersucht. Dabei wird deren heilende Wirkung auf jene, die sie eingehen, regelmäßig herausgestellt.[111] Auch hier gilt, dass die Heilung der Verletzungen, die Marginalisierung schafft, und die Heilung der Entmenschlichung, die sich letztlich für uns alle aus den gegenwärtigen Machtverhältnissen ergibt, sich auf individueller und kollektiver Ebene gegenseitig beeinflussen. Schon deshalb gibt es einen konstanten, wenn auch indirekten Austausch, einen Fluss zwischen den verschiedenen Beziehungen, in denen wir uns befinden.

Ich möchte das veranschaulichen: Wenn ich an Freund*innenschaft denke, dann denke ich an eine Freundin, die mich inzwischen mein halbes Leben begleitet und mit der ich sicherlich mehr Konflikte hatte als mit den meisten meiner Freund*innen. Mit ihr habe ich gelernt, unsere Beziehung nach einem Konflikt zu reparieren und klar und besonnen Grenzen zu kommunizieren und gleichzeitig darüber mit ihr verbunden zu sein. Mit ihr habe ich auch die unterschiedlichen Phasen meines Schwarz-Seins durchlaufen – sie ist ebenfalls Schwarz. Viele Momente der Selbsterkenntnis haben wir gemeinsam erlebt und reflektiert. Mein Punkt ist, dass unser Lernen zu Diskriminierung genauso wenig wie unser Lernen zu Bezogenheit allein stattfindet. Im Gegenteil, für beides brauchen wir den Abgleich, den Austausch, die Perspektiven anderer. Die Relevanz dessen hinsichtlich der Ausgrenzung, die Rassismus schafft, benennt auch die Fachärztin für Psychiatrie und Psychotherapie Amma Yeboah:

> »Die Erfahrung, sich als Menschen gegenseitig zu erkennen und anzuerkennen, ist eine absolute Notwendigkeit für das Leben. Für Schwarze und PoC sind in diesem Zusammenhang geschützte Räume absolut notwendig, in denen die erlebte Zurückweisung durch die *weiße* Gesellschaft in Form von Erzählungen über ihre erlebte Realität gegenüber einer empathischen und verständnisvollen Person sowie durch Erfahrungsaustausch in der Gruppe eine soziale Verankerung bekommt und nicht als individuelles Defizit gedeutet wird. Solche Räume können Quellen der Lebenskraft sein [...]. Auch die Solidarität, die dadurch entsteht, hat enormes Kraftpotenzial zur Überwindung der Vernichtungsabsichten rassistischer Diskriminierung.«[112]

Dieser Aspekt ist besonders mit Blick auf Unterdrückung wichtig, denn weil unser Blick auf uns selbst so stark von der gesellschaftlichen Perspektive geprägt ist, brauchen wir Menschen, die uns jenseits dieser erkennen und lieben. Das knüpft an das Zitat von Stan Tatkin weiter oben an, in dem er aus neurobiologischer Perspektive hinterfragt, ob Menschen sich überhaupt aus sich selbst heraus lieben können.

Unsere Ökosysteme, Netzwerke, Freund*innenschaften – wie auch immer wir es nennen wollen – sind damit ein wesentlicher und unabdingbarer Teil unserer inneren Arbeit sowie unserer Beziehungsarbeit und ein wichtiger Aspekt von Liebe als radikaler machtkritischer Praxis. Sie sind nicht – wie oft im negativen Sinne behauptet wird – Echokammern, in denen wir nur das hören, was wir hören wollen. Im Rahmen einer Praxis, die das Ziel hat, Unterdrückung entgegenzutreten, sind sie jene Reflexionsräume, die wir so dringend brauchen und die gesellschaftlich kaum gewünscht sind. Freund*innenschaften als Ökosysteme sind die Orte, an denen wir all die Reflexion, die ich mit meinen Fragen anregen möchte, leisten – auch ohne es zu bemerken.* Sie sind wichtig. Nicht nur für unsere benachteiligten Anteile, sondern auch für jene, die uns Vorteile in der Gesellschaft verschaffen.

Mitu, der Körperarbeit macht und Healing Circles** für Männer und spezifisch auch für BIPoC-Männer anbietet, reflektiert in unserem Interview, welche Bedeutung die Selbstreflexion seiner Männlichkeit und seines Schwarz-Seins für alle Beziehungen in seinem Leben hat:

---

* Anmerkung: Viele der Reflexionsfragen der vorangegangenen Kapitel funktionieren auch mit Blick auf Freund*innenschaften.

** Anmerkung: Ein »Healing Circle«, also »Heilzirkel«, wird als geschützter Raum verstanden, in dem Menschen sich begegnen und sich frei von Bewertung und Verurteilung mitteilen können. Je nach Anleitung können dabei unterschiedliche Techniken wie Meditation oder Atemübungen integriert werden.

»Seit ich meine eigenen Verletzungen angehe, habe ich einen viel klareren Zugang zu mir: Ich fühle mich viel geerdeter, ich fühle mich sicherer in meinem Sein, und das strahlt auf jegliche Beziehung aus, die ich eingehe – egal ob das eine romantische Beziehung oder eine Geschäftsbeziehung ist. Auf der romantischen Ebene ist weniger Unruhe da, weil ich nicht mehr damit kämpfe, wo ich hingehöre und wer ich bin. Umso mehr diese Wunden heilen, desto eher sind nachhaltigere Beziehungen möglich.«

Was Mitu beschreibt, ist der Punkt, den ich im Zusammenhang mit unserer Sozialisierung und unseren Emotionen benannt habe: Wir müssen alle Teile an uns heilen, die mit Unterdrückung verbunden sind – Marginalisierung und Privilegierung. Und dieser Prozess der Heilung im Zusammenhang mit Unterdrückung ist – ich würde sogar sagen, notwendigerweise – einer, der kollektiv ist. Es ist ein Prozess, der in Verbindung mit anderen Menschen geschieht und der über diesen Austausch Verbundenheit mit uns selbst, jenseits vergeschlechtlichter, heteronormativer, ableisierter und rassifizierter Normen, und Verbundenheit zu eben jenen anderen Menschen schaffen kann. Freund*innenschaften, in denen die gesellschaftlichen Normen gemeinsam hinterfragt und reflektiert werden – und zwar unabhängig davon, wie wir positioniert sind –, sind für all die Arbeit, zu der ich in diesem Buch anstoßen möchte, unabdingbar. Mit diesen freund*innenschaftlichen Begegnungen, die es uns ermöglichen, einander zu erkennen und uns authentischer zu begegnen, können wir praktizieren, was für die Liebe – wie sie hier im Buch gedacht wird – und Diskriminierungskritik gleichermaßen grundlegend ist: die Beständigkeit der Anstrengung, die nicht nur einem einzelnen Menschen verpflichtet ist.

Freund*innenschaften, wie ich sie hier begreife, sind gelebte solidarische Praxis, sind Widerstand. Das sind sie insbesondere dann, wenn wir sie aus den sozial konstruierten Hierarchien befreien und ihnen größere Bedeutung beimessen, als es uns die Gesellschaft zugesteht. Sie sind eine Einladung zur Selbstwahrnehmung, zur Ergründung unserer Wünsche und Bedürfnisse, eine Einladung dazu, unsere innere Arbeit in ein – im machtkritischen Sinn – verändertes Handeln in der Praxis zu überführen und uns liebevoll mitzuteilen sowie ebenso liebevoll Rückmeldung zu erhalten.

Reflexionsfragen

Wie in den Kapiteln zuvor habe ich an dieser Stelle einige Fragen zur Reflexion für dich gesammelt. Sie sollen dir die Möglichkeit geben, innezuhalten und dich selbst mit Blick auf die Themen, die in diesem Kapitel angesprochen werden, zu reflektieren. Diese Fragen kannst du unabhängig von deiner sozialen Position für dich beantworten.

- Welche Reflexionsräume nutzt du für dich? Wie helfen dir diese Räume, in Kontakt mit dir selbst zu kommen und dadurch mehr Verbundenheit in Beziehungen zu schaffen und zu erleben?
- Wie prägt dich die gesellschaftliche Hierarchisierung von Freund*innenschaften und Liebesbeziehungen? Welche Auswirkungen hat das auf deine unterschiedlichen Beziehungen?
- Welche Auswirkungen hat deine Sozialisierung auf deine Freund*innenschaften? Wie knüpfen deine Erwartungen

im Hinblick auf Freund*innenschaften an Unterdrückungsmechanismen an – zum Beispiel: Was erwartest du von wem?

- Was hast du im Austausch mit anderen Menschen gelernt, das dir geholfen hat, deine Sozialisierung zu hinterfragen? Was, meinst du, könnten andere Menschen im Austausch mit dir über sich selbst im Zusammenhang mit ihrer Sozialisierung gelernt haben?
- Welche Verhaltensweisen, die für dich in Beziehungen insgesamt hilfreich waren, hast du in Freund*innenschaften gelernt? Welche Aha-Momente hattest du durch Freund*innenschaften?

Arbeit

Wie wir lieben wollen

Wie wir lieben sollen – das wird an unterschiedlichen Stellen im Buch illustriert –, ist in einer Gesellschaft, in der wir uns vor allem zwischen Zuschreibungen und Normvorstellungen bewegen, fast minutiös geplant: Wir sollen die eine »richtige« Person finden, mit der vermeintlich jegliche Anstrengung von uns abfällt, mit der Liebe keine Arbeit ist, weil wir zusammengehören und uns so ähnlich sind, »dass wir eh das Gleiche wollen«. Wir kommen zusammen, wir heiraten, wir bekommen Kinder und leben glücklich, bis dass der Tod uns scheidet – das Spektakel der hetero- und cisnormativen Kleinfamilie, die gleichzeitig *weiß*, nicht be_hindert und bürgerlich ist.

Nach all den Romantikkomödien, die ich schon in jungen Jahren gesehen habe und die mir dieses immer gleiche Märchen mit unterschiedlichen Schaupieler*innen – mal am Strand, mal in der Großstadt – schmackhaft machen sollten, weiß ich, dass das Abschütteln dieser gesellschaftlichen Erzählungen nicht leicht ist. Auch deshalb, weil viele der Vorstellungen sich so tief in uns hineingegraben haben, dass es kaum mehr möglich scheint, zwischen unserer eigenen Haltung und einem verinnerlichten Narrativ zu unterscheiden. Dabei ist es notwendig, dass wir, genauso wie wir uns den Begriff »Liebe« durch unsere eigene Definition aneignen müssen, uns auch unsere Liebesbeziehungen von Grund auf neu aneignen. Denn vieles von dem, was wir machen, orientiert sich unbewusst an eben jenen gesellschaftlichen Vorstellungen, die mal mehr, mal weniger damit korrelieren, was wir uns von Beziehungen eigentlich wünschen. Andie Nordgren, die ein Manifest zu »Relationship

Anarchy«, also »**Beziehungsanarchie**«,* geschrieben hat – darauf komme ich gleich noch mal zurück –, nennt als eine der wesentlichen Möglichkeiten, sich von den gesellschaftlichen Narrativen zu lösen, die Kommunikation:

> »Für die meisten menschlichen Aktivitäten gibt es eine Art Norm, wie sie funktionieren sollen. Wenn wir von diesem Muster abweichen wollen, müssen wir kommunizieren – andernfalls neigen die Dinge dazu, einfach der Norm zu folgen, da auch die anderen sich ihr entsprechend verhalten. Kommunikation und gemeinsame Aktionen zur Veränderung sind der einzige Weg, um auszubrechen. Radikale Beziehungen müssen das Gespräch und die Kommunikation in den Mittelpunkt stellen – nicht als Ausnahmezustand, der nur zur Lösung von ›Problemen‹ hervorgeholt wird.«[114]

Die notwendige Anstrengung, die uns bereits durch das gesamte Buch begleitet, ist hier so relevant wie an den anderen Stellen auch. Schließlich macht es wenig Sinn, wenn wir zwar

* **Beziehungsanarchie**: »Beziehungsanarchie« (oft abgekürzt BA oder RA nach englisch *relationship anarchy* bzw. schwedisch *relationsanarki*) ist die Praxis, zwischenmenschliche Beziehungen auf der Basis individueller Wünsche anstatt feststehender Normen und Regeln zu führen. Sie unterscheidet sich von der Polyamorie dadurch, dass sie annimmt, man brauche keine formelle Unterscheidung zwischen verschiedenen Typen von Beziehungen. Beziehungsanarchist*innen betrachten jede Beziehung (Liebesbeziehungen und andere) individuell, im Gegensatz zu der üblichen Kategorisierung nach gesellschaftlichen Normen wie ›nur Freunde‹, ›in einer Beziehung‹, ›in einer offenen Beziehung‹ etc. […] Beziehungsanarchie wird außerdem als politisches Ausdrucksmittel verstanden – eine Politisierung des Privaten.«[113]

wahrnehmen, dass der Ausdruck unserer Emotionen wie auch unser Verlangen an den Mechanismen von Diskriminierung orientiert sind, wir aber an dem Rahmen, in dem dies stattfindet, also unseren Beziehungen selbst, nichts verändern. Logisch ist - zumindest für mich -, dass wir auch unsere Beziehungen verändern müssen. Denn wenn wir etwa Fürsorge neu denken und jenseits unserer Sozialisierung leben wollen, dann benötigen wir einen anderen Raum, einen, der diesen veränderten Maßstäben Platz bietet.

Diskriminierung in Beziehungen entgegenzutreten bedeutet, unsere Beziehungen selbst zu hinterfragen. Unsere Arbeit beschränkt sich also notwendigerweise nicht auf unsere persönliche innere Arbeit, sondern umfasst die Arbeit miteinander. Spätestens hiermit kommt zum Tragen, was ich im Kapitel zu der Eingebundenheit unseres Gefühlserlebens in die Systeme der Unterdrückung zum Ausdruck gebracht habe: Der Prozess der Heilung dieser Strukturen, die in uns sind und in uns wirken, die auf unsere Liebesbeziehungen einen solch drastischen Einfluss haben, muss kein einsamer sein. Im Gegenteil: Wir brauchen Übung darin, »Macht mit«-Beziehungen zu führen, wenn wir doch mit jeder Faser unseres Seins an »Macht über«-Beziehungen gewöhnt sind und auch unbewusst an deren Beibehaltung arbeiten. Der normative Autopilot, mit dem wir bereits bekannte unterdrückerische Muster wiederholen, muss auch in der Aushandlung und Gestaltung unserer Beziehungen unterbrochen werden. Und wir brauchen, wie Esther Perel es beschreibt, neue Liebesschwüre, mit denen wir anerkennen, dass wir uns diesem unordentlichen und fehlerbehafteten Prozess gemeinsam verschreiben:

»Wir haben in Filmen und vielleicht sogar im wirklichen Leben die unpraktischen Ehegelübde gesehen: Du bist mein Ein und Alles; ich werde dich immer mit allem, was ich bin, lieben; ich werde dich niemals verletzen. Nach dreißig Jahren in meiner eigenen Therapiepraxis (und vierzig Jahren in meiner eigenen Ehe) kann ich sagen, dass ein realistischeres Eheversprechen lautet: Ich werde regelmäßig Fehler machen, aber ich verspreche, es weiter zu versuchen und zu lernen, damit wir mit der Zeit zusammen wachsen können.

Das ist die Mentalität, die uns durch das Auf und Ab in unseren Beziehungen hilft. In dieser Hinsicht ist die Liebe wie der Mond. Sie hat zwischenzeitliche Verfinsterungen, in denen sie verschwindet und wir sie nicht sehen können. Und sie kann uns überraschen, wenn sie auf eine neue Weise auftaucht.«[115]

Anarchistisch*er* lieben

»Planung mag trivial erscheinen, aber in Wirklichkeit impliziert sie Absicht, und Absicht vermittelt Wert.«[116] – Esther Perel

Dazu, ob Menschen monogame oder nicht-monogame Beziehungen führen und ob das eine »besser« ist als das andere, ob das eine mehr Möglichkeiten bietet, den Status quo zu unterbrechen, habe ich keine tiefen Emotionen. Das liegt schlicht daran, dass ich nicht davon überzeugt bin, dass eine der unterschiedlichen Formen, Beziehungen zu führen, sich mehr anbietet als die andere, um für mehr Freiheit und Gegenseitigkeit einzustehen. Grundsätzlich – davon bin ich überzeugt – können wir Unterdrückung in nicht-monogamen wie in monogamen Beziehungen durch unser Handeln aufrechterhalten oder unterbrechen.

Auch biologistische Argumentationen finde ich persönlich weder interessant noch zielführend. Denn was von dem, was unseren Alltag ausmacht, fällt noch unter »die Natur des Menschen«? Ist es der Kapitalismus, der uns zwingt, unter wahnwitzigen Umständen zu arbeiten, sind es binäre Vorstellungen von Geschlecht, die menschengemacht sind, oder ist es doch eher das Mikroplastik, das sich, weil es überall ist, inzwischen sogar in menschlichem Blut nachweisen lässt?[117]

Das, was ich an meiner Auseinandersetzung mit nicht-monogamen Beziehungen – mit Blick auf dieses Buch – allerdings interessant finde, ist ein konkreter Bereich, der unter dem Begriff »Relationship Anarchy«, also »Beziehungsanarchie«, gefasst wird. Obwohl nicht klar ist, wer den Begriff geprägt hat, wird zumindest seine Verbreitung meist auf Andie Nordgren zurückgeführt, die im Jahr 2006 ein Manifest mit acht Punkten dazu auf ihrem Blog postete.[118] Tatsächlich umfasst Beziehungsanarchie, obwohl sie vor allem im Zusammenhang mit offenen Beziehungen verhandelt wird, nicht zwingend nur nicht-monogame Beziehungen. Vielmehr werden im Rahmen von Beziehungsanarchie anarchistische Prinzipien wie etwa Autonomie, antihierarchische und antinormative Strukturen, Gemeinschaft oder die Abwesenheit staatlicher Kontrolle auf Beziehungen angewendet. Damit kann Beziehungsanarchie, ähnlich wie Liebe als Praxis gegen Unterdrückung, für alle Formen von Beziehungen gedacht werden. Zudem erlaubt Beziehungsanarchie als Perspektive einen dynamischen Blick auf Beziehungen und deren Veränderung. Der wesentliche Gedanke, den Beziehungsanarchie ins Zentrum stellt, ist, dass Menschen in Liebesbeziehungen nicht Regeln unterworfen sein sollten, denen sie nicht zugestimmt haben.

Falls du jetzt denkst, dass es mir in diesem Teil des Buches darum geht, Menschen, die bisher monogam waren, dazu zu bewegen, ihre Beziehungen zu öffnen, dann kann ich dir versichern: Nein, darum geht es mir nicht. Mir geht es darum, den Gedanken des Ökosystems - wenn auch nur marginal - auch hier weiterzudenken. Vor allem aber geht es mir darum, darüber nachzudenken, wie wir uns in unseren Liebesbeziehungen zu mehr Gegenseitigkeit und Freiheit verhelfen und damit letztlich auch unsere Beziehungen selbst von den Zwängen gesellschaftlicher Narrative befreien können. Kabir Brown beschreibt gemeinsam mit seiner Partnerin Sofia Mojica in unserem Interview, dass einige der zentralen Aspekte nicht-monogamer Beziehungen durchaus für monogame Beziehungen gedacht werden können:

> »Ich denke, was wir alle von Nicht-Monogamie mitnehmen können, ist die Absichtlichkeit. Das Eingreifen in den Autopiloten, der vorgibt, wie unsere Liebesbeziehungen auszusehen haben. Sofia und ich sprechen viel darüber, regelmäßige Check-ins miteinander zu machen, uns gegenseitig zu informieren, zu kommunizieren und neugierig zu werden, was unser Gegenüber will, und nicht davon auszugehen, das bereits zu wissen. Auch in der Monogamie können wir die Grundidee der Beziehungsanarchie

> praktizieren. Du könntest etwa sagen: ›Ich bin mit meinem Partner sexuell monogam, aber ich liebe meine Freund*innen von Herzen und betrachte sie als Lebenspartner*innen.‹ Beziehungsanarchie kann in jedem Beziehungsparadigma gelebt werden.«

Sofia Mojica ergänzt dazu:

> »Ich denke, dass intime Beziehungen ein geeigneter Ort sind, um Intentionalität einzuüben und diese Intentionalität auf andere Bereiche des Lebens zu übertragen und so bewusster, achtsamer, fürsorglicher und zielgerichteter zu sein.«

Es gibt viele Anekdoten aus meinem Leben, die damit zu tun haben, dass ich Beziehungen näher definieren wollte. Eine davon involvierte eine Schulfreundin von mir, zu der ich im Sportunterricht – wir mussten in der Halle zu irgendeinem Achtzigerjahre-Song, den unsere Lehrerin vermutlich sehr mochte, Runden laufen – sagte, dass ich darüber nachgedacht habe, dass sie meine beste Freundin sei. Sie erwiderte, dass sie darüber offenbar noch nicht so viel nachgedacht habe wie ich, dass ich aber bei näherer Betrachtung auch eine ihrer engsten Freund*innen sei.

Woran ich auch denke, ist, dass ich seit Teenagertagen eigentlich immer ein Interesse daran hatte, den Beziehungsstatus zwischen mir und der Person zu klären, in die ich verknallt war. Dabei fühlte ich mich mal mehr, mal weniger wohl, wenn ich den Status der jeweiligen Beziehung ansprach, um zu schauen, welche Perspektive mein Gegenüber darauf hatte. Mir ging es damals wie heute nicht notwendigerweise darum, einen Status in Stein zu meißeln, sondern vor allem darum, die Bedingungen und damit die Grundlage einer Beziehung zu klären. Die wohl gängigste Reaktion, die ich – spezifisch von hetero-cis Männern – darauf bekam, war eine fragwürdige Mischung aus einem gönnerhaften Lachen und einem Satz wie »Wir werden schon merken, wenn wir zusammen sind« oder »Das weiß man doch«.

Tatsächlich weiß »man« das nicht. Zumindest kann ich für mich sagen, dass ich, wer auch immer mein Gegenüber ist, keine Beziehung mit dieser Person eingehen will, solang wir kein Gespräch darüber geführt und uns zu den Rahmenbedingungen einer Liebesbeziehung ausgetauscht haben. Mir ist klar, dass das in der Realität etwas weniger rigide vonstattengehen mag und die Übergänge durchaus fließender sein können, als ich das hier darstelle – auch für mich. Das ist aber nicht mein Punkt. Mein Punkt ist, dass mir wichtig ist, selbst und absichtsvoll zu entscheiden, mit welchen Menschen und unter welchen Bedingungen ich eine Beziehung eingehe. Ich finde das nicht nur deshalb wichtig, weil für mich klar ist, dass ich Beziehungen jenseits mir zugedachter gesellschaftlicher Skripte leben will, sondern auch, weil alle Menschen unterschiedlich sind und zwei oder mehr Menschen unterschiedliche Vorstellungen davon haben können, wie eine Beziehung, in der sie gern sein möchten, aussehen soll. Es erscheint mir deshalb sinnvoll, gemeinsam abzugleichen und auszuhandeln, was der gemeinsame Raum ist, in dem wir uns begegnen, und wie wir diesen ausgestalten können. Das hat zur Konsequenz, dass wir uns von der Vorstellung verabschieden müssen, dass wir von vornherein wissen, wie eine Liebesbeziehung aussieht – *one size doesn't fit us all.* Es setzt auch voraus, dass wir für uns selbst reflektieren – das kann ein Prozess sein, der niemals abgeschlossen ist –, was für Liebesbeziehungen wir führen wollen. Und dazu gehört, dass wir uns aufrichtig dafür interessieren – anders als es die Forschungsergebnisse zu Onlinedating im dritten Kapitel widerspiegeln –, was für eine Beziehung unser Gegenüber sich wünscht und ob dieser Wunsch mit unseren Vorstellungen kompatibel ist. So sieht etwa die systemische Beraterin Mona El-Omari ihren Auftrag darin, Menschen in Partner*innenschaften dabei zu begleiten, ihre Beziehung auszuhandeln:

> »In Gewaltverhältnissen ist Macht überall. Das müssen nicht konkrete Unterdrückungs- und Gewalterfahrungen in Beziehungen sein, es kann auch um die Gestaltung der Beziehung selbst gehen oder um Politics of Desire. Ich arbeite aktuell vor allem mit Paaren, die politisiert sind und die mit einigen Prozessen im Rucksack in die Beratung kommen. Diese Paare benennen Machtstrukturen mit Blick auf ihre Partner*innenschaft und die Dynamiken, die sich daraus ergeben, konkret. Meine Aufgabe ist, Menschen darin zu unterstützen, Beziehungen so bewusst und willentlich wie möglich zu gestalten.«

All das an uns und anderen Menschen herauszufinden, ist Arbeit, die uns die gängigen Narrative darüber, wie Liebesbeziehungen sein sollten – heiraten, Haus kaufen, Baum pflanzen, Kinder kriegen –, vermeintlich ersparen. Ich schreibe deshalb »vermeintlich«, weil ich nicht davon überzeugt bin, dass sie das tatsächlich tun. Vielmehr entsteht hier die Arbeit dadurch, dass wir Aspekte der Beziehung wie etwa »Treue« oder »Betrug« unterschiedlich für uns definieren und uns nicht über diese individuellen Definitionen austauschen. Dies führt dazu, dass Erwartungen, die oftmals nicht mal unsere eigenen sind, sondern gesellschaftlichen Normvorstellungen entsprechen, häufig enttäuscht werden.

Die Frage, die ich mit diesem Kapitel ins Zentrum stelle, ist genauso simpel, wie sie grundlegend ist: Wie willst du lieben?

Inventur machen

»Liebe ist ein aktives Verb, denn sie erfordert Übung (und Übung und noch mehr Übung).«[119] – Esther Perel

Wenn wir schon bei pragmatischen Definitionen von Liebe sind und Liebe als eine Praxis gegen Unterdrückung begreifen, dann können wir noch einen Schritt weiter gehen. Ein kleines Gedankenspiel: Stell dir vor, deine Beziehung wäre eine Organisation. Diese Organisation wird von mehreren Menschen gegründet, die sich darüber verständigen müssen, was das Ziel und die geteilten Werte der Organisation sind. Langfristig braucht es ein Leitbild, das von allen Beteiligten mit Leben gefüllt und getragen wird, außerdem bestimmt ihr gemeinsame Meilensteine für euer Schaffen. Weil euch wichtig ist, dass die Menschen, die Teil eurer Organisation sind, vor Diskriminierung geschützt werden, wird dieser Aspekt bei allem, was ihr macht, mitgedacht. So behaltet ihr etwa im Blick, dass nicht alle Gründungsmitglieder den gleichen Ausgangspunkt haben und dass sich das in unterschiedlichen Herausforderungen ausdrückt. Ihr einigt euch auf Richtlinien im Umgang mit Diskriminierung.

Mein Punkt ist – auch an anderen Stellen kommt er vor –, dass selbstbestimmte Beziehungen von uns gestaltet werden müssen, sie entstehen nicht einfach so. Insbesondere deshalb, weil es so einfach ist, gängigen sozialen Skripten zu folgen. Aber: In einer diskriminierenden Gesellschaft können wir ohne Anstrengung nicht gleichberechtigt lieben. Das müssen wir uns erarbeiten. Beziehungen so zu führen, dass sie für die Menschen passen, die Teil von ihnen sind, ist ein beständiger Aushandlungsprozess, der Verantwortung erfordert, zum Beispiel dafür, die eigenen Wünsche und Bedürfnisse zu kennen und sie zu kommunizieren und mit denen der anderen Beziehungspersonen abzugleichen. Bevor also alles vor unseren Augen und mit unserem Zutun zerbröckelt, warum nicht absichtsvoll daran arbeiten, als ginge es darum, eine Organisation am Laufen zu halten?

Um der Frage, um die es in diesem Kapitel geht, nachzugehen, habe ich etwas für dich vorbereitet. Du ahnst es – mehr Selbstreflexion. Konkret nehmen wir dafür drei Ebenen in den Blick: Die erste ist der Rahmen, in dem du dir eine Liebesbeziehung vorstellen kannst. Die zweite sind die Werte, die dir in einem »Wir« wichtig erscheinen, und die dritte ist der regelmäßige Check-in. Wie schon bei den Reflexionsfragen in den vorangegangenen Kapiteln kannst du diese Übungen für dich allein, im Rahmen einer Partner*innenschaft oder mit Freund*innen machen.

1. Beziehungsanarchie-Smörgåsbord:*

Das Smörgåsbord** ist ein Werkzeug, das uns dabei unterstützen kann, im Austausch mit einer anderen Person den gemeinsamen Rahmen einer Beziehung abzustecken. Gleichzeitig können wir es auch als Einzelpersonen als Grundlage verwenden, wenn wir

* Anmerkung: Es gibt online viele unterschiedliche Versionen von Beziehungsanarchie-Smörgåsbords – gib das ruhig in eine Suchmaschine ein! Ich habe meines aus ein paar unterschiedlichen zusammengestellt und ein paar Kästchen leer gelassen. Ergänze gern, was dir wichtig erscheint und deiner Meinung nach fehlt.

** Anmerkung: Der Begriff kommt aus dem Schwedischen und bezeichnet eigentlich einen Tisch mit Butterbroten beziehungsweise verschiedenen kalten Speisen, die eine Person sich individuell zusammenstellen kann.

reflektieren, was für eine Liebesbeziehung wir uns vorstellen können.* Das Beziehungsanarchie-Smörgåsbord hilft uns dabei, jenseits gesellschaftlicher Zuschreibungen und sozialer Hierarchien darüber nachdenken zu können, in welcher Form von Beziehung wir uns mit wem wohlfühlen. Der Fokus liegt dabei auf Einvernehmlichkeit und autonomen Entscheidungen.

Vorgehen für Menschen in Partner*innenschaften: Schaut euch die unterschiedlichen Bereiche zunächst allein an und wählt jeweils jene Bereiche oder Teilaspekte aus, die euch für eure Beziehung passend erscheinen. Tauscht euch anschließend über die unterschiedlichen Bereiche aus und gleicht euch dazu ab, was ihr unter diesen versteht.

Wenn ihr einen Schritt weiter gehen wollt, könnt ihr die verschiedenen Bereiche differenzieren – etwa mit unterschiedlichen Farben: will ich; wäre schön; vielleicht; nein. Auch hierzu könnt ihr euch austauschen.

Vorgehen für Einzelpersonen: Schau dir die unterschiedlichen Bereiche an und überlege, welche der Bereiche für dich in Liebesbeziehungen bedeutsam sind. Du kannst die verschiedenen Bereiche differenzieren – etwa mit unterschiedlichen Farben: will ich; wäre schön; vielleicht; nein. Auch wenn du gegenwärtig nicht in einer Beziehung bist, kannst du dich dazu im Freund*innenkreis austauschen.

* Anmerkung: Das Beziehungsanarchie-Smörgåsbord kann für unterschiedliche Beziehungskonstellationen gedacht werden, also auch für Freund*innenschaften. Freund*innenschaften etwa können Lebenspartner*innenschaften sein, in denen wir langfristige Ziele teilen oder gemeinsam fürs Alter planen.

Romantisch
- sehnsüchtig sein
- Gefühle ausdrücken
-

Freund*innenschaft
- geteilte Hobbys/ Interessen
- Austausch
- Gemeinschaft
-

Körperlichkeit
- Tanz
- Körperkontakt
- Massage
-

Lebenspartner*innen
- gemeinsame Lebensziele teilen
- miteinander wachsen
- gemeinsam alt werden
-

Berührung
- Umarmungen
- Kuscheln
- Hände halten
-

Liebe
- wie im ersten Kapitel des Buches beschrieben

Emotionale Intimität
- verletzlich sein
- sich mitteilen
-

Emotionale Unterstützung
- zuhören
- Probleme lösen
-

Kink
- Fesselung
- Unterwerfung
- Machtaustausch
-

Sexuell
- Küssen
- Rummachen/Petting
- oral/manuell/mit Genitalien
-

Häuslich
- zusammen wohnen
- gemeinsam kochen
- sich Arbeiten im Haushalt teilen
-

Rechtlich
- Adoption
- Ehe
- Lebenspartner*innenschaft
-

Fürsorge
- sich umeinander kümmern
- bei Krankheit versorgen
- im Alter unterstützen
-

Geteilte Fürsorge
- Haustiere
- Pflanzen
- Kinder
- Familie
-

Soziale Partner*innen
- Veranstaltungen
- auf sozialen Medien
- im Familien- und Freund*innenkreis
-

Finanziell
- gemeinsames Geld
- geteilte Konten
- gemeinsames Eigentum
-

Kollaborativ
- gemeinsames Organisieren
- geteilte Projekte
-

Geschäftlich
- miteinander arbeiten
- gemeinsam gründen
- geteilte Verantwortung
-

Spirituell
- geteilte Rituale/Gebete
- Magie
- Astrologie
-

Kreativ
- Tanz
- Schauspiel
- Kunst
- Literatur
- Handwerk
-

Bezeichnungen/Labels
- Freund*in
- Partner*in
- Wann/wie diese genutzt werden
-

Kommunikation
- täglich
- wöchentlich
- monatlich
-

Treffen
- täglich
- wöchentlich
- monatlich
-

2. Wir – gemeinsame Werte

Emilia Roig reflektiert in ihrem Buch *Why We Matter: Das Ende der Unterdrückung* die Unmöglichkeit, sich in einer Liebesbeziehung allein für Gleichberechtigung einzusetzen:

> »Gegen das Patriarchat im eigenen Haushalt zu kämpfen, ist eines der schwierigsten Unterfangen, die ich jemals aufgenommen habe. Ich bin kläglich gescheitert, zum einen, weil das Patriarchat nicht durch eine Person besiegt werden kann, sondern in der Beziehung die Entschlossenheit von beiden Beteiligten benötigt. Zum anderen, weil es darum geht, unbewusste Denkmuster und instinktives Handeln zu entlarven und zu ändern.«[120]

Auch ich verweise an verschiedenen Stellen in diesem Buch darauf, dass es für Gleichberechtigung in Liebesbeziehungen des Willens aller Beteiligten bedarf. Damit wird der Einsatz gegen all die perfiden Wege, die Unterdrückung in unsere Liebesbeziehungen findet, eine gemeinsame Aufgabe – wenn auch mit unterschiedlichen Herausforderungen und Aufgabenbereichen. Eine Aufgabe, der neben einem geteilten Verständnis von Diskriminierung Einigkeit darüber zugrunde liegt, dass es einen gemeinsamen Umgang mit dieser Diskriminierung geben muss, weil sie die verschiedensten Zusammenhänge berührt.

Es folgen – zum Einstieg – ein paar weitere Reflexionsfragen, die sich anders als das Smörgåsbord weniger auf den grundsätzlichen Rahmen der Beziehung beziehen, sondern den Fokus stärker auf das *Wie* des Miteinanders legen. Fühl dich auch hier frei, Aspekte, die dir wichtig sind, zu ergänzen.

- Wie leben wir Liebe als machtkritische Praxis miteinander? Wie können wir hier unterschiedliche Betroffenheit von Unterdrückung mitdenken?
- Welche Entscheidungen treffen wir gemeinsam? Wie können wir hier unterschiedliche Betroffenheit von Unterdrückung mitdenken?
- Wie treffen wir wichtige Entscheidungen? Wie können wir hier unterschiedliche Betroffenheit von Unterdrückung mitdenken?
- Wie gehen wir mit gemeinsamen Verpflichtungen um? Wie können wir hier unterschiedliche Betroffenheit von Unterdrückung mitdenken?
- Wie teilen wir gemeinsame Aufgaben? Wie können wir hier unterschiedliche Betroffenheit von Unterdrückung mitdenken?
- Was hat für uns Priorität – etwa Autonomie, die Beziehung, Arbeit? Wie können wir hier unterschiedliche Betroffenheit von verschiedenen Unterdrückungsformen mitdenken?
- Wie gehen wir mit Menschen um, etwa Familienmitgliedern, Freund*innen, die sich diskriminierend verhalten? Wie können wir hier unterschiedliche Betroffenheit von Unterdrückung mitdenken?

3. Regelmäßiger Check-in:

Genauso wichtig, wie einen gemeinsamen Rahmen für unsere Liebesbeziehungen zu schaffen, der auf unseren Wünschen und Bedürfnissen und nicht den gesellschaftlichen Vorstellungen davon basiert, ist es, dass wir unsere Beziehungen intensiv pflegen. Wir müssen schauen, in welchen Zusammenhängen wir uns entgegen unserem eigenen Interesse – einer machtkritischen Liebesbeziehung – verhalten und in welchen Situationen innerhalb unserer Partner*innenschaft auf diskriminierenden Strukturen basierende Muster, etwa Sorgearbeit vor allem Frauen, weiblich sozialisierten Personen und Femmes zuzuschreiben, wiederholt werden. Dabei können – das bietet sich meiner Meinung nach sogar an – alltägliche Dinge im Vordergrund stehen. Das kann etwa den Haushalt, Familienfeiern, Lohnarbeit oder Erfahrungen mit Diskriminierung – auch außerhalb der Beziehung – umfassen. Wichtig ist, dass der Check-in regelmäßig und vor allem unabhängig davon stattfindet, ob es einen aktuellen Konflikt gibt, der angegangen werden soll.

Termin: Sucht euch einen Termin aus, an dem ihr möglichst ungestört sprechen könnt.

Besprechungspunkte: Nehmt euch ein paar Minuten Zeit und überlegt, welche Punkte ihr besprechen wollt. Es müssen nicht nur Dinge sein, die nicht gut gelaufen sind – besprecht auch Aspekte, die inzwischen besser laufen. Einigt euch darauf, welche Themen ihr besprechen wollt. Gebt euch ein paar Minuten Zeit, um zu überlegen, wie die letzten Tage/Wochen/Monate im Hinblick auf eure Themen liefen, und macht euch Stichpunkte dazu.

Wie geht es weiter: Wenn ihr gemeinsame Herausforderungen identifiziert habt, dann überlegt, was mögliche nächste Schritte und Ziele sein könnten. Je präziser und realistischer diese sind, desto besser. Schreibt diese Punkte auf, damit es euch leichter fällt, sie beim nächsten Mal zusätzlich zu den neuen Punkten, über die ihr sprechen wollt, aufzugreifen.

Neuer Termin: Schaut nochmals in eure Kalender und plant einen neuen Termin. Wie gesagt, es geht darum, dass der regelmäßige und konfliktunabhängige Austausch zu Unterdrückung und dem kritischen Umgang mit ihr zu einem festen Bestandteil eurer Beziehung wird.

Macht was, das Spaß macht: Beziehungsgespräche sind wichtig und genauso wichtig ist Spaß. Macht etwas für eure Verbundenheit: Eis essen, spazieren, Tischtennis spielen – was auch immer euch Spaß macht.

Das Ende ist Teil der Geschichte

In unserer Gesellschaft wird vergleichsweise viel Zeit auf die Anfänge von Liebesbeziehungen verwendet. Ich verstehe das – zumindest in Teilen –, denn ich mag Anfänge in der Liebe: das erste Kribbeln, all die Fragen, die noch unbeantwortet sind. Das, was ich zu Beginn zu Liebe geschrieben habe, gilt auch für Trennungen: Es gibt unendlich viele gesellschaftliche Narrative, die etwas mit unserem Verständnis von Liebe und unserem Verständnis von Trennungen machen. Eines davon geht so: Trennungen sind dramatisch und schmerzhaft, und all unsere Freund*innen müssen sich für eine Seite entscheiden.

Dabei hat eine Liebesgeschichte – wie alle Geschichten – einen Anfang und ein Ende. Nicht immer sind wir in einer Beziehung in der Lage, gemeinsam von einer Phase in die nächste überzugehen. Zudem – und das ist besonders mit Blick auf die unterschiedlichen Aspekte von Unterdrückung, die wir in diesem Buch betrachtet haben, bedeutsam – kann eine Trennung durchaus persönliches Wachstum markieren und mit der Erkenntnis verbunden sein, dass etwa beständige Konflikte über ungerechte Verteilung von Sorgearbeit für uns langfristig nicht funktionieren. Dazu schreibt Stan Tatkin in seinem Buch *We Do: Saying Yes to a Relationship of Depth, True Connection, and Enduring Love** konkret mit Blick auf Frauen in heterosexuellen Beziehungen:

> »Ich habe viele Scheidungen erlebt, bei denen Frauen ihre Ehemänner für immer verlassen und nie wieder eine Liebesbeziehung eingehen. Diese Frauen haben genug. Sie sind fertig mit Liebesbeziehungen. Die chronische Ungerechtigkeit hat jedes Verlangen nach romantischen Beziehungen zerstört. [...] Die Rollenzuweisungen, die sich auf die Aufteilung der Verantwortung beziehen, gelten zwar auch für schwule und lesbische Beziehungen, aber die historischen Rollenzuweisungen, die Männern und Frauen im Laufe der Jahrtausende gegeben wurden, scheinen in modernen Ehen weiterhin ein Problem zu sein.
>
> Zu viel Ungerechtigkeit, wie sie von einer der beiden Beziehungspersonen subjektiv empfunden wird, führt schließlich zu einer verstärkten Bedrohung, bei der sich die Partner*innen von der Beziehung entfernen. Keine gute oder schlechte Tat bleibt ungesühnt. Wenn zu viel Unfairness durch mangelnde Kooperation und Zusammenarbeit entsteht, werden wir den Preis dafür zahlen müssen.«[121]

Ich kenne einige Frauen, die kein Interesse mehr an Liebesbeziehungen mit Männern haben. Meine Oma und mein Opa

* Übersetzung: *Wir wollen: Ja sagen zu einer Beziehung mit Tiefe, echter Verbindung und dauerhafter Liebe*

haben sich – so erzählt es meine Mutter – sehr geliebt, und sie waren gern zusammen. Dennoch: Nach dem Tod meines Opas hatte meine Oma keine Lust mehr, sich vornehmlich um die Bedürfnisse von Männern zu kümmern. Sie wollte eine gute Zeit haben, und die hatte sie auch. Bis zu ihrem Tod war ihr Terminkalender stets voller als meiner zu meinen wildesten Zeiten. Ich meine, dass das, was Tatkin beschreibt, auch auf andere Formen von Diskriminierung übertragbar ist: Ich kenne einige Personen, die etwa von Klassismus, Rassismus oder Ableismus betroffen sind, die keine Lust haben, in ihren Liebesbeziehungen bis in alle Ewigkeit Bildungsarbeit zu der jeweiligen Form von Unterdrückung zu leisten.

Trennungen, die ich hier so nüchtern beschreibe, fühlten und fühlen sich für mich zugegebenermaßen auch nicht immer so an. Während ich vor Jahren mal durch eine Trennung ging, las ich ein Buch, das erklärte, dass ein Teil der Herausforderung einer Trennung auch darin liegt, dass Menschen sich körperlich aufeinander einstellen: Der Atemrhythmus im Schlaf gleicht sich an den unseres Gegenübers an, und unsere Gehirne regulieren sich gegenseitig. Trennungen sind oft aus vielfältigen Gründen nicht einfach.

Gerade deswegen: Auch während einer Trennung wollen wir Liebe als Praxis gegen soziale Ungleichberechtigung denken. Eine Praxis, die unseren Einsatz gegen Diskriminierung nicht daran festmacht, in welchem Teil unserer Geschichte – Anfang oder Ende – wir uns gerade befinden. Konkret bedeutet das, dass wir nicht all die innere Arbeit leisten, unsere Sozialisierung kritisch zu hinterfragen und gegen diskriminierende Normalitäten in unseren Liebesbeziehungen anzugehen, nur um dann im Rahmen einer Trennung völlig enthemmt unterdrückerisch zu handeln – wenn unsere soziale Position überhaupt mit einer derartigen Macht ausgestattet ist. Damit möchte ich eine Trennung als Teil der Beziehung begreifen, schließlich muss diese nicht notwendigerweise zur Folge haben, dass wir mit der anderen Person nie wieder etwas zu tun haben wollen. Insbesondere dann, wenn Kinder oder andere Verbindlichkeiten im Spiel sind, haben wir die Möglichkeit des Kontaktabbruches vielleicht nicht. Es macht also Sinn, Trennungen jenseits des gesellschaftlich romantisierten Rosenkriegs zu denken, der der vermeintliche Beweis für die Tiefe der Liebe sein soll. Trotzdem möchte ich anmerken, dass es an dieser Stelle im Buch, genauso wenig wie an allen anderen, nicht um Situationen geht, in der eine Person, die von physischer oder psychischer Gewalt betroffen ist, sich in Sicherheit bringen möchte. Für Menschen, die in Beziehungen Gewalt erfahren oder erfahren haben, ist es völlig legitim, den Kontakt sofort und nachhaltig abzubrechen.

Gehen wir es also einmal anders an: Wie können wir uns trennen und gleichzeitig liebevoll handeln? Wie können wir uns trennen und all das, was wir über Diskriminierung gelernt haben, mitnehmen und weitertragen? Ich möchte damit keineswegs eine fatalistische Haltung – geht eh alles zu Ende – gegenüber Liebesbeziehungen einnehmen. Das Gegenteil ist der Fall. Wir wollen dem gemeinsamen Wachsen mit Respekt begegnen, Verantwortung für uns und unser Beziehungshandeln übernehmen und uns auf eine Art und Weise lösen, die sich jenseits von moralisierenden und dualistischen »Gut«-und-»böse«-Logiken befindet. Einen Weg finden, uns nicht an den Schmerz der Trennung zu ketten, sondern frei zu sein und weiterzugehen. Mit »weitergehen« meine ich dabei nicht ein neutrales Weitermachen, das all das, was ich bisher in diesem Buch geschrieben habe, verkennt. Mit »weitergehen« meine ich, dass wir all die Gedanken, die Arbeit, die Reflexion, die Selbsterkenntnis mitnehmen. Ich meine damit schlicht, dass das Lernen zu den Mechanismen der Unterdrückung, die in einer Beziehung wirken, auch mit dem Ende dieser Beziehung nicht abgeschlossen ist. Ich möchte sogar sagen: gerade während einer Trennung nicht. Denn – das ist zumindest meine Erfahrung – eine Trennung, ein Konflikt, ein Bruch sind sicherlich die Momente, die am stärksten unsere Haltung auf die Probe stellen. Schließlich bringen Trennungen viel Unterschiedliches in uns hoch – etwa die Angst vor dem Verlassenwerden, Selbstzweifel oder auch ein Gefühl des Scheiterns –, was nicht selten selbst an gesellschaftliche Vorstellungen von Liebesbeziehungen geknüpft ist. Es sind aber auch jene Emotionen, die mit verinnerlichter Dominanz oder Marginalisierung zusammenhängen können, die unsere besten Absichten und Vorsätze außer Kraft setzen können. Anders ausgedrückt: Es ist vergleichsweise einfach zu proklamieren, dass wir gegen Diskriminierung sind und daran arbeiten wollen, Unterdrückungsmechanismen in unseren Beziehungen nicht zu wiederholen, wenn wir uns gut miteinander verstehen, uns wohlgesonnen sind. Die Herausforderung besteht darin, diesem Vorsatz auch dann treu zu bleiben und gerecht zu werden, wenn die Beziehung zu Ende geht oder in einer Krise steckt und wir uns mit negativen Emotionen konfrontiert sehen.

Reflexionsfragen

Obwohl dieses Kapitel eines ist, das zu großen Teilen aus Momenten der Selbstreflexion besteht, möchte ich an dieser Stelle dennoch einige Fragen zur Reflexion einfließen lassen. Diese beziehen sich auf den letzten Teil. Auch hier gilt, dass die Fragen von mir lediglich einen Einstieg bieten.

Ergänze gern alle Fragen, die dir selbst darüber hinaus wichtig erscheinen.

- Welche Verbindlichkeiten gibt es, die bei einer Trennung geklärt werden müssen? Wie können wir hier unterschiedliche Betroffenheit von Unterdrückung mitdenken?
- Welche durch Diskriminierung geschaffenen Verletzlichkeiten sollten im Fall einer Trennung bedacht werden? Wie können diese mitgedacht werden?
- Wie könnte eine Trennungsvereinbarung aussehen, die die vorangegangenen Aspekte mitdenkt? Was müsste sie enthalten?

Braucht es Wein?

Ich höre das Freizeichen in der Leitung, dann ein kurzes Knacken. Yunus hebt ab. »Hey!«, sagt er etwas atemlos.

»Na?«, sage ich. »Du, ich bin gleich da, soll ich noch etwas zu essen von draußen mitbringen?«

Er zögert kurz, dann antwortet er: »Also, Leo ist da. Weißt du, du hast ihn schon mal kurz getroffen. Na ja, ihm geht es nicht so gut, er ist frisch getrennt und wollte nicht allein sein.«

»Oh, wollt ihr lieber ein bisschen zu zweit sein? Ich bin auch okay damit, nach Hause zu gehen und euch ein bisschen Raum zu geben.«

»Ach nee«, antwortet Yunus schnell. »Leo weiß, dass du kommst, er freut sich, dich wiederzusehen. Komm gern rum!«

»Alles klar«, sage ich. »Ich bringe einfach Oliven, Pide und Pasten mit – das lässt sich gut teilen. Ach – kurz noch: Braucht es Wein?«

Yunus lacht kurz: »Nee, ich glaub, mit Essen sind wir gut! Bis gleich!«

»Bis gleich«, sage ich und lege auf.

Als ich die Wohnung von Yunus betrete, ist es ruhig. Am Ende des Flures leise Stimmen, gedimmtes Licht. Ich stelle meine Tasche ab und gehe in Richtung des zarten Luftzugs, der mir durch den Türspalt entgegenweht. Dann die Stimme von Yunus, laut genug, dass ich sie höre, und dabei so sanft, dass sie die Tranquillität nicht bricht: »Wir sind hier hinten.« Ich betrete das Wohnzimmer, das Yunus – so gut kenne ich ihn inzwischen – sorgfältig für Leo vorbereitet hat: Im Hintergrund ruhige Musik, eine kleine Auswahl an Gebäck auf einem Teller, frischer Tee aus Rosen- und Kamillenblüten, hier und da ein paar Kerzen, die durch das Licht einer kleinen Lampe in der Ecke des Zimmers, in der Yunus' Pflanzen stehen, unterstützt werden. Stimmung ist eine Wissenschaft, die Yunus mit einer mütterlichen Zärtlichkeit perfektioniert hat.

»Hi, Leo«, sage ich ruhig. Ich fühle mich wie ein Fremdkörper.

»Hi«, sagt er freundlich, und sein Lächeln erreicht den Rest seines Körpers nicht, er sieht niedergeschlagen und in sich zusammengesunken aus. »Schön, dich zu sehen«, fährt er fort.

»Ja, das finde ich auch.«

»Setz dich zu uns«, sagt Yunus. Ich lasse mich auf dem Boden gegenüber von den beiden nieder.

Leo erzählt ungestört weiter: »Jedenfalls gibt es einiges, was ich bereue: Wir hatten diesen Streit, er war so wütend und hat dann Schluss machen wollen. Ich habe einfach nur ›okay‹ gesagt. Und er hat dann eine Woche bei einem Freund auf dem Sofa geschlafen. Dass ich das zugelassen habe, dass er nur ein Jahr, nachdem er mit mir nach Deutschland gekommen ist, zu 'nem Freund muss. Das muss so beängstigend für ihn gewesen sein.«

Yunus hört aufmerksam zu, schenkt noch etwas Tee in Leos Tasse und nickt. Er stellt die Kanne ab und schaut Leo ernst an.

»Dass ich ihn damals einfach so beim Wort genommen habe, obwohl ich wusste, dass er das aus Wut gesagt hat – ich glaube, das ist in seine Entscheidung eingeflossen. Er hat gesagt, dass er für sich ein paar Dinge ordnen möchte, die zwischen uns geschehen sind und die er heute in einem anderen Licht betrachtet.« Leo holt tief Luft und atmet sie hörbar durch seine Lippen aus, bevor er weiterspricht: »Ich war naiv. Nein, ignorant. Ich habe gar nicht wahrgenommen, dass seine Realität hier eine ganz andere ist. Das ist irgendwie überhaupt nicht liebevoll. Auch dass ich ihn in diesem Eisladen hab arbeiten lassen, wo er diese bekloppten Klamotten tragen musste.«

Yunus, der die gesamte Zeit über aufmerksam zugehört hat, beginnt zögerlich zu sprechen: »Ist es okay, wenn ich dazu etwas sage?«

»Klar«, sagt Leo und nimmt einen Schluck von seinem Tee.

»Weiß Hyun, dass du das heute so fühlst? Bitte versteh mich nicht falsch, ich finde es wichtig, dass du das reflektieren kannst. Ich finde aber auch, dass er das wissen kann. Nicht für dich, sondern für ihn: eine aufrichtige Entschuldigung, auf die nichts folgen muss.«

»Ja«, sagt Leo nachdenklich, »daran habe ich auch schon gedacht. Aber im Moment würde Hyun aus jedem Satz, den ich schreibe, nur ein ›Ich will dich zurück, bitte verlass mich nicht‹ anspringen. Das ist es nicht, was ich kommunizieren will. Ich will sagen, dass es mir leidtut – wirklich und ernsthaft.«

Yunus schaut ihn an und sagt: »Ja, das verstehe ich. Das braucht Zeit.«

»Ihr zwei«, beginne ich – das Gefühl, voyeuristisch zu sein, hat mich nicht verlassen –, »soll ich allein zur Buchvorstellung von Zelin gehen? Es ist mir echt wichtig hinzugehen – ich bin so stolz auf sie, dass sie endlich ihr Buch veröffentlicht. Ich verstehe aber, wenn ihr hierbleiben und weiterreden wollt.«

»Nein«, sagt Leo. »Könnte ich vielleicht mitkommen? Worum geht es denn in ihrem Buch?«

»Bestimmt«, sagt Yunus, und ich werfe ein:

»Heilung, es geht um Heilung. Sie erzählt über ihre Erfahrung mit Flucht und Trans-Sein und darüber, was Heilung heißt.«

»Das hört sich richtig gut an!«, erwidert Leo.

»Was meint ihr«, frage ich in die Runde, »soll ich das Essen einfach mitnehmen? Können wir ja unterwegs oder danach essen, oder?«

»Finde ich gut«, sagt Leo.

Yunus nickt und tippt unterdessen eine Nachricht in sein Handy. »Sie schreibt: The more the merrier!*«*

Zukunft

Utopie versuchen

»Ich verkünde: Jedes Mal, wenn wir die Arbeit der Liebe verrichten, arbeiten wir daran, Unterdrückung zu beenden.«[122] – bell hooks

Sein Buch *Die Kunst des Liebens* beginnt Erich Fromm mit der Frage, ob die Liebe eine Kunst sei. Weiter schreibt er: »Wenn es das ist, dann wird von dem, der diese Kunst beherrschen will, verlangt, daß er etwas weiß und daß er keine Mühe scheut.«[123]

Ich habe mit diesem Buch – zumindest ist das meine Hoffnung – mehr Fragen an dich gestellt, als ich für dich beantwortet habe. Was auch immer deine eigene Definition von Liebe, Gegenseitigkeit, Verbundenheit oder Intimität ist, ich habe dieses Buch geschrieben, um sie herauszufordern und zu erweitern. Nun, da ich zumindest in diesem Buch zum Ende komme, möchte ich diese letzte, Fromms erste Frage beantworten. Denn mit allem, was ich hier zusammengetragen habe, ist für mich die Antwort, wenn auch ihre Umsetzung alles andere als simpel ist, eine einfache: Ja. Die Liebe ist eine Kunst. Das ist sie aus meiner Perspektive insbesondere dann, wenn wir Liebe als eine Praxis verstehen und leben wollen, die sich gegen Unterdrückung und für gesellschaftlichen Wandel hin zu mehr Freiheit einsetzt. Damit ist dieses Buch für alle, die etwas wissen wollen und keine Mühe dabei scheuen, diese Kunst zu erlernen. Dabei meine ich das Wissen um die vielfältige Eingebundenheit in die ebenso vielfältigen Systeme der Unterdrückung und die Mühe, gegen diese in uns selbst, in unseren Liebesbeziehungen und damit auch in unserer Gesellschaft anzugehen.

Ich möchte an dieser Stelle einen Vorschlag machen: Wie wäre es, wenn wir uns nicht beständig zwischen »richtig« und »falsch«, zwischen »gut« und »böse« als Maßstäbe für unser Verhalten bewegen würden? Ich bin überzeugt, dass diese Gegensätze, die grundlegend für Diskriminierung sind und unsere Sicht auf die Welt derart vereinfachen, uns nicht dabei helfen, Veränderung zu denken und herbeizuführen. Wir alle sind, wenn auch mit unterschiedlichen Ausgangspunkten und Konsequenzen, in diese Systeme impliziert, und eben daraus können wir, müssen wir schöpfen, wenn wir neue Wege zu mehr Verbundenheit in Liebesbeziehungen finden wollen. Denn in strukturellen Gewaltverhältnissen ist Gewalt überall. In unseren Liebesbeziehungen drückt sie sich in »Macht über«-Dynamiken aus, die die unterschiedlichen Momente unserer Beziehungen begleiten, sie prägen und unsere Vorstellung davon, was für uns möglich ist, einschränken. »Macht über« zu begegnen und zu unterbrechen und uns *mühevoll* an ein »Macht mit« – an Verbundenheit und Gegenseitigkeit – heranzuarbeiten, erfordert alle Kritik, die möglich ist: eine, die anerkennt, dass das Streben nach »Perfektion« selbst ein Mittel zur Rechtfertigung und Aufrechterhaltung von Macht ist. Eine kühne Kritik, die auf Veränderung besteht – jetzt, nicht gleich. Eine ruhige Kritik, die es sich erlaubt, stets zu reflektieren. Eine Kritik, die beständig ist und es bleibt. Eine Kritik, die aktuelle wie vergangene Zustände betrauert und das Erinnern in den Fokus stellt. Und eine, die visionär in die Zukunft blickt.

All diese Formen der Kritik und noch viele mehr müssen uns auf dem Weg des Neu-Probierens und des Neu-Scheiterns, des Übens von Liebe als machtkritischer Praxis, des Versuchens von Utopie begleiten. Denn die Aufgabe ist keine geringere, als das konsequente und konstante Hinterfragen von allem, was wir gelernt haben, als Normalität anzunehmen: Dazu gehören unsere Emotionen, die politisch sind, wie auch unsere Körper, die ebenso politisch sind, die Konflikte, in denen soziale Macht ausgespielt wird, sowie der Umstand, dass wir von jungen Jahren an lernen, unsere Beziehungen zu hierarchisieren. Darunter fallen auch alle »Regeln«, wie Beziehungen vermeintlich sein sollen, und die Vorstellung, dass mit »der richtigen Person« alles irgendwie einfach so funktioniert.

Es kann gegenwärtig nicht darum gehen, »Lösungen« anzubieten. Denn die Strukturen, in denen wir uns bewegen, verändern sich weder grundlegend dadurch, dass wir *ein wenig* mehr darüber wissen, dass Unterdrückung in all ihren Formen allgegenwärtig ist, noch werden sie dadurch obsolet, dass wir unser Verhalten *ein wenig* anpassen. Sprich, wir als Individuen können die gesellschaftlichen Strukturen, in denen Unterdrückung begründet ist, nicht allein aufheben. Darin liegen Einschränkung und Möglichkeit zugleich: Wir brauchen eine realistische Einschätzung davon, in welchen Zusammenhängen wir mit der Veränderung unseres Verhaltens und unseres Selbstbildes etwas bewirken können. Unsere Freiheit liegt darin, uns jenseits der Rollen, die uns zugewiesen werden, zu denken und uns in dieser Vision von uns selbst zu versuchen. Diese Freiheit verlangt uns viel ab: ein hohes Maß an Verantwortung, eine gewisse Gelassenheit angesichts der Tatsache, dass das Pendel stetig zwischen der Aufrechterhaltung und Erosion von Diskriminierung schwingt, sowie jede Menge Kreativität in dem Prozess, etwas zu versuchen, was wir so noch nie versucht haben. Und wir müssen verstehen, dass das, was gestern für uns in unseren Beziehungen funktioniert hat, morgen nicht mehr funktionieren könnte – wir brauchen Flexibilität. Auch deshalb geht es in diesem Buch an keiner

Stelle darum, wie wir eine andere Person dazu bringen können, etwas über Unterdrückung zu lernen, damit unsere Beziehung zu dieser Person besser wird – andere Menschen zu verändern, ist nicht möglich. Stattdessen liegt in diesem Buch der Fokus darauf, die Räume, die wir haben, verantwortungsvoll zu nutzen, für mehr Gleichberechtigung einzustehen und damit unsere Kapazität für Nähe, Gegenseitigkeit und Verbundenheit zu stärken. Denn das ist es, was ich mir für uns wünsche: Gleichberechtigung, Gegenseitigkeit und Verbundenheit.

Wenn ich mir zum Abschluss etwas für dich wünsche, dann ist es, dass dich dieses Buch ein bisschen neugieriger darauf gemacht hat zu versuchen, was du bisher nicht versucht hast. Ich wünsche mir, dass du den Mut hast, dich in deinen Beziehungen jenseits von »richtig« und »falsch« zu bewegen, um den Status quo zu destabilisieren.

Du erinnerst dich vielleicht, dass ich dich zu Beginn des Buches gefragt habe, was Liebe für dich bedeutet? Nach allem, was du gelesen und für dich reflektiert hast: Was bedeutet Liebe für dich?

Epilog

Mama oder Frauen, die schreiben

Mit meiner Mama stehe ich nach unserer dritten COVID-Impfung an einer Straßenecke. Feiner Schneeregen fällt auf uns herab. Mein Kind sitzt eingekuschelt im Kinderwagen, isst eine Dattel-Kokos-Kugel und betrachtet dabei andächtig die feinen Schneeflocken, bevor sie auf dem Ärmel seines Michelin-ähnlichen Winteranzugs schmelzen.

Wir stehen schon eine Weile in der Kälte und reden über dieses Buch, das ich gerade schreibe, die Menschen, mit denen ich dafür sprechen werde, und unsere eigenen Bezüge zum Thema. Zu ihren gehört sicherlich auch die Erfahrung, eine alleinerziehende Mutter und – das erscheint mir sogar wichtiger – eine begeisterungsfähige Frau zu sein, die in ihrem Leben immer den eigenen Ideen nachging und das heute noch tut. Liebesbeziehungen – das reflektiert sie in diesem Gespräch im ersten Schnee des Jahres – bedeuteten für sie, dass ihre Partner sich angesichts ihrer vielfältigen Interessen stets fühlten, als kämen sie zu kurz.

Ich kenne es selbst, dieses unausgesprochene Anrecht auf die Zeit der Frauen. Es wird insbesondere dann spürbar, wenn Frauen sich selbst verwirklichen wollen – wie meine Mama. Denn meine Mutter, daran erinnere ich mich gut, schrieb Ende der 1990er-Jahre ein Buch über afrikanischen Fußball. Ihr Zeitplan, so nehme ich es heute an, muss straff gewesen sein: früh aufstehen, Kind fertig machen für die Schule, Stulle schmieren, Haushalt erledigen, zur Arbeit gehen, nach Hause kommen, Abendessen machen, Kind ins Bett bringen, vorlesen – meine Mama macht das am besten, mit Stimme verstellen – und dann, gegen einundzwanzig Uhr, an den Schreibtisch, um drei Stunden zu schreiben. Und dazu ein Partner, der selbstverständlich eigenen Dingen nachging und Schwierigkeiten damit hatte, meiner Mutter die gleichen Freiheiten einzuräumen. Meine Mama hat es trotz allem geschafft, das Buch fertigzustellen. Nicht weil sie großartige Unterstützung hatte. Sondern weil sie dafür gekämpft hat, kämpfen musste. Auch deshalb habe ich dieses Buch geschrieben.

Meine Mama schaut mich nachdenklich an, bevor sie fragt: »Ob das in deiner Generation anders ist, besser?«

Meine Antwort ist genauso kurz, wie sie unvermittelt ist: »Nein.«

Meine Mutter, die einmal auf meine per SMS gestellte Frage, ob sie eine Feministin sei, ebenso kurz mit »Ja« antwortete, muss ich davon nicht überzeugen.

Interviewpartner*innen

Ich bedanke mich bei all meinen Interviewpartner*innen für die Großzügigkeit, ihre Zeit und dafür, dass sie ihr Wissen mit mir geteilt haben, um mir damit neue Perspektiven und Fragen zu ermöglichen. Sie haben das Buch bereichert.

Dr. Dwight Turner (er/ihm) ist Kursleiter des Humanistic Counseling and Psychotherapy Course an der University of Brighton, PhD Supervisor an deren Doctoral College, Psychotherapeut und Supervisor in eigener Praxis. Sein neuestes Buch *Intersections of Privilege and Otherness in Counseling and Psychotherapy* erschien im Februar 2021 und wurde von Routledge veröffentlicht. Als Aktivist, Autor und öffentlicher Redner zu Themen wie Rassismus, Differenz und Intersektionalität in Beratung und Psychotherapie kann Dr. Turner über seine Website www.dwightturnercounselling.co.uk kontaktiert und auf Twitter unter @dturner300 abonniert werden.

Jacek Kolacz, PhD, (er/ihm) ist ein Forscher, der die Auswirkungen von Traumata und Lebensereignissen auf das Gehirn und den Körper untersucht, um zu verstehen, wie geistiges Wohlbefinden, körperliche Gesundheit und Beziehungen über die gesamte Lebensspanne hinweg miteinander verbunden sind. Er ist Managing Director des Traumatic Stress Research Consortium (TSRC) am Kinsey Institute der Indiana University und Visiting Fellow in der Abteilung für Psychiatrie und Verhaltensgesundheit am Wexner Medical Center der Ohio State University.

Dr. Kaley Roosen (sie/ihr) ist klinische und Gesundheitspsychologin und arbeitet in Toronto in privater und öffentlicher Praxis. Als be_hinderte Frau bietet sie diskriminierungskritische, be_hindertenfreundliche Psychotherapie für Jugendliche, Erwachsene und Paare an. In ihrer wissenschaftlichen Arbeit verbindet sie die traditionelle klinische Gesundheitspsychologie mit kritischen Ansätzen zu Be_hinderung, um die Erfahrungen von Menschen mit Be_hinderungen in Bezug auf Körperbild, Dick_Fett-Sein und Essstörungen zu untersuchen.

Kabir Brown, Bear, (er/ihm) ist ein Schwarzer, queerer trans Mann, geboren und aufgewachsen in Brooklyn, New York. Er verfügt über sieben Jahre Erfahrung als Mentor und Coach für eine Vielzahl unterschiedlicher Gemeinschaften und Bevölkerungsgruppen. Als klinischer Fallmanager für unterversorgte Gemeinschaften sowie Intimitätscoach und Kurator für sexpositive Räume nutzt er seinen beruflichen Hintergrund und seine intersektionale Erfahrung, um affirmative Räume für seine Kund*innen zu schaffen.

Sofia Mojica, Fifi, (sie/ihr) ist eine puerto-ricanische pansexuelle cis Frau aus der Bronx, New York. Sie verfügt über sechs Jahre Erfahrung als Erotikheilerin, Mentorin und Coach sowie Kuratorin für sexpositive Räume. Mit traumabasierten neo-tantrischen Techniken, spirituellen Ansätzen und somatischen Übungen leitet Fifi ihre Klient*innen an, Empathie für sich selbst zu entwickeln und mögliche Barrieren zu beseitigen, die sie in Bezug auf Sexualität, Intimität, die Verbindung zu ihrem physischen Körper und das Erleben von Freude haben.

Zusammen bieten Kabir Brown und Sofia Mojica Coaching-Dienste für Einzelpersonen und Menschen in Partner*innenschaften an und beraten sexpositive Gemeinschaften zu Diversität und Inklusivität. Sie leiten monatliche Workshops, die eine Reihe von Themen rund um Intimität, Kommunikation und Beziehungsdynamik behandeln.

Ihr Ziel ist es, Menschen dabei zu unterstützen, die Art von Intimität zu gestalten und zu schaffen, nach der sie sich sehnen.

Mitu (er/ihm) ist ein Healing Artist und Life Coach mit Sitz in Berlin. Er unterstützt Menschen dabei, mehr über sich selbst herauszufinden. Durch Berühren und Bewegen des Körpers, durch bewusstes Atmen und Gespräche begleitet er seine Klient*innen Schritt für Schritt auf dem Weg zur körpereigenen Selbstheilung. Er arbeitet mit Tools wie Atemarbeit, Körperarbeit, Energiearbeit und Kommunikation durch Coaching und bietet Einzelsitzungen, Gruppensitzungen (Paare), Workshops sowie spezielle Formate für Männer an, in denen die Frage erforscht wird, was Männlichkeit eigentlich bedeutet. Mitu schafft auch sicherere Räume für BIPoC.

Mona ElOmari (sie/ihr) ist Diplom-Sozialpädagogin/Diplomsozialarbeiterin, systemische Einzel-, Paar- und Familienberaterin und beendet gerade ihre Ausbildung zur systemischen Einzel-, Paar- und Familientherapeutin. Derzeit arbeitet sie als systemische Fachberaterin bei Legato in Hamburg, einer systemischen Fach- und Beratungsstelle, in der alle möglichen religiös begründeten Konflikte insbesondere im justiziellen Kontext bearbeitet werden. Außerdem ist sie seit vielen Jahren als freiberufliche Empowerment-Trainerin und politische

Bildnerin tätig. In allen Bereichen ihres Arbeitens versucht sie, intersektional gedachte Machtkritik und Diskriminierungssensibilität zum Teil des Rahmens zu machen, innerhalb dessen sie Haltung und Handlung entwickelt.

Raúl Aguayo-Krauthausen (er/ihm) arbeitet als Inklusions-Aktivist und Gründer der Sozialhelden, studierter Kommunikationswirt und Design Thinker seit über 15 Jahren in der Internet- und Medienwelt. Das Netz ist sein zweites Zuhause. Dort twittert, bloggt und postet er über die Dinge, die ihn bewegen. Mal humorvoll, mal ernst und mal mit spitzer Zunge. Bekannt geworden ist er vor allem durch die von ihm erfundene Wheelmap, eine weltweite digitale Landkarte barrierefreier Plätze, die von User*innen erstellt wird, sowie durch sein »Undercover-Heimexperiment« und den Protest gegen das Bundesteilhabegesetz.

Ronald F. Levant (er/ihm) ist emeritierter Professor für Psychologie an der Universität Akron, ehemaliger Präsident der American Psychological Association (APA) und APA Division 51, der Society for the Psychological Study of Men and Masculinity und zweimaliger Herausgeber der vierteljährlichen Zeitschrift der APA Division 51, *Psychology of Men & Masculinities*. Er gilt weithin als eine der entscheidenden Personen, die für die Schaffung des neuen Feldes der Psychologie von Männern und Männlichkeit verantwortlich sind.

Sarah Adeyinka-Skold (sie/ihr) ist Assistenzprofessorin für Soziologie an der Furman University in Greenville, South Carolina. Ihre Forschungsinteressen umfassen die Bereiche Race, Geschlecht, Familie und Sexualität. In ihrer aktuellen

Arbeit untersucht sie, wie rassistische, sexistische und heterosexistische Ungleichberechtigung bei der Suche nach romantischen Beziehungen, insbesondere im Kontext von Onlinedating, produziert, reproduziert und verfestigt wird. Dr. Adeyinka-Skolds Forschung wurde in verschiedenen akademischen Zeitschriften und Medienplattformen veröffentlicht, darunter die *Du Bois Review on Social Science Research*, *Greenville News*, *Elle* und *The Laverne Cox Show*.

Dank

Bevor ich irgendwas schreibe: Ein Buch, das habe ich mit diesem noch einmal eindrücklich gelernt, ist ein kollektives Projekt. Klar, geschrieben habe ich, aber mich ermutigt, laut mit mir gedacht, mir den Rücken freigehalten, ihre Erfahrungen mit mir geteilt, sich meine Texte angehört, sie korrigiert und so viel mehr, das haben Menschen gemacht, deren Namen nicht auf dem Titel stehen.

Ich bedanke mich herzlich bei meinem Literaturagenten Felix Rudloff, der mich mit den Worten – die ich ausnahmsweise nicht hinterfragen will – »Du kannst einfach gut schreiben« bestärkt hat. Wichtiger ist allerdings, dass er mit Eden Books einen richtig guten Verlag für mich gefunden hat.

Ich bedanke mich in aller Aufrichtigkeit bei Eden Books für euer Vertrauen: Ihr habt mich einfach machen lassen und von Beginn an an meine Idee geglaubt, ohne irgendwo was drehen zu wollen.

Ich bedanke mich bei meiner Lektorin Tanja Bertele für das Lektorat, das ich wirklich hilfreich fand. Ich hatte einfach immer das Gefühl, dass sie gedanklich bei mir ist und versteht, was ich erzählen will – das ist nicht selbstverständlich, besonders wenn es um das Thema Diskriminierung geht.

Mein ganz persönlicher Dank gilt all jenen, die mich angefeuert und unterstützt haben und oftmals weniger als ich dachten, dass es eine Schnapsidee ist, ein Buch zu schreiben – in einer Pandemie und mit Kind. In keiner tiefsinnigen Reihenfolge:

Mama, wenn ich eines von dir gelernt habe – einige mögen meinen, es ist das Schreiben, aber nach »Kemal kauft ein« bin ich mir da nicht so sicher –, ist es, Dinge einfach zu tun, ohne sich verunsichern zu lassen. Das ist, wie ich finde, echt viel.

Margret, ich danke dir fürs Zuhören, fürs Neugierig-auf-meine-Ideen-Sein und für die Literatur, die du mir geschickt hast. Vor allem aber dafür, dass du schon immer für mich da bist und mich begleitet hast – auch hier.

Emilia, danke dir für den Austausch! Ich musste so oft beim Schreiben an dich denken: Was würde meine kleine Schwester fragen? Here you go, guck mal, ob das so passt. ☺

Christopher, danke, dass du dich mehrfach durch mein Exposé gekämpft und mich so sehr in den Anfängen unterstützt hast – auch durch unsere vielen Gespräche zu Liebe, was sie ist und was sie nicht ist. Danke dafür.

Yezenia, ich weiß unsere persönlichen Gespräche, die für meinen Schreibprozess wichtig waren und es auch für mich persönlich sind, sehr zu schätzen. Danke auch, dass du mir dein Gehirn geliehen hast, wenn meines nicht weiterkam (oft!). Ich hatte panische (!!!) Angst, dir den Text zu geben, weil ich deinen Input so zu schätzen weiß.

Michael, ich danke dir dafür, dass du wirklich immer an mich glaubst und immer für mich da bist, sei es als Style-Berater oder um dir als Probe-Publikum Romantikkram von mir vorlesen zu lassen.

Selin, ich danke dir für unsere Freund*innenschaft und deine Offenheit mir gegenüber. Auf Heilung – forward always.

Flo, ich schreibe diese Zeilen an einem Wochenende, an dem du mit Kind weg bist, damit ich mit dem Manuskript weiterkomme. Komme ich nicht, weil ich mit eurer Abfahrt – wie sollte es anders sein – krank geworden bin. Am Telefon hast du zu mir gesagt: »Ist doch gut, dann gönnst du dir jetzt mal die Ruhe, die dein Körper wohl braucht.« Danke dir dafür.

Sinthujan, ich danke für die Schreibtage, die meistens keine waren – we talk too much! Und trotzdem hat es mir geholfen, den Prozess des Schreibens mit dir zu reflektieren, vor allem in Bezug darauf, welches Gefühl ich wecken will.

Anıl, danke dir für unseren Austausch zum Prozess des Schreibens, den Unsicherheiten, die damit einhergehen, der Nacktheit, die mit der Veröffentlichung entsteht.

Jacqueline, ich bin mir ziemlich sicher, dass es so ist, wie du es geschrieben hast: Das Gute-Laune-Öl, das du mir geschenkt hast, war ausschlaggebend dafür, dass ich das Buch fertiggeschrieben habe. Ohne Öl kein Buch. Also: Danke für das Öl.

Maria, du weißt es nicht, aber die Nachrichten, in denen du so was sagtest wie »Du schreibst bestimmt gerade voll produktiv«, haben mich angespornt weiterzumachen – ich wäre echt zu stolz gewesen, so dick aufgetragen zu haben und dann doch nicht abzuliefern.

Joshua, wenn du wüsstest, wie viel Zeit ich deinetwegen gespart habe! Ich bin immer noch erstaunt über den technischen Fortschritt unserer Zeit, von dem ich ehrlicherweise manchmal nur durch dich weiß: Es stellt sich heraus, es gibt grandiose Software, die Interviews transkribieren kann – who knew.

Sebastian, ich danke dir dafür, dass du mir gegenüber so Verletzliches geteilt hast – dass du im Buch bist, wie ein paar andere der Menschen, denen hier mein Dank gilt, weißt du längst!

Michaela, ich danke dir für deine Übersetzungen, mehr aber noch für deine ermutigenden Worte und dafür, dass du an mich geglaubt hast.

Zuletzt möchte ich mich noch bei den feinen Menschen bedanken, die mich bei meinem Buchtrailer – ja, finde ich auch abgefahren, dass es so was gibt – unterstützt haben. David Buchholz und Julius Dettmer dafür, dass der Trailer einfach schön geworden ist. David, du hast mir in der Vorbereitung so viel Arbeit abgenommen, du glaubst gar nicht, wie dankbar ich dir dafür bin. Evin, ich danke dir dafür, dass ich trotz der Tatsache, dass ich natürlich an diesem Morgen meine Periode bekommen habe, extra (extra!) fresh aussah. Selin, Julia, Rebecca, Jeff, Jonathan und Emilia, ich weiß es sehr zu schätzen, dass ihr mir eure Freizeit geschenkt und die cutesten (!!!) Love-Interests für mich gemimt habt. Marion Nielsen und Kaja Helak, ich danke euch fürs Umsorgen und dafür, dass ihr den Überblick behalten habt. Euch allen danke ich für die entspannten Vibes am Drehtag.

Sensitivity Reading

Yezenia León Mezu forscht und schreibt zu Schwarzen intersektionalen Ansätzen wie zum Beispiel Körper- und Desirability Politics, Gewichtsdiskriminierung und Theologie des Schwarzen queeren Körpers. Yezenia León Mezu ist ein*e in Kolumbien geborene*r Übersetzer*in und macht diskriminierungskritische Lektorate.

Übersetzung

Dr. Michaela Dudley (sie/ihr), Jahrgang 1961, eine Berliner Queerfeministin mit afroamerikanischen Wurzeln, ist Kolumnistin, Kabarettistin und Keynote-Rednerin. Ihre wortgewandten Kolumnen »Frau ohne Menstruationshintergrund« in der *TAZ* sind vielen bekannt. Zudem schreibt sie für den *Tagesspiegel,* das LGBTQ-Magazin *Siegessäule,* das *Missy Magazine* und *Rosa Mag.* Ihr Buch *Race Relations: Essays über Rassismus* ist im Februar 2022 erschienen. Die gelernte Juristin setzt sich für die Würdigung der Vielfalt ein. Als »Diva in Diversity« arbeitet sie unter anderem mit der Deutschen Bahn und dem Mitteldeutschen Rundfunk. Aktivismus/Journalismus: www.diva-in-diversity.com

Tanja Bertele ist freischaffende Lektorin, Autorin und Übersetzerin. Ihre Schwerpunkte liegen in den Bereichen Feminismus, Psychologie, Gesellschaft, Lifestyle, Liebe und Sexualität. Mehr auf: www.tanjabertele.de

Literatur

1 James Baldwin (1993): *The Fire Next Time*. New York: Vintage Books (Random House), S. 133.

2 Jeanette Winterson (2000): *The PowerBook*. New York: Vintage Books (Random House), S. 105. [Eigene Übersetzung]

3 Camilla Townsend (2004): *Pocahontas and the Powhatan dilemma*. New York: Hill and Wang.

4 Kompetenzstelle intersektionale Pädagogik: »Cisgeschlechtlich«. Glossar. URL: https://i-paed-berlin.de/glossar (letzter Zugriff: 15.05.2022)

5 M. Scott Peck (2008): *The Road Less Traveled: A New Psychology of Love, Traditional Values and Spiritual Growth*. London: Rider, S. 69ff. [Eigene Übersetzung]

6 Ebd., S. 72. [Eigene Übersetzung]

7 Queer Lexikon (2017): »Asexualität«. URL: https://queer-lexikon.net/2017/06/15/a-sexualitaet/ (letzter Zugriff: 15.05.2022)

8 Esther Perel (2021): Post vom 7. Dezember 2021. URL: www.instagram.com/p/CXMqBl0PqY2/ (letzter Zugriff: 15.05.2022) [Eigene Übersetzung]

9 Erich Fromm (1982): *Haben oder Sein: Die seelischen Grundlagen einer neuen Gesellschaft*. München: Deutscher Taschenbuch Verlag, S. 52.

10 Urban Dictionary (2007): »femme«. URL: www.urbandictionary.com/define.php?term=femme&amp=true (letzter Zugriff: 15.05.2022) [Eigene Übersetzung]

11 Stephanie Land (2019): *Maid: Hard Work, Low Pay, and a Mother's Will to Survive*. New York: Hachette Books.

12 Corinna Seith, Joanna Lovett u. Liz Kelly (2009): *Unterschiedliche Systeme, ähnliche Resultate? Strafverfolgung von Vergewaltigung*

in elf europäischen Ländern: Länderbericht Deutschland. URL:https://www.frauenrechte.de/images/downloads/hgewalt/EU-DAPHNE_Strafverfolgung_von_Vergewaltigung_Laenderbericht_Deutschland.pdf (letzter Zugriff: 15.05.2022)

13 Bundesministerium für Familie, Senioren, Frauen und Jugend (2021): *Frauen vor Gewalt schützen: Formen der Gewalt erkennen.* URL: www.bmfsfj.de/bmfsfj/themen/gleichstellung/frauen-vor-gewalt-schuetzen/haeusliche-gewalt/formen-der-gewalt-erkennen-80642 (letzter Zugriff: 15.05.2022)

14 Bundeskriminalamt (2021): *Partnerschaftsgewalt – Kriminalstatistische Auswertung – Berichtsjahr 2020.* URL: www.bka.de/SharedDocs/Downloads/DE/Publikationen/JahresberichteUndLagebilder/Partnerschaftsgewalt/Partnerschaftsgewalt_2020.html;jsessionid=79777FE2B1C3EC72C5AF5A77D0ED2800.live291?nn=63476 (letzter Zugriff: 15.05.2022)

15 Bundesministerium für Familie, Senioren, Frauen und Jugend (2004): *Lebenssituation, Sicherheit und Gesundheit von Frauen in Deutschland.* URL: www.bmfsfj.de/resource/blob/94200/d0576c5a115baf675b5f75e7ab2d56b0/lelebenssituati-sicherheit-und-gesundheit-von-frauen-in-deutschland-data.pdf (letzter Zugriff: 15.05.2022)

16 Ebd.

17 Ronald F. Levant u. Shana Pryor (2020): *The Though Standard: The Hard Truths about Masculinity and Violence.* New York: Oxford University Press. [Eigene Übersetzung]

18 bell hooks (2000): *All About Love: New Visions.* New York: HarperCollins, S. 6. [Eigene Übersetzung]

19 Katharina Payk (2019): »Hä? Was bedeutet be_hindert?«. *Missy Magazine.* URL: https://missy-magazine.de/blog/2019/03/12/hae-was-bedeutet-be_hindert/ (letzter Zugriff: 15.05.2022)

20 Linda Rachel Sabiers u. Raúl Krauthausen (2021): »Ein Gespräch über Sexualität unter Menschen mit Behinderung«. *Demos Mag,* 1/2021.

21 OkCupid (2014): »Race and Attraction, 2009–2014«. URL: www.gwern.net/docs/psychology/okcupid/raceandattraction20092014.html (letzter Zugriff: 15.05.2022)

22 Josephine Apraku (2021): »Schwarz«. *Mosaik – Postkoloniale Stimmen.* Staatliche Museen zu Berlin.

23 Josephine Apraku (2021): »People of Color«. *Mosaik – Postkoloniale Stimmen.* Staatliche Museen zu Berlin.

24 Josephine Apraku (2022): »Indigenous«. *Ist das rassistisch? Antirassistische Begriffe für Bildungs- und Kulturschaffende und Interessierte.* Goethe-Institut China.

25 Josephine Apraku (2021): »Weiß«. *Mosaik – Postkoloniale Stimmen.* Staatliche Museen zu Berlin.

26 Josephine Apraku (2022): »BIPoC«. *Ist das rassistisch? Antirassistische Begriffe für Bildungs- und Kulturschaffende und Interessierte.* Goethe-Institut China.

27 Vgl. z. B.: Meike Bonefeld u. Oliver Dickhäuser (2017): *Max vs. Murat: Effekte des Migrationshintergrundes bei der Diktatbeurteilung.*

28 Fatima El-Tayeb (2001): *Schwarze Deutsche: Der Diskurs um Rasse und nationale Identität 1890–1933.* Frankfurt am Main: Campus.

29 Melodie Michelberger (2021): *Body Politics.* Hamburg: Rowohlt Taschenbuch Verlag, S. 17f.

30 Initiative intersektionale Pädagogik (2013): *Intersektionale Pädagogik – Eine Handreichung für Sozialarbeiter_innen, Erzieher_innen, Lehrkräfte und die, die es noch werden wollen. Ein Beitrag zu inklusiver pädagogischer Praxis, Vorurteilsbewusser Bildung und Erziehung.*

31 Audre Lorde (2007): *Sister Outsider: Essays and Speeches.* Berkeley: Crossing Press, S. 147. [Übersetzung von Michaela Dudley]

32 Kimberlé Williams Crenshaw (1989): »Demarginalizing the Intersection of Race and Sex – A Black Feminist Critique of Antidiscrimination Doctrine, Feminist Theory, and Antiracist Politics«. *The University of Chicago Legal Forum,* 1/1989, S. 139.

33 Fachstelle für Trans*, Inter* und nicht-binäre Lebensweisen: »Was ist inter*«. URL: www.transinterqueer.org/themen/inter/ (letzter Zugriff: 31.05.2022)

34 Vgl. z. B.: Antidiskriminierungsstelle des Bundes: »19. Migration Pay Gap«. URL: www.antidiskriminierungsstelle.de/SharedDocs/Glossar_Entgeltgleichheit/DE/19_Migration_Pay_Gap.html (letzter Zugriff: 15.05.2022)

35 Sojourner Truth (1851): *Ain't I a Woman?* The Sojourner Truth Memorial Committee. URL: https://sojournertruthmemorial.org/sojourner-truth/her-words/ (letzter Zugriff: 15.05.2022)

36 Paulo Freire (1990): Pädagogik der Unterdrückten. Rowohlt: Reinbek, S. 32.

37 Katherine Woodward Thomas (2015): *Conscious Uncoupling: 5 Steps to Living Happily Even After.* New York: Harmony, S. 53.

38 Şeyda Kurt (2021): *Radikale Zärtlichkeit: Warum Liebe politisch ist.* Hamburg: HarperCollins, S. 16.

39 Elna Baker (2016): »Tell Me I'm Fat – It's a Small World After All«. *This American Life.* URL: www.thisamericanlife.org/589/tell-me-im-fat (letzter Zugriff: 15.05.2022)

40 James Baldwin (1993): *The Fire Next Time.* New York: Random House, S. 15.

41 Laurie Penny (2014): *Unspeakable Things: Sex, Lies and Revolution.* London: Bloomsbury, S. 75. [Übersetzung von Michaela Dudley]

42 Oyèrónkẹ́ Oyěwùmí (1997): *The Invention of Women: Making an African Sense of Western Gender Discourses.* Minneapolis: University of Minnesota Press. [Übersetzung von Michaela Dudley]

43 David D. Gilmore (1990): *Manhood in the Making: Cultural Concepts of Masculinity.* New Haven u. London: Yale University Press. [Übersetzung von Michaela Dudley]

44 Kyla Schuller (2018): *The Biopolitics of Feeling: Sex, Race, and Science in the Nineteenth Century.* London: Duke University Press.

45 Adam B. Vary u. Angelique Jackson (2021). »Disney Censors Same-Sex Affection in Pixar Films, According to Letter From Employees«. *Variety.* URL: https://variety.com/2022/film/news/disney-pixar-same-sex-affection-censorship-dont-say-gay-bill-1235200582/ (letzter Zugriff: 15.05.2022)

46 Sonu Bedi (2015). »Sexual Racism: Intimacy as a Matter of Justice«. *The Journal of Politics,* 77(4). [Übersetzung von Michaela Dudley]

47 OkCupid (2014): »Race and Attraction, 2009–2014«. URL: www.gwern.net/docs/psychology/okcupid/raceandattraction20092014.html (letzter Zugriff: 15.05.2022)

48 Sarah Adeyinka-Skold (2020): »Race, Place, and Relationship Formation in the Digital Age«. *Du Bois Review: Social Science Research on Race,* 17(2). [Übersetzung von Michaela Dudley]

49 Gerald A. Mendelsohn, Lindsay Taylor Shaw, Andrew T. Fiore u. Cheshire Coye (2014): »Black/White Dating Online: Interracial Courtship in the 21st Century«. *Psychology of Popular Media Culture,* 3(1). [Übersetzung von Michaela Dudley]

50 William J. Chopik u. David J. Johnson (2021): »Modeling Dating Decisions in a Mock Swiping Paradigm: An Examination of Participant and Target Characteristics«. *Journal of Research in Personality,* 92. [Übersetzung von Michaela Dudley]

51 Eric W. Dolan (2021): »New study indicates that potential partners experience a large penalty for being Black on dating apps«. *PsyPost*. URL: www.psypost.org/2021/07/new-study-indicates-that-potential-partners-experience-a-large-penalty-for-being-black-on-dating-apps-61545 (letzter Zugriff: 15.05.2022) [Übersetzung von Michaela Dudley]

52 Denton Callander, Christy E Newman u. Martin Holt (2015): »Is Sexual Racism Really Racism? Distinguishing Attitudes Toward Sexual Racism and Generic Racism Among Gay and Bisexual Men«. *Archives of Sexual Behaviour*, 44(7). [Übersetzung von Michaela Dudley]

53 Saleem Alhabash, Kayla Hales, Jong-hwan Baek u. Hyun Jung Oh (2014): »Effects of Race, Visual Anonymity, and Social Category Salience on Online Dating Outcomes«. *Computers in Human Behavior*, 35. [Übersetzung von Michaela Dudley]

54 Lucy Webster auf Twitter (2021): Zugriff am 02.02.2022. URL: https://twitter.com/lucy_webster_/status/1359489710616436736?lang=en (letzter Zugriff: 15.05.2022)

55 Vgl. z. B.: Robert Reece (2021): »The Gender of Colorism – Understanding the Intersection of Skin Tone and Gender Inequality«. Journal of Economics, Race, and Policy, 4(10).

56 Nedra Glover Tawwab (2021): Zugriff am 03.04.2022. URL: www.instagram.com/p/CWRld-DsZ_Y/?utm_medium=copy_link (letzter Zugriff: 15.05.2022) [Übersetzung von Michaela Dudley]

57 Dwight Turner (2021): *Intersections of Privilege and Otherness in Counselling and Psychotherapy*. Oxon: Routledge, S. 2. [Übersetzung von Michaela Dudley]

58 Sarah L. Webb (2021): Post vom 25. April 2021. URL: www.instagram.com/p/COGgVbJgRGi/?utm_medium=copy_link (letzter Zugriff: 15.05.2022) [Übersetzung von Michaela Dudley]

59 Amia Srinivasan (2021): *The Right to Sex: Feminism in the Twenty-First Century*. London: Bloomsbury, S. 96. [Übersetzung von Michaela Dudley]

60 Jean Baker Miller u. Irene Pierce Stiver (1997): *The Healing Connection: How Women Form Relationships in Therapy and in Life*. Boston: Beacon Press, S. 85. [Eigene Übersezung]

61 Beverly Daniel Tatum (2017): *Why Are All the Black Kids Sitting Together in the Cafeteria? And Other Conversations About Race*. New York: Basic Books (Hachette Book Group), S. 85. [Übersetzung von Michaela Dudley]

62 Beverly Daniel Tatum (1992): »Talking About Race, Learning About Racism – The Application of Racial Identity Development Theory in the Classroom«. *Harvard Educational Review*, S. 1–25. [Übersetzung von Michaela Dudley]

63 Sergej Prokopkin (2021): Post vom 12. Oktober 2021. URL: www.instagram.com/p/CU7uJDiMbcs/?igshid=YmMyMTA2M2Y= (letzter Zugriff: 15.05.2022)

64 Ich bedanke mich bei Sasha A. Kolotev dafür, dass ich diesen Auszug aus dem Lerntagebuch verwenden darf!

65 Jean Baker Miller u. Irene Pierce Stiver (1997): *The Healing Connection: How Women Form Relationships in Therapy and in Life*. Boston: Beacon Press.

66 Ciani-Sophia Hoeder (2021): *Wut und Böse*. München: hanserblau, S. 96f.

67 Maisha Maureen Eggers (2004): »Anti-oppressive Standards für eine geschlechtsspezifische transkulturelle Bildungsarbeit«. *Feministisch, geschlechterreflektierend, queer? Perspektiven aus der Praxis politischer Bildungsarbeit*. Rosa-Luxemburg-Stiftung. URL: https://www.rosalux.de/fileadmin/rls_uploads/pdfs/Gender/Bildungsbroschuere_queer.pdf (letzter Zugriff: 15.05.2022)

68 Emily N. Karakis u. Ronald F. Levant (2012): »Is Normative Male Alexithymia Associated with Relationship Satisfaction, Fear of Intimacy and Communication Quality Among Men in Relationships?«. *Journal of Men's Studies,* 20(3), S. 179–186. [Eigene Übersetzung]

69 Ann-Madeleine Tietge (2018): *Make Love, Don't Gender!? Heteronormativitätskritik und Männlichkeit in heterosexuell definierten Paarbeziehungen.* Wiesbaden: Springer VS.

70 Esther Perel (2018): »Questions You Aren't Allowed to Ask«. *Where Should We Begin.* [Eigene Übersetzung]

71 Esther Perel (2020): »What Would It Take For You to Come Out«. *Where Should We Begin.* [Eigene Übersetzung]

72 Harriet Lerner (2009): *The Dance of Intimacy: A Woman's Guide to Courageous Acts of Change in Key Relationships.* New York: Harper Collins, S. 25. [Übersetzung von Michaela Dudley]

73 bell hooks (2014): *Are You Still a Slave? Liberating the Black Female Body.* URL: www.youtube.com/watch?v=rJk0hNROvzs (letzter Zugriff: 15.05.2022) [Übersetzung von Michaela Dudley]

74 Sohra Behmanesh (2022): »Über das Gleichgewicht zwischen Ehrgeiz, Demut und transgenerationalem Eingebettetsein«. URL: www.tbd.community/de/a/ueber-das-gleichgewicht-zwischen-ehrgeiz-demut-und-transgenerationalem-eingebettetsein (letzter Zugriff: 15.05.2022)

75 bell hooks (1984): *Feminist Theory: From Margin to Center.* Boston: South End Press. [Eigene Übersetzung]

76 Musa Okwonga (2022): »The only way to save the world is to just be yourself«. *Hindustan Times.* URL: www.hindustantimes.com/lifestyle/brunch/lgbtqai-the-only-way-to-save-the-world-is-to-just-be-yourself-101650636378415.html (letzter Zugriff: 15.05.2022)

77 Jean Baker Miller u. Irene Pierce Stiver (1997): *The Healing Connection: How Women Form Relationships in Therapy and in Life*. Boston: Beacon Press, S. 74ff.

78 Cornel West (1999): *The Cornel West Reader*. New York: Basic Books, S. 12. [Übersetzung von Michaela Dudley]

79 James Baldwin (2007): *No Name in the Street*. New York: Vintage Books (Random House), S. 23. [Übersetzung von Michaela Dudley]

80 Tanja Kollodzieyski (2021): Post vom 15. Dezember 2021. URL: https://www.instagram.com/reel/CXf6cLQFlOh/?utm_source=ig_web_copy_link (letzter Zugriff: 15.05.2022)

81 Resmaa Menakem (2021): *My Grandmother's Hands: Racialized Trauma and the Pathway to Mending Our Hearts and Bodies*. London: Penguin, S. 102f. [Übersetzung von Michaela Dudley]

82 Mareice Kaiser (2022): *Wie viel: Was wir mit Geld machen und was Geld mit uns macht*. Hamburg: Rowohlt Polaris, S. 50.

83 Andreas Heinz, Xudong Zhao u. Shuyan Liu (2020): *Implications of the Association of Social Exclusion with Mental Health. JAMA Psychiatry*, 77(2), S. 113f. [Eigene Übersetzung]

84 Cary L. Klemmer, Sean Arayasirikul u. Henry F. Raymond (2021): »Transphobia-Based Violence, Depression, and Anxiety in Transgender Women – The Role of Body Satisfaction«. *Journal of Interpersonal Violence*, 36(5–6), S. 2633–2655. [Eigene Übersetzung]

85 Annesa Flentje, Nicholas C. Heck, James Michael Brennan u. Ilan H. Meyer (2020): »The Relationship Between Minority Stress and Biological Outcomes – A Systematic Review«. *Journal of Behavioral Medicine*, 43, S. 673–694.

86 Amma Yeboah (2017): »Rassismus und psychische Gesundheit in Deutschland«. *Rassismuskritik und Widerstandsformen*. Wiesbaden: Springer, S. 153.

87 Resmaa Menakem (2021): *My Grandmother's Hands: Racialized Trauma and the Pathway to Mending Our Hearts and Bodies.* London: Penguin, S. 102f. [Übersetzung von Michaela Dudley]

88 William Edward Burghardt Du Bois (2007): *The Souls of Black Folk.* New York: Cosimo. [Eigene Übersetzung]

89 Amy C. Steinbugler (2012): *Beyond Loving: Intimate Racework in Lesbian, Gay, and Straight Interracial Relationships.* New York: Oxford University Press, S. 78. [Eigene Übersetzung]

90 Imani Barbarin (2020): Post vom 22. September 2020. URL: www.instagram.com/p/CFcq-X_jZGP/?igshid=YmMyMTA2M2Y= (letzter Zugriff: 15.05.2022) [Übersetzung von Michaela Dudley]

91 Patty Berne (2017): »Skin, Tooth, and Bone – The Basis of Our Movement Is People: A Disability Justice Primer«. *Reproductive Health Matters,* 25(50), S. 150. [Übersetzung von Michaela Dudley]

92 Stan Tatkin (2011): *Wired for Love: How Understanding Your Partner's Brain and Attachment Style Can Help You Defuse Conflict and Build a Secure Relationship.* Oakland: New Harbinger, S. 60. [Eigene Übersetzung]

93 The Gottman Institue (2022): »Marriage and Couples«. URL: www.gottman.com/about/research/couples/ (letzter Zugriff: 06.06.2022)

94 The Gottman Institute (2022): »Managing Conflict: Solvable vs. Perpetual Problems«. URL: www.gottman.com/blog/managing-conflict-solvable-vs-perpetual-problems/ (letzter Zugriff: 06.06.2022)

95 Emilia Roig (2021): *Why We Matter: Das Ende der Unterdrückung.* München: Aufbau Verlag, S. 45f.

96 Terrence Real (2002): *How Can I Get Through to You? Closing the Intimacy Gap Between Men and Woman.* New York: Scribner, S. 118. [Eigene Übersetzung]

97 John M. Gottman u. Nan Silver (1999): *Seven Principles for Making Marriage Work: A Practical Guide from the Country's Foremost Relationship Expert.* New York: Crown Publishers, S. 101.

98 John Gottman u. Robert Levenson (2003): »Observing Gay, Lesbian and Heterosexual Couples' Relationships: Mathematical Modeling of Conflict Interaction«. *Journal of Homosexuality,* 45(1).

99 Alice Hasters (2021): *Was weiße Menschen nicht über Rassismus hören wollen, aber wissen sollten.* München: hanserblau, S. 158.

100 Alexandra H. Solomon (2017): *Loving Bravely: 20 Lessons of Self-Discovery to Help You Get the Love You Want.* Oakland: New Harbinger, S. 48ff.

101 Stan Tatkin (2011): *Wired for Love: How Understanding Your Partner's Brain and Attachment Style Can Help You Defuse Conflict and Build a Secure Relationship.* Oakland: New Harbinger, S. 47. [Eigene Übersetzung]

102 Harriet Lerner (2014): *The Dance of Anger: A Womans's Guide to Changing the Patterns of Intimate Relationships.* New York: William Morrow, S. 3. [Eigene Übersetzung]

103 Stan Tatkin (2016): »If It's Not Good For You; It's Not Good for Us – Interview With Relationship Expert Stan Tatkin«. *Therapist Uncensored,* Episode 12. URL: https://therapistuncensored.com/episodes/tu12-if-its-not-good-for-you-its-not-good-for-us-interview-with-relationship-expert-stan-tatkin/ (letzter Zugriff: 06.06.2022) [Eigene Übersetzung]

104 Alok V. Menon (2022): Post vom 14. Februar 2022. URL: www.instagram.com/p/CZ9oPWslDUK/ (letzter Zugriff: 06.06.2022) [Eigene Übersetzung]

105 Sibel Schick (2022): »Heiraten hat nichts mit Romantik zu tun«. *Neues Deutschland.* URL: www.nd-aktuell.de/artikel/1160541.

ehe-heiraten-hat-nichts-mit-romantik-zu-tun.html (letzter Zugriff: 06.06.2022)

106 This is Love (2018): »A Private Life«. *This is Love,* Staffel 1, Folge 5. URL: https://thisislovepodcast.com/a-private-life (letzter Zugriff: 06.06.2022) [Eigene Übersetzung]

107 Diversity Arts Culture: »Queer«. URL: https://diversity-arts-culture.berlin/woerterbuch/queer (letzter Zugriff: 13.06.2022)

108 Dennis Altman (1983): *The Homosexualization of America.* Boston: Beacon Press, S. 189. [Eigene Übersetzung]

109 Jessica Fern (2020): *Polysecure: Attachment, Trauma and Consensual Nonmonogamy.* Portland: Thorntree Press.

110 Harriet Lerner (2009): *The Dance of Intimacy: A Woman's Guide to Courageous Acts of Change in Key Relationships.* New York: Harper Collins, S. 9.

111 Vgl. z. B.: Lillian Comas-Diaz u. Marcella Bakur Weiner (2013): »Sisters of the Heart: How Women's Friendships Heal«. *Women & Therapy,* 36.

112 Amma Yeboah (2017): »Rassismus und psychische Gesundheit in Deutschland«. *Rassismuskritik und Widerstandsformen.* Wiesbaden: Springer, S. 157f.

113 Wikipedia (2022): »Beziehungsanarchie«. URL: https://de.wikipedia.org/wiki/Beziehungsanarchie (letzter Zugriff: 06.06.2022)

114 Andie Nordgren (2006): »The short instructional manifesto for relationship anarchy: Change through communication«. URL: https://theanarchistlibrary.org/library/andie-nordgren-the-short-instructional-manifesto-for-relationship-anarchy (letzter Zugriff: 06.06.2022) [Eigene Übersetzung]

115 Esther Perel (2021): Post vom 7. Dezember 2021. URL: www.instagram.com/p/CXMqBl0PqY2/ (letzter Zugriff: 06.06.2022) [Eigene Übersetzung]

116 Esther Perel (2007): *Mating in Captivity: Unlocking Erotic Intelligence.* New York: HarperCollins, S. 142. [Eigene Übersetzung]

117 Annette Rößler (2022): »Mikroplastik gelangt auch ins Blut«. *Pharmazeutische Zeitung.* URL: www.pharmazeutische-zeitung.de/mikroplastik-gelangt-auch-ins-blut-132314/ (letzter Zugriff: 06.06.2022)

118 Andie Nordgren (2006): »The short instructional manifesto for relationship anarchy«. URL: https://theanarchistlibrary.org/library/andie-nordgren-the-short-instructional-manifesto-for-relationship-anarchy (letzter Zugriff: 06.06.2022) [Eigene Übersetzung]

119 Esther Perel (2021): Post vom 7. Dezember 2021. URL: www.instagram.com/p/CXMqBl0PqY2/ (letzter Zugriff: 06.06.2022) [Eigene Übersetzung]

120 Emilia Roig (2021): *Why We Matter: Das Ende der Unterdrückung.* München: Aufbau Verlag, S. 45f.

121 Stan Tatkin (2018): *We Do: Saying Yes to a Relationship of Depth, True Connection, and Enduring Love.* Louisville: Sounds True, S. 39.

122 bell hooks u. Cornel West (2017): *Breaking Bread: Insurgent Black Intellectual Life.* Oxon: Routledge, S. 54. [Eigene Übersetzung]

123 Erich Fromm (2006): *Die Kunst des Liebens.* Berlin: Ullstein Taschenbuch, S. 11.

Mit dem QR-Code erhältst du alle Reflexionsfragen, die hier im Buch gestellt werden – eine Art Mini-Workbook. Du kannst es dir ausdrucken, parallel zum Lesen verwenden und deine Gedanken darin notieren.

Eden Books
Ein Verlag der Edel Verlagsgruppe

www.edenbooks.de
2. Auflage 2025

Einige der Personen im Text sind aus Gründen des Persönlichkeitsschutzes anonymisiert.

Lektorat: Tanja Bertele
Korrektorat: Rotkel. Die Textwerkstatt
Sensitivity Reading: Yezenia León Mezu
Layout und Satz: Datagrafix GSP GmbH, Berlin | www.datagrafix.com
Druck und Bindung: GGP Media GmbH, Pößneck
ISBN 978-3-95910-375-6

Printed in Germany

Eden Books unterstützt bei der Produktion dieses Buches das Projekt »Junge Riesen für die nächsten 100 Jahre«. Damit wird ein Anteil der unvermeidbaren CO_2-Emissionen im direkten Umfeld des Produktionsstandortes kompensiert.

MIX
Papier | Fördert gute Waldnutzung
FSC® C014496